럭셔리
브랜드
인사이트

럭셔리
브랜드
인사이트
LUXURY
BRAND
INSIGHT

박소현 지음

다반
일상의 책

럭셔리보다는 사람, 지식보다는 실전에 대하여

럭셔리라... 재밌네?

럭셔리 브랜드에 관심을 가진 것은 박사 논문을 쓰면서부터였다. 디자이너 브랜드를 하면서 지겹게 봤던 패션위크의 런웨이 사진이 아닌 럭셔리 브랜드와 브랜딩, 그 자체를 보는 건 꽤나 흥미롭고 색달랐다.

몇 번의 침체를 마치 오뚜기가 벌떡 일어서듯 거뜬히 극복한 구찌. 캠프파이어가 사그라들 듯이 조용해졌다가 다시금 타오른 겐조.

브랜드 수명주기를 주제로 잡아 박사논문을 써내려 가며 두 브랜드는 내게 '왜 럭셔리 브랜드만 이런 게 가능한 걸까?'라는 의문을 던지게 만들었다. 당시 지도 교수님은 이 메커니즘은 패션보다 브랜드 매니지먼트 관점으로 풀어야 한다는 조언을 하셨다. 덕분에 이 책에서 반복적으로 언급되는 브랜드 매니지먼트의 석학인 장 노엘 캐러퍼, HEC Paris의 교수님을 알게 되었다. 논문을 잘 써보려고 당시 그 분이 국내에 출간한 책을 전부 사기도 했다.

럭셔리와 인연이 되려고 그랬는지, 코로나19가 시작되고 정신 없던 그때에 세종대의 학부과정으로 신설된 '럭셔리 브랜드 디자인 전공'에서 강의를 하게 되었다. 아마 이때 럭셔리 교육이 왜 필요한지에 대해 두런두런 조언을 해주신 정재윤 교수님이 안 계셨다면, 아직 디자이너 수준의 관점에 머물러 있었을 것이다.

국내에는 절판된 럭셔리 MBA 교재를 싹쓸이 하다시피 해서 이미 알고 있는 것들이더라도 더 날카롭게 벼리는 시간을 가졌다. 이때 또 한 번 장 노엘 캐러퍼 교수님이 등장했다. 그는 HEC Paris에서 럭셔리 MBA를 같이 가르치는 분이었고 럭셔리 MBA 교재의 저자셨다. 디자인 책 일색이던 내 책장이 점점 다양성을 향해 가고 있었다.

그즈음 한국일보와도 연이 닿아 패션 칼럼을 쓰게 되었다. 첫 책이었던 『옷으로 마음을 만지다』를 보시고 연락을 주신 덕분이었는데 패션과 관련성이 높은 럭셔리도 간간히 쓰게 됐다. 이전까지는 럭셔리를 아카데믹하게 대했다면, 한국일보에 칼럼을 게재하며 어떻게 하면 나 혼자 재밌는 럭셔리가 아닌, 대중이 흥미로워할 럭셔리를 쓸지 고민하는 귀한 시간을 가지게 되었다.

인연이 되려 그랬는지, 럭셔리는 또 한 번 나를 흔들었다. '네이버 프리미엄 콘텐츠'의 지식 저술가 제의를 받아 주제를 정하던 때였다. 그즈음 사석에서 이목 크라프트http://emok.works/의 유서경 관장이 늘 강력하게 말했던 '아트와 럭셔리의 조우'가 문득 떠올랐고, 단번에 칼럼의 가닥이 잡혀 '아트, 럭셔리를 만나다'를 연재하게 됐다.

국가 대항전이라면 열일을 제쳐 두고 실시간으로 챙겨 보는, 다분히 한국을 사랑하는 그녀는 당시 K-Art에 열을 올리고 있었다. 그리고 이들이 얼마나 매력적인지 럭셔리와 얼마나 잘 어울리는지를 만날 때마다 끊임없이 애정을 담아 말했었다. 그게 약간 세뇌에 가깝게 다가왔고 풍부한 작가 리스트를 계속 봤던 게, 자연히 럭셔리와 아트를 함께 공부하는 시간이 되었다.

이렇듯 럭셔리에 대한 다방면의 지식과 정보가 정말 식도까지 찰랑찰랑하게 차올랐던 올해 늦봄, 출판사에서 연락이 왔다. 토하듯이 럭셔리에 대해 쏟아 낸 미팅을 끝내고 '럭셔리', 출간해 보자는 확답을 받았다.

샤머니즘에 현혹되는 타입은 아니지만, 마치 운명이 이끌듯이 상황도 이야깃거리도 딱 떠먹기 좋게 럭셔리는 내게 찾아왔다. 어찌 보면 럭셔리 인복(?)이라 할 수 있는데, 그래서 그랬는지 결국 글을 쓰기 위해 내가 푹 빠져든 것도 럭셔리 제품이 아닌 럭셔리를 만드는 '사람'이었다.

'사람'에 집중한 건 다른 이유도 있었다. 주변에 꼭 있는 '내가 진짜 좋아하는 브랜드나 음식점은 곧잘 없어져'라고 말하는 사람이 바로 나였다. 그렇다. 이들이 롱런을 못 해서 나는 늘 아지트에 허덕였다. '그 사장님은? 디자이너는? 잘 살고 있을까?'

도대체 럭셔리의 어떤 인물이, 100년이 넘게 정점을 지키고 계속 몸값을 올리면서도 사랑받게 만드는지 진심으로 궁금했다. 그래서 박사논문을 쓸 때보다 더 열정적으로 럭셔리와 그 인물들을 들여다봤다.

글감을 모아 이리저리 놓아 보며 '사람'에 대해 쓴다는 건 참 어려운 일이란 것을 깨달았다. 럭셔리도 사람이 사는 곳이라 다 멋지고 훌륭하지만은 않았다. 그렇다고 내게 그들을 헤집어 댈 권리는 없다. 내 글이 어쩌면 그들에게 폭력이 될 수도 있겠다 싶었다. 사실을 전하는 것이라도 '잘'과 '잘못'을 따지는 투로 들릴 수 있기 때문이다. 그건 읽는 사람도 유쾌하지 않을 것이다.

그래서 정글에서 동물을 촬영하는 다큐멘터리 촬영감독처럼 젠틀하게 그렇게 접근하고자 했다. 계속 보다 보니 애정이 생겨 그랬는지, 글이 팬레터 같아지기도 했고 감정적이 되기도 했다. 이걸 좀 덜어 내보려고 하자 지나치게 아카데믹한 글이 되버리기도 했다.

안 되겠다 싶어서 꺼내든 것이 '육하원칙'이었다. '누가, 언제, 어디서, 무엇을, 어떻게, 왜'를 기준으로 기자처럼 평정심을 유지한 채로 더하지도 덜하지도 않게 애정을 한방울... 음... 솔직히 어떤 브랜드는 최대 세 방울 정도만 담아 써내려 갔다. 더불어 책의 전체 구조도 육하원칙에 따랐다.

기준이 방향을 이끈다고, 동물을 찍는 다큐멘터리 촬영감독처럼 럭셔리를 보다 보니 이해를 돕기 위한 비유의 대상으로 계속 동물이 등장했다. 그중 유독 악어의 생태에 심취했는데, 럭셔리와 패션의 여러 현상과 오묘하게 닮은 점이 많아 책의 말미에는 악어를 주제로 긴 글을 넣기도 했다. 급기야 다큐멘터리의 나레이션처럼 럭셔리 인물의 인터뷰에 빠져들었다. 정제하기보다는 최대한 날 것 그대로 분량과 문체만 다듬어서 톤앤매너를 맞춰서 담았다.

기준보다 무서운 건 자연스게 당한 세뇌인지, 책의 결론은 K-Art와 닮은 K-Luxury를 논하게 됐다. 이래서 어른들이 친구들 잘 사귀어야 한다고 하시나 보다. 등잔 밑보다 더 어두운 게, 패션이나 럭셔리를 안다는 지식의 저주였다. 내 굳은 관점을 비틀고 주무르고 늘려 마치 근육이라곤 하나도 없는 신생아처럼 만들어 럭셔리를 다시 보자, 한국이 가지고 있던 능력도 가능성도 보였다.

이렇게 보면 엉킨 실타래가 단번에 풀린 것처럼 보이지만, 그렇지 않다. 그 중간중간 얽힌 매듭은 출판사 분들이 독자가 되어 쉼 없이 원고를 읽고 대중들에게 잘 읽힐 수 있는지를 가늠해 주셨다.
세상만사 혼자 되는 일이 없다. 그저 이 책의 운전대를 쥔 사람이 나였을 뿐이다. 덕분에 대중적 감각이 장롱면허 수준이었던 글이 동네 한 바퀴를 돌고 고속도로를 탈 수 있을 정도로 나아졌다.

교수끼가 좀 빠졌다고나 할까?
물론 군데군데 남아 있긴 하겠지만, 거슬릴 정도는 아닐 것이다.

대신에 야매스러움을 담았다. 미래가 우유 속에 담긴 듯 불투명한 요즘, 그 어떤 폼나는 예측보다 야바위꾼 같은, 이리저리 구르고 얻은 찰진 단어 선택이 더 기억에 잘 남기 때문이다.

내가 럭셔리를 통해 깨달은 점은 기억에 남지 못하면 아무 소용이 없다는 것이다. 독자의 기억에 남고자 나를 탈피하려 노력했다.

그 깨달음이, 인사이트가, 다른 곳에선 볼 수 없는 것들이라 심드렁했던 나를 다시금 험난한 '작가'라는 자리로 향하게 했다. 만약 럭셔리의 이런 에너지를 믿을 수 없다면? 영화, '리스본행 야간열차'의 그레고리우스의 대사인 '드라마틱한 삶은 가끔씩 믿을 수 없을 만큼 이목을 끌지 않는다'라고 하고 싶다.

믿을 수 없을 만큼 드라마틱하지만 이목을 끌지 못했던 그들을 이제라도 알리고 싶다.

책은 이미 쓰여진 것이라 패는 정해져 있지만, 읽는 순서는 독자의 마음이고 이 책은 소설이 아니니 뒤에서부터 읽어도 앞에서부터 읽어도 어쨌든 좋고 옳다. 읽기만 한다면 그 수많은 사람 중 단한 명이라도 당신의 마음을 뒤흔들 것이라 자신하기 때문이다.

내가 배팅한 곳은 독자의 기억에서 살아남는 것과 인사이트, 이거 두 가지다. 그래서 이 책을 덮으며, 딱 이런 생각이 들면 좋겠다.

럭셔리, 재밌네?

WHO,
바닥부터 럭셔리를 일군 창업자는 누구인가?

WHAT,
크리에이티브 디렉터 & CEO는
무엇으로 럭셔리를 빛나게 했나?

PART 4

HOW,
오너들은 어떻게 지금의 럭셔리를 만들었나?

WHEN,
럭셔리, 또 한 번의 변화가 올 때가 왔다

고전처럼 럭셔리를
읽어야 할 이유

01

왜
럭셔리인가?

'고전을 읽어야 한다'라는 이들은 많다.

그러나,

'럭셔리를 읽어야 한다'라는 사람은 본 적이 없다.

『군주론』,『삼국지』, 셰익스피어, 데카르트의 작품만큼은 아니지만 18세기나 19세기에 탄생해서 아직도 살아 있는 럭셔리는 왜 평가 절하되는 걸까?

'한국에는 여신이 너무 많다'라는 말처럼 한국에는 세속적인 신도 많다. 재테크의 신, 장사의 신, 마케팅의 신 같은 신들 말이다. 그런데 '럭셔리의 신'은 본 적이 없다.

WHY,

왜 그럴까?

사람들은 세상을 깨우치는 지혜와 삶을 풍요롭게 하는 방법에는 관심이 많다.

지금도 소셜미디어의 성공이나 자수성가 콘텐츠에는 故) 정주영 현대 회장의 '이봐! 해보기나 했어?'가 단골로 등장한다. 초등학교밖에 나오지 않은 정 회장이 현대를 일으킨 이야기는 카드 뉴스로도 알차게 회자된다. 그만큼 그의 이야기가 드라마틱하고 매력적이기 때문이다.

루이 비통은 14살에 재혼한 아버지 때문에 홀로 파리로 떠나 자립한다. 귀부인들의 여행용 짐을 싸며 쌓은 노하우로 시작한 가게가 지금의 루이비통Louis Vuitton이 되었다.

티에르 에르메스는 질병과 전쟁으로 가족을 모두 잃고 고아가 된다. 10대에! 그는 파리로 건너가 가죽 세공을 배우며 자신의 재능을 발견한다. 1837년에 매장을 열면서 에르메스Hermes가 시작된다.

루이 비통과 티에르 에르메스는 프랑스인이다. 복지가 잘 되어 있는 나라니까 괜찮지 않았을까 싶지만, 이들은 19세기 사람이다. 아무리 유럽이라지만 그 시절 그늘이 되어 줄 부모가 없는 10대에게 세상은 냉혹했을 것이다. 루이비통은 1854년, 에르메스는 1837년에 설립됐다. 사도세자의 아들이자 조선의 22대 왕인 정조는 1776년부터 1800년까지 재위했다. 루이비통이나 에르메스는 우리네 시간으로는 조선시대에 창업해서 아직도 성업 중인 셈이다.

럭셔리가 첫 장사를 사업으로 전환하고 가게를 브랜드로 일궈낸 수세기에 걸친 경영 노하우, 디자인 철학, 브랜딩의 메커니즘은 실로 엄청난 생명력을 가지고 있다. 고전의 매력도 그 생명력에 있다. 수백 년 전의 지혜가 아직도 통용되기 때문이다. 오랜 생명력을 지닌 것은 그만한 지혜와 혜안을 담고 있다.

더욱이 기능적으로는 전혀 차이가 없는 1만 원짜리 제품이 럭셔리라는 브랜드 장인의 손을 거치면 1,000만 원짜리로 다시 태어난다. 제품의 기능에는 아무리 봐도 차이는 없는데 말이다. 소비자는 줄을 서서 사고, 예약한 럭셔리 제품을 사기 위해 몇 달 혹은 몇 년도 기다린다. 이런 럭셔리 브랜딩이 탐나지 않는가?

럭셔리 브랜드의 생존 방식이나 이를 가능케 한 인물을 아는 것은, 토요타Toyota의 방식을 배우는 것만큼 중요하다. 경영 전공자나 MBA를 취득했다면 모두가 필수로 배우는 것이 토요타의 사례나 방식이다. 한마디로 혁신적이고 뛰어나다.

'모두'가 '필수'로 아는 것을 안다는 것도 중요하다. 하지만 이 전쟁 같은 세상에 모두가 아는 것과 필수로 배운 것은 방패는 되어 주지만 엑스칼리버를 손에 쥐여 주진 않는다.

물론 토요타만 알더라도 그 사람의 지식과 식견, 두뇌 회전과 운에 따라 적용의 파급력은 다를 것이다. 그 간극을 메우기 위해 우리는 재테크의 신, 장사의 신, 마케팅의 신 같은 신들을 추종하며 배우려고 노력한다. 하지만 이것도 이제는 토요타를 아는 것만큼 흔해지고 있다. 새로운 격차가 생긴 것이다. 이 격차를 이제 럭셔리로 메워 보자.

'모두'와 '필수'에는 맹점과 사각지대가 있기 마련이다. 럭셔리를 읽는다는 것은 전혀 다른 각도, 시점, 관점을 얻는 것이다. 럭셔리는 맹점과 사각지대라는 기회와 위기를 획득하거나 모면할 수 있게 해줄 것이다. 또한, 빠르게 변수를 읽고, 예기치 못한 상황의 돌파구를 떠올릴 묘안의 아이디어를 발견할 수 있는 곳이다. 그들의 생명력은 어떤 잡초보다 강하고 꽃처럼 사람들의 시선을 끌기 때문이다.

토요타라는 튼튼한 방패도 있고 럭셔리라는 엑스칼리버도 있다면 좋지 않을까?

젊은이들이 가는 일부 클럽에는 입장할 때 스탬프를 손등에 찍어 준다. 그중에는 자외선램프 아래에서만 보이는 잉크로 된 스탬프도 있다.

럭셔리를 읽는다는 것은, 이마 한가운데에 눈 모양의 스탬프를 자외선 잉크로 찍는 것이다. 제3의 눈이랄까? 사람들 눈에는 보이지 않을 것이다. 하지만 소위 말하는 브랜딩의 한 끗 차이, 그의 강약을 어디다 놓고 빼면 좋을지가 럭셔리에 익숙해진 제3의 눈에는 보일 것이다.

럭셔리를 읽자. 읽다 보면 럭셔리는 혜안도 되고 미래를 헤쳐 갈 천리안도 될 테지만 홀로 선택하다 지친 나를 돌보는 마음의 눈도 되어 줄 것이다. 천애 고아나 부모에게 외면당한 아이가 귀족과 왕족들에게 제 손으로 만든 물건을 팔며 럭셔리가 되었다. 그러기 위해서, 그들은 얼마나 많은 '네가 될 것 같아?'를 듣거나 스스로에게 했을까?

럭셔리를 읽으며 자기 믿음으로 그들이 지금껏 버텨 낸 발자국 위를 따라 걸어가 보자. 그러다 보면 질척이는 진흙탕 길이 폭신한 카펫이 깔린 길로 변하게 될 것이다.

02

명품과
럭셔리는 다르다

'왜 명품을 럭셔리라고 하지?'라는 의문이 들지도 모른다. 그런데 정확하게는 '명품=럭셔리'가 아니다. 우리가 잘못 쓰고 있다. 럭셔리를 읽기 전에 이 부분은 꼭 정리하고 넘어가야 할 부분이다.

명품은 '名이름 명, 品물건 품'으로 국립국어원 표준국어대사전에선 명품을 검색하면, '뛰어나거나 이름난 물건. 또는 그런 작품'이라고 나온다. '명품을 감상한다', '박물관이 소장한 고려청자 중에서 명품을 엄선해 전시한다' 등으로 쓸 수 있다.

근데 '럭셔리'를
왜, 명품이라고 높여 부를까?

포털 사이트에서 명품을 검색하면, '뛰어나거나 이름난 물건. 또는 그런 작품', '세계적으로 매우 유명하고 가격이 아주 비싼 상표의 제품'이라고 나온다. 관련 용어로 함께 돈을 모아서 럭셔리 제품을 사는 '명품 계'를 소개한다.

이 차이는 어디서 왔을까? 대중적 관념으로는 '명품=럭셔리'가 되었을지 몰라도 '명품'의 본래 의미는 럭셔리보다 더 고귀하다. 고려청자와 같은 유물과 일개 제품이 동격일 수 없다.

럭셔리가 명품으로 오용되기 시작한 것은 1980년대다. '럭셔리 굿즈luxury goods'의 사전적 의미인 '사치품', '호화품'으로 쓰는 것이 옳지만 그러면 고객들이 살 때 거부감이 들 수 있다고 판단했다. 그래서 관련 업체에서 럭셔리를 명품으로 대체해서 썼다고 한다. 명품은 럭셔리의 상위 개념이고 거부감이 없으니 말이다. 이후 적극적으로 업체들이 럭셔리를 명품이란 단어로 바꿔서 마케팅과 홍보를 하며 기사에도 그렇게 쓰이기 시작했다.

1980년대의 한국과 지금의 한국은 다르다. 그때는 좋은 생각이었을지 몰라도 지금은 정정하는 것이 서로에게 좋을 것 같다.

'명품이 왜 이래?'라는 뉘앙스의 평을 들어 본 적이 있을 것이다. 이 말의 저변에는 '고려청자처럼 대를 이어 자식에게 물려준다', '유물처럼 수백 년을 가지고 있을수록 가격이 상승한다' 등의 엄청난 기대가 담겨 있다.

유물인 고려청자는 수백 년이 지나도 감가상각이 되지 않는다. 오히려 가치가 상승한다. 하지만 대부분의 제품은 감가상각이 된다. (감가상각Depreciation: 시간의 경과에 따라 자산의 가치가 감소하는 것을 셈하는 회계 절차)

럭셔리는 관람의 목적으로 만들어지지 않는다. 품질도 중요하지만, 모든 럭셔리는 아름다움과 트렌드를 반영한다. 때때로 아름다움과 트렌드는 수백 년간 유지되는 견고함과는 거리가 멀 때도 많다. 대신 그 전달 속도는 빠르다. 또 브랜드가 지루하게 느껴지지 않도록 늘 신상품을 내놓아야 한다. 트렌드는 소비자가 무의식 중에라도 기대하는 앞날의 방향이자 변심이다. 유물은 트렌드에 맞춰 다시 만들어질 수 없다. 그래서 트렌드의 정점에 있는 럭셔리는 명품이 아니다.

지금의 한국과 한국어의 위상, 명품이란 단어가 가지게 된 왜곡된 인식을 고려해야 한다. LUXURY를 있는 그대로 '럭셔리'로 정정해서 부르자. 그게 우리에게도 럭셔리 브랜드의 이미지를 위해서도 좋다. 바라건대 이렇게 '럭셔리'가 정정되어 지칭되면 좋겠다.

럭셔리 [명사] Luxury. 외래어.

1) 명성이 있거나 심미적으로 아름답고 뛰어난 것.

2) 고가의 유명 상표 또는 그의 제품을 지칭.

3) 고가품, 사치품, 고급품.

03

올드
머니

변화는 한번에 이루어지지 않지만, 단번에 눈치챌 수도 있다.
이때 가장 먼저 필요한 건 '상황 파악'이다.
럭셔리를 읽기 위해서 가장 먼저 파악해야 할 것은 지금 럭셔리
가 변하고 있다는 점이다.

왜 변했을까?

정확하게는 '럭셔리'를 소비하는 우리 즉, 소비자가 변했다. 그
래서 지금의 럭셔리는 과도기의 급물살 한가운데 놓여 있다. 지금
눈치채지 못하면 럭셔리의 새로운 물살에 올라타기는 어려울 것
이다. 이런 변화는 완벽한 파도처럼 수년에 한 번 겨우 일어나기
때문이다. 이때 부표가 되어 줄 메시지가 있다.

리얼리티보다 진정성이다.

리얼리티reality_현실, 실제 보다 진정성眞情性, Authentic에 대해 티셔츠
로 예를 들자면 이렇다.

'럭셔리 X사'라는 브랜드가 있다고 치자.
'럭셔리 X사'의 로고가 수십여 개 박힌 티셔츠는 리얼리티다. 쉽
게 말해서 "내 이름은 '럭셔리 X사'야. 기억해. 기억해. 기억해"라고
티셔츠에 박힌 로고와 브랜드 이름으로 수십 번을 외치는 것이다.

진정성은 티셔츠지만 그 소재가 캐시미어같이 부드럽고 봉제
숙련도로 승부하며 '럭셔리한 태'가 나는 'X사'의 제품을 말한다.
줄임말 중 하나인 '알잘딱깔센'인 것이다.
"'알아서, 잘, 딱, 깔끔하고, 센스 있게' 티셔츠 스스로 '나 럭셔리
X사야'라고 말하지 않아도 느껴진다"이다.
'럭셔리 X사'의 이름을 리얼리티로 산 사람과 '럭셔리 X사'라는
이름이 안 보여도 브랜드의 가치의 진정성을 산 사람의 격차가 생
기게 됐다.

그래서 발 빠른 이들이 내놓은 트렌드가 바로 조용한 럭셔리
Quiet Luxury 혹은, 레이더에 감지되지 않아 발각하기 어려운 스텔스
전투기에 비유한 스텔스 럭셔리Stealth Luxury였다. 하지만 실제 대중
과 소비자는 이것보다 더 진정성 있는 트렌드 키워드를 찾아서 #
해시태그로 박제해 버렸다.

#Oldmoney

'올드머니'는 대를 물려받은 부Wealth를 뜻한다. '럭셔리 X사'로 또 예를 들어 보자.

'영&리치'로 자수성가해서 스무 살 중후반에나 '럭셔리 X사'를 입기 시작한 5년 차 고객보다, '럭셔리 X사'의 베넷 저고리부터 입기 시작한 스무 살이 더 '럭셔리'를 잘 안다는 것이다. 스무 살이지만 20년을 입었으니 20년 차 '럭셔리 X사' 고객이다. 이것을 대중이 통찰한 것이다.

대부분의 '올드머니'들은 부모 세대 혹은 그 이전부터 럭셔리가 생활화된 이들이다.

스무 살의 '올드머니'가 가진 럭셔리를 소비하는 노하우는 자신이 가진 20년, 부모님+a, 조부모님+a이다. '영&리치'로 자수성가한 이들의 5년보다 훨씬 길다. 센스로 극복이 안 되는 게 있다면 그건 연륜과 노하우다. 조용한 럭셔리나 스텔스 럭셔리가 말하는 로고가 없는 럭셔리의 멋을 참고하기 위해서는 '올드머니'들이 제격이다.

지금의 대중은 금수저의 특혜를 욕할지는 몰라도 럭셔리나 패션 센스를 소비할 때는 '올드머니'로 대하며 그들에게서 얻을 수 있는 건 얻어 내는 것이다. '고기도 먹어 본 사람이 그 맛을 안다'는 말의 진정한 뜻을 틱톡을 쓰는 10대나 20대가 이미 간파했으니 진정한 청출어람이다. #해시태그 덕분에 이제 대중은 트렌드 예측가의 머리 꼭대기에 앉아 있다 못해 그들을 손바닥에 얹어 놓을 지경이다.

\#올드머니를 사치로만 치부한다면 고전인 베르너 좀바르트 Werner Sombart의 '사치와 자본주의'가 말하는 리얼리티 시절의 럭셔리만 아는 것이다.

> 어떠한 시대라도 사치가 일단 존재하면,
> 사치를 더욱 증대시키는 그 밖의 수많은 동기도 역시 활기를 띤다.
> 즉 명예욕, 화려함을 좋아하는 것, 뽐내기, 권력욕,
> 한마디로 말해서 남보다 뛰어나려고 하는 충동이
> 중요한 동기로서 등장한다.

앞으로 향후 몇 년을 평정할 진정성의 럭셔리는 맹모삼천지교孟 母三遷之敎에 가깝다. 부모가 자식 교육을 위해, 학군 좋은 곳으로 이사를 가려고 부동산을 찾아보는 것처럼 럭셔리를 잘 사기 위해 럭셔리를 숨 쉬듯이 편안하게 소비한 이들을 살펴보는 것이다. 올드머니를 룩Look으로 소비하는 이들은 추종도 열망도 아닌 진정으로 '럭셔리'를 잘 소비해 온 이들을 보고 현명한 선택을 하겠다는 의미이다.

가장 중요한 것은 이런 진정성이 피할 수 없는 전반적인 변화라는 것이다. 진정성과 브랜딩은 이미 산업 곳곳에 만연해 있고 더심화될 것이다. 이 트렌드는 이제 막 성장기에 돌입했기 때문이다.

대중이 무엇을 진정성으로 여길지는 올드머니로 보자면 일관성, 지속성, 항상성이지 않을까 싶다. 럭셔리와 패션은 엄연히 다르지만 트렌드를 리딩한다는 점에서는 그 접점이 그 어떤 산업보다 높

다. 그래서 앞으로 가속화될 진정성을 주시하는 이라면 럭셔리를 '왜' 알아야 하는지에 대해 반문하지 않을 것이다.

럭셔리와 럭셔리를 둘러싼 것들을 보다 보면 눈앞을 가리던 안개가 연기처럼 사라지는 경험을 하게 될 것이다.

04

부의
흐름

만약 안개가 욕망이라면, 과거의 럭셔리 브랜드는 눈앞의 안개를 뭉쳐 얼음으로 만들어 고객의 손에 쥐어 줬다. 지금의 럭셔리 산업은 하늘을 덮을 무지막지하게 큰 면포 주머니를 만들었다. 거기에 욕망이라는 안개를 담고 얼려서 찍어 내듯 얼음이라는 제품을 대량으로 만들어 고객을 줄 세운다. 얼음의 모양도 크기도 다양하다. 그래서 럭셔리는 예전보다 돈을 더 많이 쓸어 담고 있다.

'소비'와 '부'의 변화는 결국 돈의 흐름이자 산업의 성장이다. 소비자의 지갑이 어디서 열리는지에 따라 산업의 성장 곡선은 변곡점變曲点, inflection point을 맞이하게 된다. 이런 변화는 소비자의 보이는 메아리와도 같다.

이 변화의 규모를 직시하려면
누가 이걸로 얼마나 부자가 됐는지 보면 된다.

가장 극명하게 나타나는 건 바로 각 산업 분야의 최고봉의 오른 기업의 오너 즉, 소유주의 자산이 얼마인지 보는 것이다. 부의 이동이 변곡점을 만든 것은 2016년으로 볼 수 있다.

미국의 유력 언론 미디어 매체인 포브스Forbes는 매년 세계 부호 순위를 발표한다.

2016년 포브스의 세계 부호 순위 1위는 자라ZARA의 회장 아만시오 오르테가Amancio Ortega였다. 당시에 큰 쟁점이 됐었는데 그가 바로 마이크로 소프트사의 빌 게이츠Bill Gates를 제치고 1위를 했기 때문이다. 그전까지 세상은 패션이 이만큼 돈벌이가 될 수 있는 산업임을 짐작하지 못했을 것이다. 그러나 변곡점의 또 다른 영어식 표현인 'knee of curve'처럼 아만시오 회장의 부호 1위 자리는 구부린 무릎처럼 뚝 떨어지고 만다.

진정,
부의 흐름에 변화가 일어났다.

사람들이 패스트 패션에 지쳐 가다 정 반대되는 럭셔리로 눈을 돌렸고 코로나19는 럭셔리에 날개를 달아 주었다.

2023년, 포브스의 세계 부호 순위 1위는 수많은 럭셔리 브랜드를 거느린 LVMH의 베르나르 아르노Bernard Arnault 회장이 되었다. 2위는 테슬라의 일론 머스크Elon Musk 회장이다. 그리고 ZARA의 회장인 아만시오 오르테가는 13위가 되었다. 2016년에는 베르나르 아르노 회장의 순위는 14위였는데 말이다. (회장들은 서로 엎치락뒤치락하면서 1위를 탈환하고 있다)

세계 부호 1위로 럭셔리를 설명하는 것은 럭셔리를 새로운 블루 오션처럼 벤치마킹할 브랜드나 New 산업으로 보려는 것이다.

지금과 같은 불확실성의 시대The Age of Uncerntainty에는 숫자와 새로운 관점으로 사례를 보는 것이 중요하다.

1977년에 이미 동명의 책을 쓴 20세기의 유명 경제학지인 존 케네스 갤브레이스가 한 말처럼 지금 같은 불확실성의 시대에는, 과거처럼 확신에 찬 경제학자도, 자본가도, 사회주의자도 존재하지 않으며 진리로 믿었던 많은 것들이 깨지고 만다.

2016년에는 그 누구도 아르노 회장이 전 세계 부호 1위를 할지 몰랐고 코로나19로 럭셔리가 활황을 맞이할지 짐작도 못했다. 소셜미디어의 성장도 전기차가 이렇게 빨리 상용화될지도 예측한 산업의 크기와 시간의 차이가 클 것이다.

이 변화가 너무 빨라서, 이 부분을 벌써 3번이나 고쳐 쓰고 있다. 왜? 그 사이 유럽 증시의 시총 1위 기업이 LVMH 그룹에서 덴마크 제약사인 노보 노디스크Novo Nordisk로 바뀌었기 때문이다. 이 제약사는 테슬라의 창업자인 일론 머스크가 쓰는 걸로 유명한 비만 치료제, 위고비Wegovy를 만든 곳이다. 럭셔리보다 사람들에게 더 가치 있는 것은 다이어트 비법이었다. 오 마이 갓!

그럼에도 럭셔리를 읽어야 하는 건 사람들이 아름답고 좋아 보이는 새로움을 욕망하는 우리의 본능은 바뀌지 않기 때문이다. 럭셔리는 자라, 테슬라, 마이크로 소프트, 노보 노디스크처럼 엄청난 최첨단 기술로 만들어지지 않는다. 저런 기술이 없어도 작은 가게에서도 적용해 볼 수 있는 브랜딩의 방법이 럭셔리에는 있다. 그래서 럭셔리를 읽어야만 한다.

변화를 부의 흐름, 숫자와 사례로 판단해서 과거와 현재의 변화를 구분하고 지금을 기준으로 오늘과 내일을 보자. 럭셔리에는 수백 년의 역사와 지금 젊은이들이 열광하는 트렌드가 모두 담겨 있다. 럭셔리를 보다 보면 산업의 또 다른 변화의 변곡점이 예전보다는 명확히 보일 것이다.

05

럭셔리의
안목

변화는 새로움을 가져다준다는 장점이 있다. 하지만 그 변화에 빠르게 적응하며 배우고 체화까지 해야 하는 이들에게 변화가 많아지는 것은, 보는 것만으로도 불편하다.

어떤 관점에서 보면 현재는 온통 복고 감성으로 가득하고 갑자기 튀어나온 럭셔리의 대유행에 어처구니가 없을 것이다. 이런 현상이 10대를 술렁이게 하더니 이제는 기존의 한국 경제관념이나 가치관마저 뒤흔들어 놓고 있다.

나이키나 아디다스 운동화를 신던 아이들이 수십만 원 혹은 백만 원대 럭셔리 브랜드 운동화를 신겠다니 그럴 수밖에! 아이들만 그런 게 아니다. '나만 뒤처진 건 아닐까' 하며 덩달아 럭셔리 제품을 구매하는 이들도 있고 어떻게든 이 시류를 타기 위해서 쇼핑 겸 투자를 하는 이들도 있다. 소유가 힘들어진 요즘, 집을 못 사니 럭셔리 브랜드의 시계나 가방을 사겠다는 사람도 많다.

이쯤 되면 불편을 넘어 럭셔리라는 것이 사회적 지위 유지를 위해 암묵적으로 지불해야 하는 비용이 된 것 같다. 그 부담이 우리를 불안하게도 한다.

그러게… 우리는 왜 이렇게 된 걸까?

여러 가지 설이 있다. 'GDP가 높아져서', '럭셔리의 대유행은 전 세계적이라 한국도 겪을 뿐이다', '젊은 세대의 성향이다', '럭셔리를 소유한 것 자체만으로 출세와 성공 가도를 달리는 것으로 보이게도 해주니 어느 한국인이 이걸 거부하기 쉬울까?' 등등 다양하다.

이 불편과 불안을 극복하는 방법은 하나다. 공포 소설의 아버지라 불리는 H.P. 러브크래프트는 이렇게 말했다.

인간의 가장 오래되고 강력한 감정은 두려움이다.
그리고 가장 오래되고 강력한 두려움은
미지의 것에 대한 두려움이다.

러브크래프트는 인간의 뇌가 불확실한 것에 취약하다는 점을 알고 있었다. 위스콘신 대학 매디슨 캠퍼스의 심리학자인 잭 니츠키는 한 연구에서 이렇게 말했다.

불확실성은 불안증이 자라나는 토양이 됩니다.
불안증은 미래를 걱정하는 것이기 때문입니다.

현재와 같은 불확실성의 시대에는 럭셔리를 제대로 아는 것이 불편과 불안을 해소하는 방법이 된다. 그런데 이렇게 말하는 사람도 있을 것이다.

그런 비싼 것에 관심도 없고 사지도 않을 건데?
럭셔리를 왜 알아야 해?
럭셔리를 만들 것도 아니고, 럭셔리 회사에 다닐 것도 아닌데?

럭셔리 사봤는데 별거 없던데? 럭셔리를 왜 알아야 해?
이것도 다 한때 유행일 뿐이야. 가만히 있어.
그러면 중간이라도 간다?

틀린 말은 아니다.
하지만 맞는 말도 아니다.

럭셔리를 왜 알아야 하는지는 그 자리에 애플을 넣어 보면 이해하기 쉽다.

'애플 같은 회사를 만들 것도 아니고 애플을 다닐 것도 아닌데 스티브 잡스를 알아서 뭘 해? 공급망 관리 전문가 출신인 팀 쿡^{Tim Cook}이 CEO가 되고 나서 달라진 애플을 배워서 뭐에다 써?'

누가 이렇게 말한다면 아마 다들 그 무지함에 민망함을 느낄 것이다. 그 회사를 하려고 아니면 다니려고 배우는 것이 아니라, 그들을 알아가며 가장 먼저 시류의 변화를 읽고 대처했던 이들의 노하우를 체득하기 위해서이기 때문이다. 럭셔리가 현재의 시류라는 것은 부정할 수 없는 사실이다. 지금을 모르면 미래를 위한 기반을 다질 수 없다.

한국인의 럭셔리 소비에 대해서 스스로 색안경을 씌우지 말자.

한국이 인구당 럭셔리 소비지출액 1위 국가인 것도 BTS, 블랙핑크, 기생충, 오징어 게임처럼 K-contents가 뛰어난 만큼 개개인의 미적 기준이 높기 때문이라고 보면 어떠한가?

한국은 조선시대 혹은, 그 이전 시대에도 중국이나 일본과는 구별되는 고유의 간결한 미적 특성이 있었다.

대한민국의 손재주는 타의 추종을 불허하는데 손재주도 보는 눈이 있어야 생기는 것이니 우리의 안목이 높다고 보면 럭셔리 소비를 조금이나마 부드럽게 보게 될까?

파리 패션위크에서 십수 년째 활동하는 우영미 디자이너의 브랜드 WOO YOUNG MI Paris는 전 세계적으로 핫한 브랜드가 되었다. 그녀뿐만 아니라 럭셔리계에서 가장 유명한 패션 공모전인 LVMH Prize에서 상을 탄 한국인마저 여럿이다. 이런 상황을 한국인의 물질만능주의나 세속적인 것으로만 몰아서는 지금을 읽어 낼 수 없다.

지금은 럭셔리에 대해 한국만의 색안경을 벗어야 할 극적 전환점 Tipping point에 왔다고 봐야 한다. 그래야만 지금을 읽어 낼 수 있다.

럭셔리를 읽는 것은 안목을 기르는 것이다.

럭셔리를 여유롭게 살 만큼 경제적 능력이 없음에도 '＊＊ 브랜드'의 가방이나 시계 아니면 운동화라도 사야 대세의 대열에 서는 것으로 생각하는 이들이 있다.

욕망을 마음에 품고 있는 것은 자유다. 그러나 이런 욕망에 잠식되어서 밑 빠진 독에 물 붓기처럼 럭셔리를 사는 것은 분명 조정이 필요하다. 온전히 럭셔리를 보며 불편이나 불안이 아닌 그저 현상으로 조망하며 '이걸 지금 하는 일에 적용하면 돈이 되겠는데?' 하는 안목을 키우는 것이 럭셔리를 읽는 것이다.

똑같이 세일하는 만 원짜리 티셔츠 하나를 사도 십만 원짜리 같아 보이는 걸 짚어 내는 사람을 본 적이 있을 것이다. 럭셔리를 읽는다는 것은 이런 안목을 키우는 것을 말한다.

계속 읽고 보다 보면 질릴 수도 있지만 더 사고 싶어질 수도 있다. 그럴 때 '난 이게 왜 사고 싶지?' 하면서 반문하다 보면 소비자의 욕망을 읽는 안목도 생기게 될 것이다.

'가만히 있으면 중간은 간다'고? 정말 그럴까?

가만히 있었기 때문에 중간밖에 못 해서 나머지 절반은 손해를 본다고 생각해 보면 어떤가? 심리학자이자 행동경제학자인 아모스 트버스키와 대니얼 카너먼은 이를 '손실 회피loss aversion'라는 개념을 통해 분석했다. 이들이 말하는 손실 회피는 얻은 것의 가치보다 잃어버린 것의 가치를 크게 평가하는 것을 말한다.

예를 들면 이렇다.

1만 원을 얻었을 때 느끼는 행복감보다

1만 원을 잃어버렸을 때 느끼는 상실감이 크다는 것이다.

이 행복감과 상실감이 정서적으로 2배나 차이가 난다는 실험 결과도 있다. 손실 회피 편향은 주식 투자에도 나타난다. '절대 손해를 보지 않겠다'라며 원금이 반 토막이 나도 버티다가 주식이 휴지조각이 되어 더 큰 손해를 보는 것이다.

원금이 반토막이 났을 때 실수를 인정하는 걸 두려워 말고 바로 잡아야 한다. 원금이 휴지조각이 될 때까지 존버(존* 버티기)하면 안 된다. 인정하자. 럭셔리가 대세가 된 지금이 럭셔리를 읽어야 할 때다.

럭셔리는 소비문화 중 하나이자 대세가 되어 버렸다. 부정하고 외면하고 싶어도! 그러니 읽고 알아야 한다. 그래도 럭셔리에 대해 적대적인 감정이 든다면, 럭셔리를 그냥 가전제품이라고 생각해라. 보통 가전제품을 사면 자주 쓰는 기능만 알지 우리 대부분은 그 제품 자체의 기능을 100% 쓰지는 못한다. 대부분은 고장 나기 전까진 사용설명서도 찾아보지 않는다.

요즘 전기밥솥에는 다양한 기능이 있다. 만능찜이나 죽 만들기부터 밥도 잡곡밥부터 흰쌀밥까지 보통 5가지 이상의 활용법이 있다. 공식 사용법 외에 고구마를 찐다든가, 흑마늘 만들기까지 하는 등 전기밥솥의 기능은 무한하다. 그런데 아마 우리 대부분은 그냥 밥솥으로 밥만 할 것이다. 우리 머릿속에 각인된 용도가 그러니깐!

    머릿속에 각인된 럭셔리에 대한 선입견은 8월의 한여름 밤에 모기를 잡듯이 집요하게 없애라. 대신에 럭셔리란 가전제품을 잘 쓰기 위해서 함께 사용설명서를 읽어 본다는 기분으로 보자. 용도를 십분 활용해서 잘 쓰는 게 가장 똑똑한 소비자이지 않은가? 럭셔리를 읽는다는 것은 곧 안목이 좋은 똑똑한 소비자가 되는 방법이기도 하다.

06

자신의 아이덴티티를 브랜딩한다

럭셔리를 읽어야 하는 가장 큰 이유는 럭셔리는 브랜드를 마케팅하지 않고 그 브랜드의 '아이덴티티'를 브랜딩하기 때문이다. 그리고 이 방식은 기존의 것들로 채워지지 않는 관점을 제시한다. 럭셔리를 통해서 배우게 될 브랜딩은 좀 다르다. 조금 야매스럽지만, 그 관점이 '아름답다'와 '나'에 있다고 생각하면 이해하기 쉽다.

'아름답다'와 '나'를 2가지로 나눠서 보자.

첫째, 럭셔리의 브랜딩은 '아름답다=나답다'이다.

럭셔리 브랜드가 제각각 아름다운 것은 그 브랜드만의 스타일, 로고, 디자인을 추구하기 때문이다. 그것은 세계관이나 변치 않는 사람의 특질처럼 고유하다. 예를 들자면 이렇다.

샤넬은 샤넬이기 전에 가브리엘 코코 샤넬이라는 여성이었다.
크리스찬 디올은 브랜드이기에 앞서 패션을 사랑한 한 남성이었다.

월간 미술에 기고한 서정범 명예교수경희대 국문학과의 칼럼에 따
르면, '아름답다'의 여러 어원 중에 '아름답다=나답다'인 어원이
있다고 한다. 15세기 문헌에는 '아름답다'를 '아답다'로 나타냈다
고 한다. 여기서 '아'의 뜻은 나私, 사사 사이다. 개인의 사적私的인 일
을 뜻할 때 쓰는 그 한자 뜻이다. 그래서 '아름답다'는 '나답다'의
어원을 지닌다고 할 수 있다.

샤넬Chanel은 현대적 여성을 그리며 탈코르셋에 앞장섰고 지금
도 그 편안함을 추구한다. 디올Dior은 여성의 아름다움을 코르셋을
한 듯한 잘록한 허리의 'NEW LOOK'으로 표현했다. 지금도 그
범주 내에서 아름다움을 구현한다.

서로 추구하는 아름다움이 다르다. 사람들에게 샤넬은 현대적인
여성미, 디올은 고전적 여성미가 떠오르게 만든다. 그들의 2023년
엠버서더만 봐도 알 수 있다.
블랙핑크의 제니 양은 현대적이고 도회적인 여성상의 샤넬의
엠버서더이다. 지수 양은 디올의 엠버서더로 고전적이고 섬세한
분위기의 여성을 구현한다. 두 여성은 샤넬과 디올이 찰떡처럼 어
울린다. 모두 아름답지만, 아름다움의 아우라Aura가 다르다. 여기
에 옳고 그름은 없다.

트렌드에 따라 샤넬과 디올의 일부 소재나 디자인 실루엣이 겹칠 때도 있다. 트렌드는 지독하니까! 그러나 그들은 저마다의 '나다움'을 일정 비율 고수한다. '나'만을 강하게 어필하면 고집불통 같고 트렌드만 너무 쫓으면 간사해 보여서 둘 다 매력이 없으니, 적당한 강약을 조절해서 밸 떼기를 하는 것이다.

브랜드를 사랑해 주는 고객이 있다면 분명 그 안에 있는 고유한 아름다움을 사랑하는 것이다. 그것이 브랜딩이며 아이덴티티이다. 그 아름다움을 잃으면 고객은 그 브랜드를 사야 할 이유가 없어지게 된다.

둘째, 럭셔리의 브랜딩은 '나'를 말한다.

'나'를 '나'라고 말하는 게 어려운가?라고 반문한다면, 자기 소개할 때 그 어색함과 민망함을 떠올려 보면 쉽다. 온몸으로 자신을 어필해야 하는 배우들이 특히 그럴 것이다.

배우 이청아 씨는 한 인터뷰에서 자신의 목소리를 내는 게 어려웠다고 한다. 목소리가 낮아서 늘 밝고 높게 하라는 평을 들었기 때문이다. 그렇게 고민하던 중 예전에 대학 때 들었던 연기 수업을 떠올리며 그녀는 자신의 목소리를 받아들였다고 한다.

늘 연기 수업할 때 저희 대학교수님들이
'나 해봐, 나' 이러셨거든요.
왜냐면 사람이 '나'라고 할 때가
가장 자기 톤의 목소리가 나온다고요.

샤넬과 디올로 다시 예를 들어 보자.

샤넬스러운 디올과 디올스러운 샤넬을 사기 위해 그 비싼 비용을 지불할 고객이 있을까? 샤넬을 사는 것은 샤넬다움을 사는 것이고, 디올은 디올다움이 있기 때문에 바로 그 브랜드의 '나'라는 럭셔리 아이덴티티를 사는 것이다.

따라서 럭셔리의 그 어느 브랜드도 2 by 2 사분면의 포지셔닝에 자신을 놓고 차별화를 하지 않는다. HEC Paris의 럭셔리 MBA 교수인 장 노엘 캐퍼러Jean Noel Kapferer는 이렇게 표현했다.

럭셔리는 포지셔닝이란 말이 함축하듯
'주변 환경에 좌우되는 것'이 아니라,
노골적으로 '이것이 바로 나'라고 밝힌다.

샤넬이 소유한 것은
아이덴티티이지 포지셔닝이 아니다.

아이덴티티는 나누어지거나 협상할 수 있는 것이 아니다.
그것은 그냥 그 자체이다.

샤넬을 보완하기 위해서 디올스러움을 더할 필요 따위가 없다는 말이다. 샤넬은 더 샤넬만의 강점을 살려 자신을 더 농익게 만들어야 한다. 디올이 샤넬과 같아진다면 그건 디올만의 매력적인 강점을 잃는 것이다. 디올은 디올만의 그 고혹적인 매력을 발산해야 한다.

그런데 만약 내가 갈대처럼 트렌드에 따라 움직이는 브랜드라면? 내 브랜드를 얼마나 알고 있는지에서부터 럭셔리의 브랜딩은 출발한다. 고객은 거울에 비친 내 브랜드의 모습이다. 그러면 고객의 입맛에만 맞추면 될까? NO!

아이덴티티는 나누어지거나 협상할 수 없는 것이라고 했다. 그들이 원하는 것과 열망하는 것을 가려내라.

예를 들어 보면 이렇다. 최고급 스포츠카는 성공한 사람들의 전유물이다. 그들은 성공한 사람의 이미지를 브랜드에 담는다. 결코 이런 고가의 자동차를 강렬하게 열망하다 못해 반지하 단칸방에 살면서 60개월 할부로 산 카푸어Car Poor를 담지 않는다.

왜? 그들도 고객인데? 카푸어를 브랜드 이미지에 담는 순간, 진짜 성공한 이들보다 카푸어들이 가장 먼저 최고급 스포츠카를 헐값에 팔아 버릴 것이다. 그들은 자신을 거울처럼 비춰 줄 브랜드가 아니라 자신이 열망하는 모습으로 구현해 주는 브랜드를 산 것이기 때문이다.

카푸어에게 필요한 건 60개월 할부 시스템이다. 열망하는 건 그런 차량의 실제 기능이 주는 주관적 쾌감과 만족, 그들만의 삶의 만족도, 성공한 듯한 온갖 빛나고 멋져 보이는 느낌이다. 설사 선택한 자동차에 만족스럽지 못한 부분이 있어도, 거기에 대해 이러쿵저러쿵 평할 수 있는 자기 모습에 우월감을 느낄 것이다. 즉, 카푸어에게 자동차란? 자신을 위한 뇌물이자 접대다.

그러니 내 브랜드와 고객을 깊게 보고, 원하는 것을 얼마나 들어 주고 열망하는 것을 어느 정도 구현시켜 줄지를 정해라. 트렌드를 몇 방울이나 떨어뜨릴지도 정하고 그러면서도 결단코 타협할 수 없는 나다움을 지키며 발산하는 것이 럭셔리의 브랜딩이다.

07

매력적인
브랜드 확장성

사업가의 눈으로 보면 럭셔리의 매력은 확장성에 있다. '나다움' 이 짙다 못해 사람처럼 아이덴티티가 분명한 브랜드만이 가질 수 있는 장점이다. 카테고리 확장은 브랜드가 탄탄하다고 다 할 수 있는 것이 아니다. 그만큼 전략이 중요하다.

그런 점에서 럭셔리 패션 브랜드는 확장성이 매우 높다. 이건 패션을 높게 보는 것이 아니다. 패션쇼, 즉 매년 해외에서 열리는 패션위크 런웨이의 파급효과가 크기 때문이다.

패션은 머리부터 발끝까지 헤어, 메이크업, 주얼리, 시계, 옷, 가방, 스타킹이나 양말, 신발, 잡화까지 모든 것을 총망라해서 스타일링을 한다. 어떤 여성복 패션쇼에는 남성복도 나오고 아이 옷도 나오고 반려 동물까지 나온다. 그 외에도 패션쇼의 장소와 무대 디자인, 조명, 음악, 모델까지 그 브랜드가 생각하는 트렌드의 모든 것이 15분 내외의 쇼에 모두 집결되어 있다. 그러다 보니 패션쇼에 나오는 온갖 것들로 브랜드 카테고리를 확장할 수 있다. 모두 성공하는 것은 아니지만, 뻗어 나갈 수 있는 여지가 많은 만큼 그 기회가 많다.

예를 들어 샤넬을 보면, 샤넬은 옷이나 가방뿐만 아니라 여성이 머리부터 발끝까지 사용할 수 있는 모든 것을 판매한다. 덕분에 고객층이 넓다. 샤넬의 패션 스타일과는 별개로 샤넬의 화장품이나 향수의 품질을 좋아해서 구매하는 고객이 있기 때문이다. 샤넬 제품의 전체 가격대도 값비싼 시계부터 몇만 원짜리 립스틱까지 다양하다. 그래서 고객 간에 교집합이 있기도 하고 없기도 하면서 고객층이 넓다.

패션 브랜드가 아니더라도 할 수 있는 방법도 있다. 브랜딩으로 브랜드 확장성을 기르고 싶다면, 장 노엘 캐퍼러 교수가 소개한 럭셔리 브랜드 몽블랑Montblanc의 전략을 배워 두자.

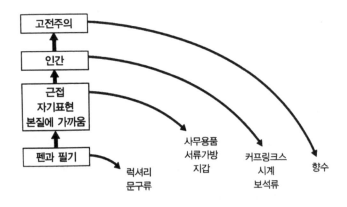

출처 『럭셔리 비즈니스 전략』, 장 노엘 카페레, 뱅상 바스티엥 (미래의창)

몽블랑은 만년필로 시작해서 지금은 가죽 잡화, 시계, 향수까지 다양한 제품을 전개하고 있다. 이를 그냥 확장한 것이 아니라 세계적으로 유명한 '마이스터스튁Meisterstuck'이라는 몽블랑 최고의 만년필을 중심으로 동심원의 형태로 움직였고 성공했다.

몽블랑 카테고리 확장이 동심원을 그리면서 성공하기 위해서는 최고나 최초 같은 품질과 이를 상징할 지금의 엠버서더 같은 브랜드 이미지를 대표할 인물이 필요했다. 이 당시 몽블랑의 이 모든 걸 보여 준 인물은 영화 '007 시리즈의 제임스 본드'였다. 제임스 본드는 그야말로 명실상부名實相符한 현대 첩보물의 장을 연 독보적인 존재이다.

영화 속 제임스 본드는 신사적이고 잘생기고 섹시한 용모에 빼어난 화술을 지닌 매력적인 남자로 나온다. 세련된 정장이나 턱시도 차림으로 등장하는 장면이 늘 나오는데 그때마다 겉으로 보기에는 전혀 티가 나지 않는 생활용품에 특별한 스파이 장치를 해서 지니고 다녔다. 그중에서 하나가 필기구인 만년필이었다. 그의 정장 안주머니에는 항상 철판을 녹이는 액이나 특별한 고성능 장치가 장착된 만년필, 바로 몽블랑의 '마이스터스튁'이 있었다.

세계 최고의 영국 국가정보요원인 제임스 본드가 전 세계를 누비며 악당을 물리칠 때 과연 아무거나 쓸까? 그가 쓰는 만년필은 최상의 제품일 거라는 인식이 대중들에게 심어졌다. 물론 실제로도 마이스터스튁은 최고의 만년필 중 하나로 손꼽힌다. 그렇다고 몽블랑만 뛰어난 만년필을 내놓는 것은 아니다. 비슷한 듯 다른 컨셉의 그런 브랜드는 여럿 있다. 하지만 만년필의 상징이 된 몽블랑의 대중적 명성을 넘어서기는 어렵다. 몽블랑처럼 비용을 투자하기 어렵다면 책 중반부에 나올 여러 소규모 럭셔리 브랜드들이 했던 '브랜드 알리기'의 방법들을 참고하면 된다.

내 브랜드의 구심원이 될 제품력이나 특징, 내 브랜드의 가장 좋은 점, 잘하는 것을 중심으로 어디로, 어디까지 확장하며 움직일지를 정하자. 어떤 인물 또는 매체로 보여 줄지도 정하고 행동하는 것은 가장 '그 브랜드답게' 행하는 브랜딩이 될 것이다.

럭셔리는 비교 불가한 '나'라는 아이덴티티를 세상에 끊임없이 시각적으로 외치는 브랜드다.

> 럭셔리는 '최상의 것'이지 '상대적인 것'이 아니다.
> – 장 노엘 캐퍼러

보통의 브랜드는 늘 비교하고 경쟁 브랜드를 떠올린다. 거기에 엄두도 안 나는 럭셔리 브랜드를 하나 추가해 보자. 때로는 내 경쟁자가 나의 한계가 된다. 한계를 높여 버리면 판세는 다르게 움직인다.

최상의 것과 상대해서 살아남는 법은 전교 1등과의 경쟁에 전세계 1등을 참가시키는 것처럼 부담이 된다. 하지만 이왕지사 길고 짧은지 계속 대어 볼 것이라면 럭셔리 같은 최고에 견주어 보는 것이 더 성장점이 높다.

08

일부러 잊고,
다시 배우는 수단이다

자신이 직접 배우고 경험하고 깨달은 것만이 옳다고 여기는 이들이 있다. 타성에 젖어 '답은 정해져 있어 넌 따르기만 해'의 #답정너로 살고 있는 이들도 있다. 이게 잘못된 것은 아닌지 자문자답해보라며 세상은 열린 마음을 중요하다고 하는 데도! 하지만 이미 닫힌 마음은 열기 쉽지 않다. 바꾸고 싶어도 사슬에 발이 묶인 코끼리마냥 제자리를 빙빙 돌아 원점으로 돌아가는 기분이 들 때도 있을 것이다.

그럴 때면 럭셔리를 들여다봐라. 굳어진 어른의 생각을 바꾸는 데 럭셔리만 한 거울 치료가 없기 때문이다. 자신의 판단이 당시에는 옳아 보였는데 사실은 틀린 선택이었다는 것을 손자 때 알게 되는 사업은 많이 없다. 그런데 럭셔리는 다 안다. 보통 할아버지들이 일할 때 한 실수를 손자들은 모르지만 오랜 역사의 럭셔리 브랜드들은 대부분 다 알고 있다. 브랜드 역사로 기록되어 있고 패밀리 비즈니스로 이어지는 곳이 여럿이기 때문이다. 그래서 그들은 최대한 유연하게 사고하려고 노력하고 무엇을 지켜야 할지 그 어떤 사업보다 심도 있게 고민한다.

이들의 방식을 보고 있자면 앨빈 토플러Alvin Toffler가 한 말이 떠오른다. '제3의 물결'로 유명한 미래학자인 그는 1970년에 출간한 『미래 충격future shock』에서 미래에 능력이 없는 사람에 대해서 이렇게 말했다.

> 21세기의 문맹은 읽고 쓰지 못하는 사람이 아니라,
> 배우고,
> 배운 것을 일부러 잊고unlearn,
> 다시 배우는relearn 능력이 없는 사람일 것이다.

모든 것이 불확실한 현재의 미래는 예측하기 어렵다. 그래서 지금은 일부러 잊고unlearn, 다시 배우는relearn 능력을 발휘해야 할 때다. 100세 혹은 120세의 미래는 과거에 배운 것만으로 내가 옳고 맞다고 생각하며 세운 틀이란 것 자체가 존재하지 않을 수 있다.

가장 최고의 교과서는 실전이다. 그것도 수세기를 견뎌 온 럭셔리 브랜드라면, 지금도 최고의 자리에 있다면, 파면 팔수록 마치 꼭 필요한 맞춤복 같은 인사이트를 내어 줄 것이다. 그들은 과거의 성공을 잊고unlearn, 실수를 다시 배우는relearn 것을 반복해 왔기 때문이다.

또한, 럭셔리는 우리가 데카르트가 말하는 알을 깨고 성장하는 새가 아니라 가재일 수도 있음을 알려 준다. 병아리도 새끼 가재도

알을 깨고 나온다.

병아리와 새끼 가재의 가장 큰 차이점은 성장 방식이다.

병아리는 딱딱한 알을 깨고 나와 뼈대를 덮는 노란 솜털이 빠지고 새 깃털이 나면 닭이 된다. 하지만 새끼 가재는 성장하면서 몸이 뼈처럼 딱딱해진다. 더 성장하려 스스로 딱딱한 껍질을 벗어내야 한다. 껍질을 벗고 시간이 지나면 말랑했던 속살이 다시 뼈처럼 딱딱해지면서 가재로 성장 한다.

우리가 만약 새끼 가재라면?

#답정녀의 껍질을 깨야 한다. 굳어진 생각의 단점은 자신이 만든 틀 속에 갇히는 것이다. 그 틀을 깬다고 '나'라는 존재가 사라지지 않는다. 속살은 어차피 다시 뼈처럼 단단해진다. 고수해야 할 점을 지키는 것과 고집을 부리는 것은 다르다. 계속해서 딱딱한 껍질을 깨고 벗어내다 보면 고집과 지켜야 할 것의 차이를 스스로 깨달을 수 있다.

럭셔리와 럭셔리를 둘러싼 것들을 누루 살펴보며 딱딱한 껍질 같은 관점을 일부러 잊고unlearn 다시 배워relearn 보자. 럭셔리처럼 더 오랫동안 성장하며 삶의 주인공으로 살 수 있을 것이다.

1949년생인 델리아 오언스Delia Owens는 동물행동학 박사이다. 23년 동안 아프리카 등의 오지에서 연구하며 통찰한 성과는 여러 권의 베스트셀러가 되었다. 그녀는 유명한 네이처지에도 연구 결과가 실린 훌륭한 연구자이자 자연 분야의 전문 작가였다.

그런 오언스는 2019년, 70대의 나이에 『가재가 노래하는 곳』이란 생애 첫 소설을 출간했다. 이 소설은 180주간이나 연속으로 뉴욕 타임즈의 베스트셀러 1위를 차지했고 영화화가 되었다.

연구 성과가 아닌 소설을 쓰기 위해서 그녀는 얼마나 많이 기존의 글을 쓰던 방식을 잊고 다시 배우기를 반복했을까?

그녀가 자연을 관찰하며 얻었던 통찰을 소설로 전환한 것처럼 럭셔리는 일부러 잊고unlearn, 다시 배우기relearn 위한 부표가 되어줄 것이다.

WHERE

어디서부터 어디까지가
럭셔리인가?

럭셔리
도대체 뭘까?

WHERE?

어디서부터 어디까지를 럭셔리라고 부를까?

사전, 논문, 전문 교재, 대표 브랜드의 연간 보고서를 다 뒤져 봐도 럭셔리가 뭔지 딱 한마디로 규정한 것을 찾을 수 없다. 왜 그럴 수 없는지에 대해서는 그 설명이 장황하고 아이러니하게도 참 많이 찾을 수 있다. '럭셔리는 한마디로 규정될 수 없다'가 결론일 정도이다.

럭셔리의 개념이 '느낌 아니까', 춘추전국시대의 그 중간 어디쯤처럼 모호하다. 럭셔리의 범위도 애매하다. 어디서부터 어디까지인지 명확하게 규정하고 있지 않다. 럭셔리가 귀에 걸면 귀걸이, 코에 걸면 코걸이를 뜻하는 이현령비현령耳懸鈴鼻懸鈴처럼 느껴지게 된다.

럭셔리에 대한 온라인 정보는 다양하지만, 럭셔리 쇼핑 정보의 양에 견주면 매우 적다. 포털 사이트의 백과사전에는 럭셔리 브랜드에 대한 전반적인 정보는 자세히 나와 있다. 하지만 그 외의 정보는 브랜드 홈페이지, 뉴스 기사, 전문지 등으로 모두 파편화되어 있다. 럭셔리 브랜드에 관한 전문 도서도 오래되거나 번역본 자체가 극히 적다.

그래서 이번 장은 '럭셔리를 대학교 1학년의 인기 교양 과목이라고 한다면… 그 첫 시간에 하는 수업에 어떻게 집중시킬까?'를 전제로 구성했다.

그 이상도 그 이하도 아니다. 배우는 것도 있지만 적당히 흥미롭고 재밌고 점수를 잘 받을 수 있을 것 같아서 수강 정정을 할 수 없는 그런 강의처럼 구성했다. 이걸 배워서 약간 아는 체하기 딱 좋을 만큼만 담았다.

작은 일에 거창한 말을 사용하는
습관을 피해라.
– 사무엘 존슨

조금 어색하거나 어울리지 않을지도 모르지만, 럭셔리의 개념을 조금이나마 쉽게 설명할 수 있도록 예도 들었다.

지나치게 가벼워질까 봐 앞서 소개했던 프랑스 HEC Paris의 럭셔리 MBA의 장 노엘 캐퍼러 교수의 견해를 곁들였다. 그건 그가 브랜드 분야의 석학이면서 동시에 럭셔리 이론 분야의 전문가이기 때문이다.

브랜드와 럭셔리를 두 마리 토끼 잡듯이 알아갔으면 하는 마음
으로 담았으니 그가 너무 자주 나와도 이해해 주길 바란다.

02

정확한
정의

    럭셔리가 뭔지 굳이 복잡한 이론을 들거나 사회적 현상으로 설명하고 싶지 않다. 그렇게 배운 건 전공과목이라도 시험을 보고 나면 기억에 남지도 않을뿐더러 머리만 더 복잡하게 만들 수 있어서이다.

    그래서 싹 엎고 실제로 바닥부터 럭셔리를 일군 창업자들의 전기나 이들을 직접 인터뷰한 책을 뒤졌다. 그들은 이론상 완벽해 보이는 모델이나 '럭셔리를 만들기 위해서 알아야 할 10가지' 같은 그럴싸한 말은 못 하는 경우가 많다. 하지만 제 머릿속에 딱하고 명확하게 각인된 바가 있어서 논리적 근거를 댈 수는 없어도 현상이나 상황에 딱 들어맞는 말을 한다. 실전에서 살아남은 이들의 진짜 강함은 약간의 주먹구구와 함께 돌진하는 데서 나온다. 그리고 럭셔리 같이 학문적으로 널리 규정되어 알려진 부분이 적은 분야일수록 그 파워가 더 강력하다. 그렇게 가브리엘 코코 샤넬의 역전

한판승 같은 말을 만났다.

그녀는 럭셔리, 그게 정확히 뭔지 딱 한 문장으로 말했다. 덕분에 그럴싸하지 않더라도 럭셔리를 각인시킬 예시도 떠올릴 수 있었다. 가브리엘 코코 샤넬은 럭셔리를 이렇게 명명했다.

럭셔리는 필수품이 끝나는 데서
시작하는 필수품이다.

이 말을 기억하기 좋은 예시로 곁들여 바꾸면 이렇다.

럭셔리는
지포 라이터와
듀퐁 라이터의 차이에서
시작된다.

이게 무슨 헛소리인가 싶을 것이다. 하지만 럭셔리가 뭔지 규정하기 위해서 샤넬의 말과 이 두 라이터만 한 예시가 없으니 이해해 주길 바란다.

자랑하기 좋아하는 이들 둘이 있다고 가정해 보자. 하나는 지포 라이터, 다른 한 명은 듀퐁 라이터를 들고 서로 자기 것이 더 좋다고 실랑이를 벌이고 있다.

지포 라이터 사용자 Z는 듀퐁 라이터 사용자 D와 이런 대화를 하지 않을까?

Z=(켜진 라이터 불을 켜고 입김으로 부는 소리) 챡! 후~~

봐봐! 불이 안 꺼지지? 라이터는 역시 지포 라이터야.

D=(라이터 입구를 여는 소리) 핑~~

이 맑은 클링cling 소리를 들어 봐. 라이터는 듀퐁이라니깐?

Z=지포 라이터는 남북전쟁 때부터 군에 납품하던 거야.

적진에 불을 낼 때도 지포 라이터 불은 안 꺼지니까 이걸 훅 던졌대.

D=듀퐁은 그렇게 험난한 상황에서 쓰는 게 아니야.

하지만 악어가 물면 악어 이빨이 부러질 정도 튼튼하댔어.

Z=지포 라이터는 베트남 전쟁 때 총알에 맞고도 불이 켜졌어.

D=듀퐁 제품은 왕족도 쓰고 국가 정상들 선물로도 나가.

예전의 유럽에서는 이 클링 소리로 서로를 알아보기도 했어.

대화의 뉘앙스로 어렴풋이 짐작할 수 있겠지만, 지포 라이터는 필수품의 끝판왕 라이터이고, 듀퐁은 럭셔리 라이터이다. 조금 더 자세하게 설명해 보면 이렇다.

담배를 피우는 이들에게 라이터는 필수품이다. 매일 쓰는 것이다.

가스라이터는 편의점에서 천 원도 안 되는 가격에 판매한다. 간

편하고 기능도 좋고 꽤 오래 쓸 수 있다. 하지만 지포 라이터와 듀퐁 라이터는 다르다.

지포 라이터는 가장 저렴한 것이 2만 원 선이다.

지포Zippo는 필수품 라이터계의 끝판왕인 방풍 라이터Windproof Lighter 브랜드이다. 지포 라이터만의 디자인이 아름답고 라이터 뚜껑을 열 때 지포만의 '착' 하는 고유한 소리가 난다. 오랜 브랜드 역사와 스토리텔링이 있고 튼튼한 소재로 만들어졌다. 지포 라이터는 100% 미국에서 생산된다. 다른 나라에서 제조된 지포 라이터가 있다면 모조품이라고 한다.

라이터로 회사를 시작한 지포는 현재 라이터뿐만 아니라 의류 및 라이프 스타일 제품으로 브랜드 카테고리를 확장하고 있다. 미국과 강한 남성상을 앞세운 제품들이 많다.

듀퐁 라이터의 가격은 수십만 원부터 수백만 원에 이르고 맞춤 상품도 따로 판매한다.

듀퐁S.T.Dupont은 지포 라이터처럼 튼튼하지만 불을 붙이기 위해서 적진에 던지기에는 가격이 비싸다. 듀퐁 라이터를 개폐할 때 나는 '핑' 하는 고유한 소리는 제품마다 모두 다르며 제품 출시 때마다 '마담 클링'이 따로 검수한다. 보통 금도금 제품의 소리가 은도금 제품의 소리보다 더 청아하다. 금도금 제품이 금관악기와 비슷한 재질이기 때문이라고 한다. 모조품은 더 진짜 같아 보이기 위해서 이 소리에 집착해서 만든다고 한다. 듀퐁 라이터는 100% 프랑스에서 생산된다.

듀퐁은 라이터로 유명해졌지만 본래 루이비통처럼 왕족과 귀족에게 가죽 제품을 판매하던 브랜드였다. 지금도 판매한다. 앞서 몽블랑에서 소개했던 007 제임스 본드가 쓰는 라이터는 듀퐁이다. 듀퐁 라이터의 사용자 중에는 재클린 케네디 여사도 있었다. 듀퐁에서도 럭셔리 만년필을 생산하는데 사르코지 전 프랑스 대통령이 즐겨 쓰는 것으로 유명하다. 향수나 의류 등의 제품도 라이센스로 판매하고 있다.

지포 라이터와 듀퐁 라이터는 비슷한 점이 여럿이다. 다만 듀퐁 라이터가 더 짙은 '8개의 유'의 체취를 뿜어낸다. 그래서 럭셔리는 '8개의 유'다.

튼튼한 정도를 언급할 때 지포 라이터가 총알을 맞아도 불이 켜진다는 것은 경험에 의한 것이었다. 실제 베트남 전쟁 때 참전한 안드레아스 중사는 총알을 맞고 멀쩡했는데 바로 지포 라이터가 총알을 막아 줬기 때문이다. 그리고 그 총알에 맞은 지포 라이터는 멀쩡히 불이 켜져 사람들을 놀라게 했다. 브랜드 마케팅하기 참 좋은 스토리이다.

라이터를 악어가 물 가능성은 얼마나 될까? 라이터 켜는 소리가 저마다 달라서 그걸로 소유자를 식별까지 할 만큼 독창적일 필요가 있을까? 도금에 따라 금관악기 같은 소리가 나야 할 이유는?

그렇다. 브랜드보다 한술 더 뜨는 '8개의 유'가 있는 게 럭셔리다.

유유자적 여유로워 보여도 그 속은

유난스럽고

유별난데 그 덕분에

유명하다. 그래서

유사품이 있어도

유일무이한 매력으로

유독 높은 가격에도 사랑받으며

유리한 위치에서 고객의 열망을 채워 주는 것이

바로, 럭셔리이다.

- 저자 박소현

03

비싼 제품이
럭셔리일까?

지포 라이터와 듀퐁 라이터 이야기로 감을 잡았다고 해도 의문이 드는 점이 있을 것이다.

'비싸면, 그것도 럭셔리이지~ 가게 이름이 브랜드가 되는 거지?' 하고 말이다. 이게 실제로 헷갈리고 애매한 부분이라서 '럭셔리 하면 생각나는 것들'을 미국, 일본, 프랑스에 각각 물어본 예도 있다.

◈ 모두가 럭셔리를 높은 가격과 연관시킨다.
◈ 럭셔리는 비싸야 한다.
◈ 우수한 품질이 두 번째로 중요하다.

논리적이지는 않지만 그래도 럭셔리를 규정하는 것이 가격과 품질인 것만은 분명하게 알 수 있다. 다시 라이터로 돌아가 보자.

중동이나 중국에서 종종 보이는 다이아몬드로 범벅이 된 맞춤식 라이터가 있는데 아마 끝장나게 비쌀 것이다. 그래서 브랜드처럼 여겨질 수는 있지만, 이런 제품은 일종의 서비스에 가깝다. 만약 그 라이터에 박힌 다이아몬드를 빼고, 맞춤 서비스를 빼도 비쌀 만큼 확고한 브랜드 파워가 있다면 몰라도 말이다. 맞춤 서비스나 다이아몬드는 원래 어디를 가든지 비싸다. 비싼 것들만 모아 놓았다고 럭셔리 브랜드라고 하긴 어렵고 '호화로운Luxurious' 프리미엄 서비스에 가깝다고 할 수 있다.

지포 라이터에도 수천만 원 상당의 초고가 모델이 있다. 18k 금으로만 만든 제품이다. 하지만 지포 라이터는 자신들을 럭셔리 브랜드라고 하지 않는다. 금은 원래 비싼 재료이고 그런 스페셜 에디션을 원하는 일부 고객들을 위해서만 만들었기 때문이다. 그들의 주력 상품은 18k 금으로만 만든 지포 라이터가 아니다.

럭셔리는 대부분 같은 기능의 다른 제품보다 확실히 비싸다. 보통의 브랜드도 고급화 전략으로 지포 라이터처럼 프리미엄 상품을 내놓는다. 그러나 이것만으로 럭셔리 브랜드라고 분류하기는 모호하다. 모든 가게의 이름이 이름 값어치를 하는 브랜드가 되는 것은 아니다.

장 노엘 캐퍼러 교수도 '프리미엄'은 럭셔리로 이동하는 연속 선상에 있지 않다고 했다. 마냥 비싸진다고 '럭셔리'가 되는 것은 아니란 의미이다.

그런데 현실에서는 미묘한 경우도 있다. 자동차를 예로 들어 보자. 독일의 메르사데스 벤츠Mercedes-Benz 사의 고급 차종에는 S 클래스와 또 다른 S 클래스 라인인 마이바흐Mercedes-Maybach가 있다.

2023년 기준으로 공개된 신차 S 클래스의 높은 가격대는 2억 중반대이고, 마이바흐의 낮은 가격대는 2억 후반대이다. 만약 여러 옵션을 더하여 S 클래스의 가격이 벤츠에서 생산하는 또 다른 S 클래스 라인인 마이바흐와 같아지게 되면? 이때 이 둘 중 누가 프리미엄이고, 누가 럭셔리일까?

이때 우리는 벤츠의 기종의 분류 네이밍인 A 〈 B 〈 C 〈 E 〈 S 순으로 보면서, 모든 S 클래스는 라인에 상관없이 벤츠의 럭셔리 기종으로 보아야 할까?

아니면 S 클래스는 시작가가 S 클래스 마이바흐 라인보다 낮으니 프리미엄이고, 마이바흐 라인만 럭셔리인가?

'이걸 굳이?'라는 의문이 사실 든다. 귀에 걸면 귀걸이 코에 걸면 코걸이가 되는 형국이다. 그런데 이걸 굳이 비교하는 인터넷 콘텐츠를 종종 볼 수 있는데 두 기종이 '엔진이 같다', '누가 더 롱바디다' 등등 미묘한 그 차이를 이야기한다. S 클래스와 마이바흐의 차이는 소유자가 운전자냐 뒷자리 탑승자이냐로 갈린다는 말도 있다. 그런데 그렇다고 모든 S 클래스의 소유주가 직접 운전하는 것은 아니다. 이건 일반화의 오류가 있다.

그래서 분류하기가 어렵다. 둘 다 제조사가 같고, S 클래스라 명명하고, 디자인에 확연한 차이가 없기 때문이다. 과거에 마이바흐는 독립된 브랜드였다. 하지만 현재 벤츠는 마이바흐를 따로 브랜드로 분류하지 않고 S클래스 내의 라인으로 품고 있어서 더 분류하기 어렵다.

이 둘은 지포 라이터와 듀퐁 라이터처럼 외형이나 아이덴티티의 현격한 차이가 없다. 둘을 비교해서 구매하는 벤츠 고객의 선호

도와 취향 차이에 가깝다. 따라서 이 둘 중에서 극명한 차이를 두는 고가의 기종이 출시되거나 브랜딩이 이루어지지 않는 이상 럭셔리와 프리미엄으로 가리기는 다소 애매하다. 벤츠 자체에서 콕 짚어서 이게 럭셔리 라인이라고 한다면 몰라도….

장 노엘 캐퍼러 교수가 언급한 것처럼 오히려 고객이 기대하는 것에 초점을 맞춰서 역산하듯이 자사의 브랜드 하이어라키^{계층구조}Hierarchy를 관리하는 것이 좋다.

모든 관리자는

럭셔리 시장의 잠재력으로부터 수익을 극대화하기 위해,

럭셔리로 남기 위해

무엇을 해야 할지 정확히 알아야 하고

상황을 명확히 이해해야 한다.

럭셔리는 끊임없이 자신과 그 아바타들(프리미엄 브랜드나 서비스 등등)

사이의 거리를 재창조하면서 계속 재^再 차별화해야 한다.

이것이 바로 고객들이 기대하는 것이다.

보통의 필수품과 극명하게 차별된 무언가가 된다는 것은 벤치마킹과는 전혀 다른 길을 가야 하며, 가끔은 정확히 명명할 수 없는 모호함을 뚫고 지나가야 한다. 럭셔리는 그래서 되기도 유지하기도 힘들다. 하지만 만들어진 후에는 그 유일무이함이라는 아이덴티티 자체가 유무형 모두를 통합하는 자산^{Asset & Equity}이 되고 고객을 만들어 준다.

04

럭셔리의
제품군

럭셔리를 아무리 포털 사이트에서 검색해도 럭셔리의 범주에 대한 정확한 내용을 찾기 어렵다. 아마도 럭셔리가 요즘처럼 대중적이게 된 지 채 10년도 되지 않아서인 것 같다. 럭셔리와 관련된 연구 문헌에 따르면, 럭셔리 제품군의 범주는 우리가 흔히 아는 패션 의류, 주얼리, 시계만 있는 게 아니라고 한다.

1995년 프랑스의 코미테 콜베르가 의뢰한 연구에 따르면, 럭셔리 제품의 범위를 기능별로 분류해 보면 크게 4가지로 나눌 수 있다고 한다.

첫째, 자기 자신을 위한 것
둘째, 자동차
셋째, 명가로서 가업으로 생산한 것
넷째, 축제와 여가에 관한 것

해당 연구는 이 4가지 분류를 세부적으로 16가지로 나누고 있다. 보기보다 럭셔리의 범주는 넓다. 어쩌면 그래서 샤넬이 말한 것처럼 필수품이 끝나는 곳에서 시작하는 필수품이 럭셔리인 듯하다.

〈자기 자신을 위한 것〉

1) 향수와 화장품 [Parfums et Cosmetiques]

2) 시계 [Horlogerie]

3) 보석 [Joaillerie]

4) 신발 [Chaussures]

5) 패션의류 [Mode]

6) 안경 [Lunetterie]

7) 가죽제품 [Maroquinerie]

〈자동차〉

8) 자동차 통상 [Commerce de l'Automobile]

〈명가로서 가업으로 생산한 것〉

9) 금은세공 [Orfevrerie]

10) 실내 장식 직물 [Tissus d'Ameublement]

11) 인쇄 [Imprimerie]

12) 도자기 [Ceramique]

13) 조명 [Luminaires]

14) 크리스털 [Cristal]

<축제와 여가에 관한 것>

　　15) 샴페인, 포도주, 알코올음료 [Champagnes, Vins, et Spiritueux]

　　16) 호텔, 레스토랑 '과시적이고 겉치레' [Hotels et Restaurants]

　이 16가지 분류보다 더 많이 보는 곳도 있다. 럭셔리 협동조합에
서는 현재 협력사로 미술관, 박물관, 갤러리까지 포함하고 있다.

　농협도 아니고 '럭셔리 협동조합'이 있다니, 이건 무슨 트위드
재킷 입고 모내기하는 형국인가? 싶겠지만, EU처럼 럭셔리계에도
ECCIA European Cultural and Creative Industries Alliance라는 유럽연합이
있다. 럭셔리도 결국 제조 기반이기 때문인 듯하다.

　삶의 모든 것을 럭셔리로 채울 필요는 없다. 다만 일이나 비즈니
스에 있어서 어떤 부분이든 최고나 최상을 추구하고 있다면 여러
분야의 럭셔리 사례는 참고하기 좋은 실전 참고서가 될 것이다.

05

오프 더 레코드
럭셔리 피라미드의 배경

럭셔리의 제품군이 럭셔리의 너비였다면, 찬물도 위아래를 따지는 한국인 특성상 우위를 가리고자 할 것이다. 여기엔 정말 '찌라시'와 '~하더라 통신' 급의 다양한 견해가 있었다. 이중 좋은 것만 걸러서 장 노엘 캐퍼러의 모형을 더해서 '럭셔리 피라미드화'를 조금 길게 설명하고자 한다. 이해를 돕기 위한 것이라 다소 가볍게 여겨질 수 있어 미리 양해를 구한다.

럭셔리의 우위를 가리는 것은 거의 춘추전국시대의 우열을 나누는 것과 느낌이 흡사하다. 대륙을 통합해 떡하니 '내가 왕이로소이다'라고 하면서 모두가 인정하는 피라미드 모델이 명확하지 않은 실정이다. 럭셔리는 그만큼 규정하기 어렵고 아직 그 세세한 정보가 공개되어 있지 않다. 그래서 라이터를 예로 들었을 때처럼 이해하기 편하게 내용들을 종합했다.

첫째, 돈은 완벽한 피라미드 기준이 아니다.

온라인에서 자주 접하게 되는 돈을 기준으로 분류한 럭셔리 피라미드 모형은 이해하기 쉽지만, 문제가 있다. 럭셔리 브랜드들이 제품의 가격을 계속 높이고 있어서 이미 그 피라미드에서 언급한 제품의 가격보다 더 비싸졌다. 이건 모형의 잘못은 아니지만 한계였다.

간혹 하이엔드, 프리미엄, 슈퍼, 하이퍼 등과 같은 단어를 럭셔리 앞에 붙여서 상하를 나누는 일도 있었다. 그런데 아무리 영어사전을 뒤져 봐도 이들 단어의 무엇이 최상위인지 혹은 상위인지를 구분하는 내용은 찾아볼 수 없었다. 단어로 상하나 우위를 나누려면 최소한 on, above, over/ good, better, best처럼 정확한 개념이 필요하다.

또 피라미드 위로 갈수록 시계와 주얼리만 있어 여러 카테고리의 럭셔리 브랜드를 담을 수 없고 브랜드 가치는 나타내지 못했다. 가격이 비싼 것=럭셔리는 아니다. 그렇게 치면 18k 지포 라이터가 듀퐁 라이터보다 더 럭셔리한 것이 된다.

둘째, 기존의 피라미드 모델은 명확하게 이해하기 어려운 면이 있다.

럭셔리 관련 교재에 차용된 피라미드 모형도 살펴보았는데, 내용 자체는 좋으나 수평적인 설명이 여럿이라 모형처럼 기억하긴 어려웠다.

그래서 간결한 장 노엘 캐퍼러 교수의 피라미드 모형에 그가 럭셔리 기준에 부합한다고 했던 오트 쿠튀르 패션을 참고했다. 여기에 대중이 연상하는 럭셔리인 프레타 포르테가 모두 속한 '파리의 상조합협회Federation de la Haute Couture et de la Mode, FHCM'의 기준을 더했다. (〈파리의상조합협회〉 브랜드 리스트 표 참고)

셋째, 럭셔리의 가치를 피라미드에 담아야 한다.

돈 외에 럭셔리를 논리적으로 피라미드로 설명하려면 브랜드 가치를 평가해야 했다. 예를 들어서 영국의 컨설팅 기업인 브랜드 파이낸스Brand Finance가 매년 선정하는 'Top 50 Most Valuable Luxury & Premium Brands'와 같은 자료이다.

고디바 초콜릿과 롤렉스 시계의 가격으로 럭셔리인지 아닌지를 보는 게 아니라 브랜드 가치로 고디바 초콜릿과 롤렉스 시계를 보자는 것이다.

럭셔리 피라미드의 배경

이 럭셔리 피라미드는 좀 이상하고 허술한 것처럼 보일 수도 있다. 논문이나 연구 결과와 비교하자면! 하지만, 복잡하지 않게 럭셔리를 피라미드화해서 보면 무분별한 계층화가 아닌 조금이나마 논리적으로 분류하게 된다. 그래서 피라미드의 이름은 '오프 더 레코드, 럭셔리 피라미드'이다.

분류 기준은 크게 4가지로 정했는데, 각 기준 별 분류 내용은 이렇다.

첫째, 브랜드 후광효과가 셀수록 필수품에 가깝고, 브랜드 가치와 가격이 높을수록 예술품에 가까운 것으로 분류했다. 그 중간을 럭셔리로 보았다.

피라미드의 최상단은 예술ART, 최하단은 제품PRODUCTs이다.

피라미드의 최상단이 예술인 것은 모든 심미적 아름다움에 가치의 끝은 예술이기 때문이다. 또한, 여러 카테고리의 럭셔리 제품이 아무리 비싸다고 한들 전 세계적으로 유명한 예술작품의 가격과 가치를 넘는 경우는 많지 않기 때문이다.

럭셔리 피라미드의 최하단은 제품 즉, 필수품이다. 샤넬의 말에서 차용했다. 피라미드 위로 갈수록 럭셔리 브랜드의 재화 돈Money 또는 브랜드 가치Value가 높거나 영향을 크게 미치는 것으로 보았다. 아래로 갈수록 럭셔리 브랜드나 브랜딩, 마케팅 이미지 등으로 인한 후광효과Halo Effect로 제품을 구매하거나 사게 되는 것으로 보았다.

둘째, 피라미드는 크게 오트 쿠튀르, 프레타 포르테, 매스티지의 용어를 활용해 분류했다.

파리의상종합협회의 오트 쿠튀르, 프레타 포르테의 방식을 중심으로 구성했다. 패션이지만 주얼리도 포함하고 있어서 적용하기 좋았다. 크게 두 가지로 나눌 수 있다.

오트 쿠튀르Haute Couture, 오트 주얼리Haute Joaillerie는 한정된 고객에게 맞춤식으로 판매되는 럭셔리이다. 할리우드의 레드카펫 시상식에서 입고 걸치고 나오는 것들이라고 보면 된다.

프레타 포르테에는 프레타 포르테 우먼Womenswear, 프레타 포르테 맨Menswear이 있다. 흔히 생각하는 럭셔리로 한국 백화점 럭셔리 매장 층에서 구매할 수 있는 브랜드로 생각하면 쉽다.

오트 쿠튀르와 프레타 포르테는 Members 〉 Corresponding 〉 Guests의 하이어라키 계층 구조로 이루어져 있다. 제품의 품질과 가격, 연간 필수 참여 횟수, 활동한 기간 등에 따라서 등급이 있다. 이를 토대로 4개의 계층 구조로 피라미드를 구성했다.

쿠튀르 럭셔리 〉 프레스티지 럭셔리 〉 매스티지 럭셔리 〉 엔트리 럭셔리

4개의 각각의 계층 안에도 하이어라키 계층 구조를 두고 분류할 수 있다.

쿠튀르 럭셔리는 오트 쿠튀르에서 따왔으며 최상위 럭셔리의 개념이다.

그 아래 단계는 프레타 포르테의 뒤에 럭셔리를 붙여 보려 했으나 쉽게 이해되지도 연상되지 않았다. 그래서 하위 개념으로 쓸 매스티지가 '매스Mass + 프레스티지Prestige'라 대중을 의미하는 Mass를 떼고 '프레스티지 럭셔리'라 했다.

매스티지 럭셔리는 교재에서도 럭셔리의 계층하이어라키을 짓기 위해서 쓰이는 단어이다. 대중적인 가격대와 디자인의 럭셔리를 의미한다.

엔트리 럭셔리는 소비자 유입이 쉽도록 럭셔리의 일부 매력적인 부분만 적용해서 대중적으로 브랜드한 경우를 말한다. 그래서 입구Entry를 의미하는 단어를 럭셔리 앞에 붙였다.

뒤에 첨부한 '파리의상조합협회 브랜드 리스트 표'는 전체 브랜드 중에서 한국인이 쉽게 알만한 브랜드만 일부 담았다. 표에 없더라도 럭셔리로 보아야 할 브랜드는 많다. 한국 브랜드는 앞에 *를 붙여서 식별할 수 있도록 했다.

셋째, 럭셔리 피라미드 분류 기준은 7가지다.

◈ 직영 매장 외 타 유통 채널에서도 '노 세일', '노 아울렛' 브랜드일수록 위에

◈ 토탈룩을 운영하는 브랜드일수록 브랜드 가치가 높으므로 위로

◈ 모태가 되는 브랜드가 있다면, 세컨 브랜드는 그것보다는 항상 아래에

◈ 우열을 가릴 때는 공헌 된 '가격 〉 브랜드 가치 〉 오래됨' 순으로 높은 것을 위에

◈ 가격 비교 시에는 반드시 브랜드의 공식 매장이나 홈페이지의 정
  상 매장가로

◈ 단독 매장과 자체 온라인 쇼핑몰이 있는 브랜드가 위에(시계, 이동
  수단, 주류 예외)

◈ 고객 수가 적을수록 위, 다수일수록 아래에

'오프 더 레코드, 럭셔리 피라미드'의 각 계층의 럭셔리에 대한
자세한 내용은 뒷장에 이어서 설명한다.

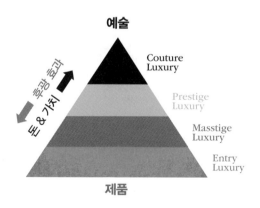

오프 더 레코드, 럭셔리 피라미드

	Members		Corresponding		Guests
오트 쿠튀르	샤넬 / 크리스찬 디올 지방시 / 장 폴 고티에 메종 마르지엘라 스키아파렐리 지암바티스타 발리 … etc		펜디 / 빅터 앤 롤프 발랜티노 / 엘리 사브 조르지오 아르마니 프레베 이리스 반 할펜 아틀리에 베르사체 … etc		발랜시아가 톰 브라운 주히르 무라드 … etc

	Members				
오트 주얼리	부쉐론 불가리 샤넬 주얼리 쇼파드		드 비어스 디올 주얼리 구찌 주얼리 루이뷔통 주얼리		루이뷔통 미키모토 쇼메 … etc

	Members				Guests
여성복	발망 카르뱅 셀린 샤넬 꾸레쥬 웅가로 겐조 랑방 르메르 로에베 뮈글러 파코라반 발랜티노	아크리스 로샤스 엘리사브 클로에 지방시 생 로랑 기라로쉬 에르메스 루이뷔통 마린세르 자크뮈스 라코스테 니나리치	이자벨 마랑 이세이 미야케 존 갈리아노 레오날드 파리 메종 마르지엘라 아크네 스튜디오 알렉산더 맥퀸 앤 드뮐스터 발랜시아가 바바라 부이 드리스 반 노튼 엠마뉴엘 웅가로 크리스찬 디올	폴 스미스 피에르 가르뎅 릭 오웬스 스키아 파넬리 스텔라 메카트니 톰 브라운 오프 화이트 비비안 웨스트우드 요지 야마모토	꼼데 가르송 ＊ 김해김 더 로우 언더 커버 빅토리아 베컴 짐머만 … etc
남성복	발망 던힐 셀린 겐조 랑방 르메르 ＊ 준지 로에베 지방시	기라로쉬 에르메스 파코라반 발랜티노 사카이 생 로랑 ＊ 우영미 루이뷔통 벨루티	이자벨 마랑 아크네 스튜디오 아그네스 비 앤 드뮐스터 세루티 1881 옴므플리세 이세이미야케 디올 옴므 드리스 반 노튼	메종 마르지엘라 폴 스미스 피에르 가르뎅 릭 오웬스 톰 브라운 언더 커버 요지 야마모토 … etc	꾸레쥬 마린세르 ＊ 송지오 ＊ 시스템 웅가로 꼼데가르송 옴므 플러스 … etc

〈파리의상조합협회〉 브랜드 리스트 표

06

오프 더 레코드
럭셔리 피라미드의 구조

쿠튀르 럭셔리Couture Luxury

쿠튀르 럭셔리는 배타적이며 한정된 고객에게만 판매되는 제품이나 서비스로 볼 수 있다. 프레스티지 럭셔리와 가장 크게 구분되는 점은 이들 쿠튀르 럭셔리는 타운형 아울렛 매장에서 만나 볼 수 없고 돈만 있다고 살 수 있는 브랜드가 아니라는 것이다.

예를 들어, 오트 쿠튀르, '파리의상조합협회'의 주얼리나 시계 등이 그렇다. 그 외에도 7성급 호텔의 펜트하우스도 쿠튀르 럭셔리이다. 럭셔리 브랜드의 부티크 메종에서만 제공하는 VIP 맞춤 또는 한정 제품도 포함된다.

럭셔리 자동차 회사인 부가티Bugatti에는 베이론Veyron, 볼리드Bolid, 시론Chiron 등의 모델이 있다. 단일 브랜드 내에서도 이렇게

럭셔리 피라미드 – 쿠튀르 럭셔리 브랜드

나눠서 볼 수 있다. 가격으로 계층화하면 부가티의 경우는 가격이
높은 순으로 '시론 〉 볼리드 〉 베이론'으로 볼 수 있다.

　오트 쿠튀르 패션으로 보면 오래도록 오트 쿠튀르 컬렉션을 선
보인 순으로 '샤넬, 디올 〉 빅터 앤 롤프 〉 톰 브라운'으로 계층화
할 수 있다.

프레스티지 럭셔리 Prestige Luxury

프레스티지 럭셔리는 단독 매장을 운영하며, 다양한 라인의 토탈 브랜드를 출시하는 브랜드로 보았다. 럭셔리 카테고리 내에서 뛰어난 디자인과 품질의 브랜드인 경우도 포함한다. 이 안에서도 계층화할 때는 토탈 브랜드의 후광효과 또는 카테고리 킬러인지를 따졌다.

예를 들어 5성급 호텔, 미슐랭 가이드, 프레타 포르테 패션이 여기에 속한다. 패션의 경우 오트 쿠튀르와 프레타 포르테 모두 발표하는 경우가 있는데 이런 경우 양쪽 모두 표기한다.

패션 브랜드로 계층화하면 '샤넬, 에르메스, 디올 〉 고야드 〉 짐머만'이 된다.

샤넬, 디올은 오트 쿠튀르와 프레타 포르테 컬렉션을 모두 운영하는 토탈 패션 브랜드이다. 에르메스는 프레타 포르테만 하지만 높은 퀄리티를 자랑한다. 고야드는 역사는 오래됐지만 제품이 가방이나 잡화 위주이다. 샤넬, 에르메스, 디올에 비해 제품군이 적고 브랜드의 전체적인 규모도 작다. 짐머만은 토탈 브랜드이나 고야드보다는 브랜드 역사가 짧고 아직 인지도가 적어서 고야드보다 아래로 볼 수 있다. (파리의상조합협회 브랜드 리스트 표 참고)

국가나 왕실의 공식 인정을 받은 럭셔리 브랜드 중 많은 수가 여기에 속할 가능성이 높다. 가령 로얄 코펜하겐Royal Copenhagen의 경우를 보면 덴마크 왕실 도자기이면서 도자기 분야의 정통성과

예술

부가티   Couture
         Luxury

에르메스,   Prestige
로알 코펜하겐 Luxury

         Masstige
         Luxury

         Entry
         Luxury

제품

후광 효과

돈 & 가치

럭셔리 피라미드-프레스티지 럭셔리 브랜드

유행을 이끌며 수백 년의 세월을 지켜 온 럭셔리 브랜드이다.

  단독 브랜드의 뷰티 제품(겔랑, 라 프레리, 라메르, 끌레르 데 보떼 등)과
고가의 향수 제품(킬리안, 크리드, 딥티크, 펜할리곤스, 바이레도 등)도 여기
에 속한다. 패션 기반의 프레스티지 브랜드(샤넬, 조르지오 아르마니, 크리
스찬 디올, 톰 포드 등)가 출시한 뷰티 & 향수는 모 브랜드보다 한 단계
낮춰 프레스티지 럭셔리 내에서 분류한다. 이 경우는 가격에 따라
이 안에서도 하이어라키를 나눌 수 있다.

매스티지 럭셔리Masstige Luxury

매스티지 럭셔리는 말 그대로 대중이 쉽게 받아들일 수 있는 가격대의 제품을 판매한다. 프레스티지 럭셔리 브랜드의 세컨 브랜드가 따로 있는 경우, 가격대가 낮다면 여기로 분류한다. 이중에서 브랜드 네임만 가져오고 본사의 개입이 적은 라이센스형 럭셔리 브랜드는 아래의 엔트리 럭셔리로 내려 보낸다. 기존의 매스티지 럭셔리 브랜드의 가격이 많이 올랐고 브랜드 네임을 내세워 패션위크에 참가하며 적극적으로 활동하는 등 브랜드 가치를 높이는 노력을 많이 하고 있다.

매스티지 럭셔리는 합리적인 가격대에 오래도록 각인된 브랜드 상품, 로고 또는 브랜드 이미지가 있는 브랜드이다. 또는 트렌드에 맞춰 소비자들이 지향하는 디자인을 출시하는 고감도의 브랜드가 많이 포진되어 있다.

예를 들어 미국 브랜드들로 보면 전통적으로 코치, 폴로가 있다. 세컨 브랜드로 보자면, 마크 제이콥스의 마크 바이 마크 제이콥스가 여기에 속한다. 세컨 브랜드이더라도 가격대가 프레스티지 럭셔리와 비슷하다면 프레스티지 럭셔리로 봐야 한다. 한국 백화점의 내셔날 브랜드들도 일부 여기에 포함될 수 있다.

알레시Alessi도 그렇다. 이탈리아의 건축가 겸 디자이너인 알레산드로 멘디니Alessandro Mendini의 후광효과가 알레시에는 있다. 그가 디자인한 와인 오프너를 사는 것은 알레시라는 브랜드가 주는 친근하고 심미적으로 아름다운 제품만큼 멘디니의 후광효과도 매력

예술

부가티 Couture Luxury

광후 효과

돈 & 가치

에르메스,
로얄 코펜하겐 Prestige Luxury

폴로, 코치,
알레시, 세컨 브랜드 Masstige Luxury

Entry Luxury

제품

럭셔리 피라미드-매스티지 럭셔리 브랜드

적이기 때문이다. 둘 다 각각의 매력을 더해서 브랜드가 더 매혹적
이게 한다.

엔트리 럭셔리Entry Luxury

엔트리 럭셔리는 럭셔리 브랜드의 라이센스를 받아서 만들어진 라인이나, 본래는 Product 위주의 브랜드가 럭셔리적 센스를 발휘한 서비스나 제품을 판매하는 경우 등이다. 이들은 기존 고객이 많거나 판매하는 나라의 범위가 넓고 유통 채널 또한 광범위하여 대중에게 럭셔리를 알리고 럭셔리에 입문하게 하는 역할을 한다.

예를 들어, 스타벅스 자체는 카페 또는 커피라는 필수품Product의 개념이라 이 이상으로 높이기는 어렵다. 그러나 '스타벅스 리저브'는 인테리어부터 원두 선정, 원두를 내리는 방식, 원두의 테이스트에 대한 설명과 안개까지 다양하게 선택할 수 있다. 커피에 한해서지만 전문적이고 취향을 배려한 고급 서비스를 받는 기분이 들게 한다. 어떤 필수품Product 레벨의 제품이든 브랜드이든 이 같은 전문적인 서비스나 상품을 제공한다면 그건 엔트리 럭셔리로 보아야 할 것이다.

뷰티 브랜드 이솝도 엔트리 럭셔리이다. 단독 매장과 온라인 쇼핑몰을 꾸려서 운영되며 브랜드 아이덴티티나 가치를 소비자들이 럭셔리처럼 높이 평가한다.

상위의 럭셔리에서 제공 또는 판매하는 10~30만 원 선의 상품이나 기프트 형태의 판촉물도 여기에 포함될 수 있다. 그 제품 자체보다 브랜드 후광효과로 구매하기 때문이다.

브랜드 후광효과는 '매스티지 럭셔리 〈 엔트리 럭셔리'로 볼 수

예술

품질 효과

돈 & 가치

부가티 — Couture Luxury

에르메스,
로얄 코펜하겐 — Prestige Luxury

폴로, 코치,
알레시, 세컨 브랜드 — Masstige Luxury

이솝, 스타벅스 리저브,
H&M 럭셔리 콜라보레이션 — Entry Luxury

제품

럭셔리 피라미드-엔트리 럭셔리 브랜드

있다. 매스티지 럭셔리는 그 자체의 가치나 품질로 평가받는 한편, 엔트리 럭셔리는 브랜드 자체보다 럭셔리 브랜드 네임이 소비자에게 더 매력적으로 느껴지고 제품을 기대하게 만들기 때문이다.

예를 들어, 럭셔리 브랜드의 이름을 따서 일부 유통 채널에서만 판매하는 라이센스 라인의 상품이나 H&M의 럭셔리 콜라보레이션 상품 등을 엔트리 럭셔리로 볼 수 있다.

PART
3

WHO

바닥부터 럭셔리를 일군
창업자는 누구인가?

01

럭셔리 관련
인물의 안내

럭셔리는 사실 럭셔리 제품보다, 럭셔리를 탄생시키고 디자인하고 경영하는 사람들이 더 매력적이다. 그 누구 하나 평범하지 않았고 특출하다. 그들은 위인처럼 위대하기보다는 괴짜Geeks에 가까워서 더 끌리는 사람들이다. 괴짜스러울수록 더 매력적이었다.

이들을 알아 가는 것은 초콜릿 매니아가 50가지 다른 맛의 초콜릿을 담은 선물 세트를 품에 안은 것 같은 기분을 느끼게 해줬다.

물론 럭셔리 브랜드를 아는 것도 중요하다. 하지만 럭셔리 같은 브랜드 매력도 높은 브랜드를 기획하거나 만들어 보고 싶다면, 실제로 '누가 시작했고WHO, 무엇으로WHAT, 어떻게 경영했는지HOW'를 아는 게 더 도움이 된다. 실전을 이길 스승은 없다.

럭셔리 분야의 '창업자, 크리에이티브 디렉터 & CEO, 오너' 중에서 괴짜 중에 괴짜를 고르는 데 어려운 점이 참 많았다.

첫째, 단순히 인물을 1명 소개하는 것으로는 조금 끊기는 느낌이 들 때가 있었다. 럭셔리에도 메가 트렌드가 있고 특정 이슈들이 불쑥 튀어나올 때 집단으로 비슷한 분위기의 괴짜들이 등장했기 때문이다. 그 흐름을 짚어 가며 전달하기 위해서 그룹화해서 소개하거나 당시의 배경이나 인물과 함께 소개했다.

둘째, 소개할 인물의 양이 분야별로 균등하지는 않았다. 어떤 분야의 인물은 사견이 많이 담겨 분량이 길어졌고, 매력적인 사람이 많은 분야는 더 많은 인물을 소개하게 됐다. 평균을 맞추는 게 정답은 아니니! 그리고 아무리 뛰어나도 사회적 물의를 일으켰거나 그런 이들을 관리하지 못한 관리자CEO는 아무리 매력적이라도 제외했다.

타인의 실패나 과오에서 인사이트를 얻을 수는 있다. 그러나 유토피아적 발상이라고 해도, 할 수 있는 최대한 좋은 에너지를 얻어 갈 수 있는 인물들만 소개하고 싶었다. 가끔은 해피엔딩 그 자체에 풍덩 빠질 필요가 있다고 생각한다.

셋째, '창업자, 크리에이티브 디렉터 & CEO, 오너' 중에서 '누가 시작했고WHO, 무엇으로WHAT, 어떻게 경영했는지HOW'가 모두 괴짜스럽게 매혹적인 브랜드는 딱 하나, 바로 샤넬이었다. 이 삼박자가 고루 성공하고 세기에 걸쳐, 대를 이어서 합을 맞춘다는 것은 쉽지 않다. 그런데 이 모든 걸 샤넬은 해냈다.

그래서 각 장은 모두 샤넬로 시작하게 되었다. 끝까지 들어야 하는 한국말 말고, 메뉴판 제일 위에 있는 메뉴가 가장 맛있는 시그니처 메뉴인 것처럼 구성했다.

넷째, 너무 매력적인 괴짜들이 많았다. 누구를 소개하고 누구는 빼고를 함부로 정할 수 없는 전설과도 같은 이들이 있었다. 그래서 나름의 기준을 정해서 최대한 지루하지 않게 이 책과 시간을 보낼 수 있도록 했다. 이 기준들이 아니었다면 이 책은 백과사전처럼 두꺼워졌을 것이다.

◈ 괴짜라고 느껴질 만큼 오래도록 열정이 꺼지지 않은 인물
◈ 좋은 멘토나 인생 선배가 필요할 때 보고 싶은 사람
◈ 괴짜의 열정적인 부분이 긍정적인 인사이트를 줄 것
◈ 무에서 유를 만들어 낸 이야기를 우선할 것
◈ 많이 다뤄지지 않은 새로운 또는 최신의 이야기를 담을 것
◈ 시대를 관통하는 메시지가 있는 인물
◈ 괴짜같이 틀을 넘어선 방법이나 선택이 있을 것
◈ 어떤 의미로든 지금도 현재 진행형의 성공을 한 인물 또는 브랜드
◈ 최대한 다양한 카테고리(자동차, 패션, 시계, 술 등)의 이야기를 소개할 것
◈ 괴짜를 통해 왠지 '나도 할 수 있다, 하고 싶다'라며 마음이 동하게 할 것

이 책이 나온 후의 여기에 실린 이들이 물의를 일으킬 수도 있다. 책은 온라인 게시물이 아니라 출간된 이후에는 쉽게 고칠 수 없다. 특히 종이책은 더 그렇다. 그러니 여기에 나온 인물들과 조우할 때 지금 그들이 어떤지 꼭 한 번 '팩트 체크'를 하길 바란다.

좋은 책을 읽는 것은
과거 몇 세기의 가장 훌륭한 사람들과
이야기를 나누는 것과 같다.

– 르네 데카르트

02

럭셔리를
일군 창업주

럭셔리에서 가장 매혹적인 인물은 누구일까? 바로, '창업자'다. 이들은 영화 속 주인공처럼 변화무쌍한 인생을 살았기 때문이다. 마시멜로는 기다렸다가 먹어야 할지 모르지만, 럭셔리를 인물로 배울 때는 가장 매력적인 이들부터 보는 게 좋다고 생각한다. 그래야 안목이란 것을 논할 수 있다.

럭셔리가 어떻게 탄생했는지 제대로 알려면 럭셔리 브랜드의 시초인 창업자들이 어떻게 그 브랜드를 일궈 냈는지 알아보는 게 가장 쉽다.

아이러니하게도 럭셔리의 창업자들은 귀족이나, 부자보다 대부분 밑바닥부터 시작해서 자수성가한 이들이 많다. 고아였던 이도 있고 부모의 보호를 받지 못해 어쩔 수 없이 어린 시절부터 노동자였던 이도 있다. 꿈이 좌절되어 이런저런 일을 전전했던 이도 있고, 개척자처럼 없던 길을 만들어 낸 이도 있다. 발명가같이 제품에 몰두한 이도 있고 남들과는 다른 길을 선택해 고뇌했던 사람도 많다.

젊었을 때 고생을 사서 하며 일찍 골병이 드는 게 요즘 세상이라는 말이 있다. 하지만 문제, 고생, 역경은 인생사에서 어쩔 수 없이 경험하게 된다. 글로나마 다양한 이들의 경험을 접해 보면 가수 아이유의 노랫말처럼 '눈을 감고 걸어도 맞는 길을 고르지!' 않을까?

앤절라 더크워스Angela Duckworth의 책, 『그릿Grit』에는 이런 대목이 있다.

40년 전에 그와 마틴 셀리그먼이 했던 것과 거의 똑같은 실험*이었다.
청소년기에 전기 충격을 통제할 수 있었던 쥐들은
모험심이 더 강한 쥐로 성장했다.

그렇다,
'회복력이 강한' 이 쥐들은
성체기에 통제할 수 없는 전기 충격을 받아도 무력하게 있지 않았다.

다시 말해서 어린 쥐에게 닥친,
죽지 않을 만큼의 시련은
스스로의 노력으로 상황을 통제할 수 있었을 때만 강인한 어른 쥐로
성장시켰다.

* 청소년기의 쥐에게 전기 충격을 주는 실험을 한다. 한 집단은 쥐가 스스로 전기 충격을 통제할 수 있도록 하고 다른 집단은 통제할 수 없도록 했다.

럭셔리는 산업이고 예민하고 미묘하며 아름답다. 그런 상황을 주도하며 통제하고 위기나 문제를 극복하고 해결하는 것은 여간해서 할 수 있는 일이 아니다. 그래서 이들을 『그릿Grit』을 배울 수 있는 럭셔리 브랜드 창업자들이라고 명명하고 싶다.

럭셔리에 열광하는 십대들을 쉽게 찾아볼 수 있다. 그들에게 『그릿』을 다 읽게 하긴 어려울 수 있다. 『그릿』은 좋은 책이지만 성경책처럼 인물이 많이 나오고 두껍다. 하지만 루이비통이나 샤넬을 만든 소년, 소녀의 그릿이 어땠는지 알려 준다면 조금 달라지지 않을까? 어른에게도 마찬가지다. 몸이 다 컸다고 마음도 저절로 어른이 되는 건 아니지 않나?

재능 있고 뛰어난 이들이 너무 많은 세상이다. 재능을 발판 삼아 성취해 낸 이들을 찾기는 쉽다. 하지만 끝까지 망가지지 않고 지속하는 이들을 찾자고 하면 썩 많지 않다. 한순간만 반짝 빛나고 만 이들이 더 많다.

앞으로의 미래는 불확실성 그 자체이다. 그릿을 발휘해야만 살 수 있는 미래만이 남은 기분이 든다면? 수세기를 살아 숨 쉬는 브랜드를 만든 이들의 이야기가 그 불안을 누그러트릴 그릿이 되어 줄 것이다.

03

가브리엘 코코 샤넬

가장 현대적으로 우아한 듯 우아하지 않았던 야누스

럭셔리의 인물 소개 첫 장에 나와야 할 사람이 있다면 단연코 샤넬의 가브리엘 코코 샤넬Gabrielle Bonheur Chanel이다. 그녀의 일생은 영화화도 되고 책으로 출판될 만큼 매력도 논란도 많은 인물이기 때문이다.

그녀를 알기 위해서는 두꺼운 책 1권으로도 부족하지만, 럭셔리의 창업자로서 지금에 인사이트를 줄 수 있는 이야기들로 엄선해 보았다. 그녀의 생애가 궁금한 이들에게는 샤넬의 공식 유튜브 계정에 있는 '인사이드 샤넬' 3부작을 추천한다.

샤넬은 불우함을 뛰어넘어 모든 것에서 영감을 받던 소녀였다. 그녀는 법적인 부부도 아니었던 프랑스의 떠돌이 행상인과 세탁부 사이에서 태어났다. 샤넬의 어머니가 일찍 죽자 아버지는 샤넬을 수녀원에 보냈다. 그녀는 여기서 7년간 머물며 바느질을 배웠다. 이후 봉제 회사에 다니며 가수로 일하다 후원자인 아서 에드워드 카펠Arthur Edward Capel을 만나, 모자 가게를 열면서 패션계에 입문한다.

이 이야기의 그 어느 한 부분도 아름답지 않지만, 그녀는 수녀복의 흑백 조화를 샤넬의 시그니처 칼라로 만들었다. 그전까지 흑백 칼라는 웨이터나 하인, 블랙은 장례식에서나 입는 옷의 색이었다. 그녀가 유행시킨 리틀 블랙 드레스는 현대 여성들이 언제나 즐겨 찾는 실패 없는 선택지가 되었다. 유명한 CC로고는 샤넬이 수녀원 시절 창문 장식을 보고 직접 만들었다. 상황이 부정적이라고 그 당시 본 것 또한 처참하기만 한 것은 아니다. 어디서든 영감을 찾고자 하고 안목을 쌓았던 것이다.

난 내 삶이 마음에 들지 않았다.
그래서 난 내 삶을 창조했다.

– 가브리엘 코코 샤넬

그녀에 대해 흔히 '탈코르셋'을 주도하고 현대 여성을 지향했다고 무미건조하게 언급하고 하는데, 정확한 탈코르셋의 무게를 재어 봤다면 그녀에게 환호를 보낼 것이다.

샤넬은 편한 옷을 좋아해 카디건부터 코르셋과 장식이 필요 없는 옷을 유행시켰다. 이전까지 여성들은 모자 2.3kg, 코르셋 1.8kg, 페티코트 0.9kg, 드레스 2.7kg, 기타(핸드백, 양산 등) 2.3kg의 총 9kg를 풀 창작해야 했다. 거기다 숨이 잘 쉬어지지 않을 정도로 허리를 잔뜩 졸라맨 깁슨 걸Gibson girl 스타일을 입었었다. 샤넬이 아니었다면 여성들은 더 오랫동안 이런 옷을 입어야 했을 것이라고 한다.

지금도 샤넬은 현대 여성을 그리고 허리띠를 느슨하게 맨다. 창업자의 디자인 철학은 아직도 지켜지고 있다.

그녀는 가정을 따로 꾸리지는 않았지만 늘 사람들에게 둘러싸여서 지냈다. 연인이 아닌 이상 샤넬과 단둘이 만난다는 것은 손에 꼽힐 정도로 어려웠다고 한다.

그녀의 친구들은 러시아의 귀족인 드미트리 대공, 예술가 장 콕토, 정치인 윈스턴 처칠, 예술가 파블로 피카소, 작곡가 이고르 스트라빈스키 등등이었다. 샤넬은 자기 친구들을 인간적으로 응원하는 한편 재정적으로 돕기도 했다.

잘 알려지지 않은 사실이지만, 그녀는 그림을 못 그리는 편이라서 디자인을 직접 그림으로 그려 내지 못했다고 한다. 그래서 자신의 디자인을 말로 설명해야만 했고 늘 목에 가위를 걸고 있었다. 작업실에 서 있는 피팅 모델에게 얇은 천을 두르게 한 채 계속해서 원단을 자르고 자르고 또 잘라서 자신이 원하는 스타일을 보여 줘야 했기 때문이다.

그 외에 모델이나 재봉사들에게 임금을 적게 준 것으로도 유명했다. 샤넬의 초기 자수들은 대부분 러시아의 극빈층이 놓았다고 한다. 다만 그녀의 유언장에는 일부 장기 근속자와 성실한 직원들에게 연금을 지급하라는 내용이 있었다고 한다.

완벽주의자 성향도 있어서 그녀가 원하는 라인을 만들기 위해 피팅 모델을 무려 8시간 동안 서 있게 하기도 했다. 그녀는 끊임없이 일했는데 영국의 총리인 윈스턴 처칠마저도 그녀의 부지런함에 놀랐다. 그녀와 함께 사냥했던 처칠은 샤넬이 온종일 사냥하고도 저녁을 먹곤 바로 파리로 가 3주 안에 200종의 디자인을 완성해야 한다며 수많은 마네킹 행렬 속에서 옷을 체크하고 또 체크했다고 했다.

샤넬이 대단한 점은 그녀가 재기의 상징이기 때문이다. 그녀는 일흔의 나이로 샤넬을 다시 성공시켰다. 2차 세계대전과 나치 부역 혐의(나치 정보국 요원과 연인 관계 및 여러 행적)로 매장을 닫고 10년 이상 패션계를 떠나 있다가 말이다. 유럽은 아니었지만, 미국에서 샤넬이 성공하며 다시금 패션계에 우뚝 섰다. 일흔의 나이도 그렇지만 제조업은 한 번 쉬었다가 다시 시작하는 게 정말 쉽지 않다. 나이는 숫자일 뿐이라는 말은 그녀를 두고 한 것 같다.

가브리엘 코코 샤넬은 정말 멋지지만 박수만 받기에 합당한 이는 아니다. 현대적 우아함의 대명사지만 샤넬의 삶은 결코 우아함과는 멀었다. 노력가이면서 여성의 편리를 추구했지만 또 지탄받을 행동을 했던 두 얼굴의 야누스였다.

아름다움은,
당신 자신이 되기로 결심하는 순간부터 시작된다.
– 가브리엘 코코 샤넬

그럼에도 샤넬을 알아야 하는 건, 그녀가 일도 사랑도 사교도 전부 열심히 부지런하게 몸을 움직였고, 럭셔리와 패션계에 지대한 영향을 미친 독보적인 인물이기 때문이다.

그녀는 그림을 못 그리니 가위를 든 손을 부지런히 움직여 자신이 원하는 것을 이해시키려 했다. 영국 총리와 사냥을 할 수 있다니 열심히 사냥했고 사냥이 끝나고는 다시 자기 일을 했다. 하루 종일 이렇게 움직여야 하니 옷은 편하고 가벼워야 해서 탈코르셋을 했다. 많은 사람 사이에 둘러싸여 있는 건 쉬운 일이 아니다. 인간관계에서 받는 상처도 크기 때문이다. 그녀는 재능만으로 성공하지 않았다. 그녀의 성공에는 그녀의 친구들과 그들이 주는 영감과 인사이트가 있었다.

야생에서는 장미도 잡초 사이에서 핀다. 사람들을 계속 보다 보면 잡초 사이에 장미를 찾아내는 눈이 생길 것이다. 그러곤 장미들로만 주위를 채우면 된다. 샤넬처럼! 고아나 다름없는 처지에 밤낮으로 일했던 어린 소녀에게 처음부터 주변에 좋은 사람들이 가득했을 리 없다. 그녀는 자신을 위한 기회를 잡기 위해 무엇이든 온몸을 부지런히 움직였다.

인간관계에 넌덜머리가 나서 혼자만 있거나 '이걸 못하니깐 이 일을 할 수 없어'라고 생각한다면, 일도 사랑도 사교도 무엇 하나 빼놓지 않고 샤넬처럼 지속적으로 부지런을 떨자.

샤넬은 영면에 들기 전날까지 바느질을 했다. 그녀의 죽음은 그녀가 샤넬에 지각하면서 밝혀졌다. 샤넬이라는 철옹성 같은 럭셔리 브랜드는 그녀의 부지런함 위에 세워졌다.

04

페루치오 람보르기니
촌놈 취급에 격분해서 만든 스포츠카

남자들이 꼭 한 번 타보고 싶은 스포츠카의 목록에 반드시 들어가는 럭셔리 자동차가 있다면 바로 람보르기니일 것이다. 하지만 그런 람보르기니의 스포츠카가 비웃음을 사며 시작했다는 걸 아는 이들은 많지 않다. 시작은 이랬다.

람보르기니의 창업자인 페루치오 람보르기니Ferruccio Lamborghini는 2차 대전 당시 정비공으로 일하다 전쟁이 끝난 후 군사용품을 모아 트랙터를 만들어 팔며 이탈리아 최대의 농업기계 제조업체가 된다. 성공한 남자들이라면 누구나 하는 자신의 드림카 사 모으기를 람보르기니도 했다. 그중에는 페라리의 250GT도 있었는데 바로 이 차 때문에 람보르기니는 스포츠카를 생산하게 된다.

페라리는 뛰어난 경주용 스포츠카 업체였다. 그러나 양산차는 그렇지 못했는데 고질적인 '클러치 결함' 때문이었다. 페루치오는 페라리를 사랑하는 한 남자이자 뛰어난 엔지니어로서 이 문제에 대해 도움을 주고파 엔초 페라리Enzo Anselmo Ferrari를 찾았지만, 문전박대와 함께 수모를 겪는다.

사실 페루치오는 뛰어난 엔지니어였다. 이탈리아의 휘발유 가격이 치솟자, 그는 트랙터를 변형시켜 휘발유로 시동을 건 후에는 저렴한 디젤로 전환하는 장치를 만들 정도였다. 그의 트랙터 회사가 괜히 성공한 것이 아니었다.

분노한 그는 최고의 시설을 갖춘 공장을 설립하며 최정예 기술자들을 끌어모으곤 이런 원칙을 주입시켰다. 반드시 '페라리를 능가하는 자동차'를 만든다는 것이다. 놀랍게도 1년 만에 첫 성과물을 낸 것을 시작으로 계속해서 성공적인 후속 모델을 만들었다. '트랙터 업체가 최고의 스포츠카를 제작하려는 것은 무모한 시도'라고 비웃던 이들의 입이 쏙 들어가게 만든 것이다.

승승장구를 계속할 것 같았지만 1973년 전 자동차 업계를 뒤흔든 오일쇼크로 람보르기니는 회사 경영권을 포기하고 친구에게 회사를 매각했다. 이후 람보르기니는 여러 모회사를 거쳐 1998년에 폭스바겐의 자회사인 아우디에 인수되었다.

그렇다고 그의 노년이 슬프기만 했던 것은 아니다. 기록에 따르면 그는 이탈리아 중부의 호수 기슭에 위치한 90만 평의 땅을 사 와인을 생산하고 골프 코스까지 만들었다고 한다. 그리고 세 번째 결혼으로 그의 나이 58세에 아들도 품에 안았다.

누군가 뛰어난 자신의 실력을 무시한다면 본때를 보여 줘도 좋다. 기술에는 귀천이 없다.

'럭셔리 스포츠카? 까짓것 해보지 뭐! 내 실력이면 못 할 게 어딨어!' 했던 람보르기니의 패기를 머릿속에 콕 박아 두자!

05

루이 비통
기회를 준비해 쟁취한 소년

　루이비통Louis Vuitton은 정말 말 그대로 루이 비통이라는 창업자의 이름에서 따왔다. 현재는 LVMH 그룹이 소유한 전 세계에서 가장 유명한 브랜드 중 하나가 되었다.

　동명의 이름으로 브랜드를 창업한 루이비통은 지금이야 럭셔리의 대명사인 브랜드이지만 그의 성장기는 럭셔리하지 못했다.

　루이는 1821년 프랑스의 한 마을의 목공소 집안에서 태어났다. 그래서 어릴 적부터 나무 다루는 법을 배웠다고 한다. 그가 14세 되던 때에 아버지가 재혼하면서 집을 나와야 하는 상황이 닥쳤다. 14세에 홀로 집을 나와 생활을 해야 했다니 얼마나 힘들었을까?

　그는 온갖 잡일을 하면서 대도시인 파리로 향했는데 그렇게 일을 하며 파리에 가는 데 무려 2년이나 걸렸다고 한다.

　하지만 정말 파리는 그럴 가치가 있었던 것 같다. 그에게 성공이라는 운명적인 기회를 귀띔해 줬다. 당시에 유행했던 실크 드레스의 길이는 수십 미터에 달했다. 그래서 여행을 할 때면 그 드레스를 수십 개의 고급 나무 트렁크에 담아서 마차에 실어야 했다. 루이비통은 이미 목수 일을 배운 터라 그런 고급 나무 트렁크를 만들 수 있는 기술을 이미 알고 있었다. 하지만 어느 누가 시골 출신 십대에게 그런 일을 덜컥 시켜 주겠는가?

그래서 루이비통은 당시 유명한 가방 제조 전문가 밑에서 일을 배우기 시작했다. 그러면서 그는 드레스 짐을 트렁크에 잘 싸서 넣기 위해 노력했고 이걸로 유명해지기 시작했다.

어느 정도였냐면, 프랑스 황제인 나폴레옹 3세의 부인인 외제니 황후의 전담 트렁크 짐 꾸리기 짐꾼이 되기에 이른다. 그의 유명세는 당연했다. 1800년대에는 옷을 잘 빨아 입지도 않았을뿐더러 1840년대까지는 산부인과 수술을 할 때 의사들이 손을 씻지 않고 수술해 많은 산모들이 죽었을 정도였다. 그러니 옷을 트렁크에 잘 넣을 수 있었다면 구김도 잘 가지 않았을 테니 그는 사랑받을 만했다는 소리다.

이후 그의 재능을 높이 산 황후는 루이가 자신의 이름을 건 매장을 열게 후원해 줬다. 그 매장이 지금의 루이비통 브랜드의 시초가 되었다.

행복하다고만은 할 수 없는 어린 시절이고 노동이었지만, 그는 배운 모든 것을 쓸모 있다 여기며 묵묵히 주어진 일을 열심히 하는 사람이었다. 트렁크를 만들고 싶은데 트렁크를 만드는 대신에 거기에 들어갈 짐부터 싸라고 하면 사실 맥이 빠졌을 것이다. 특히 어린 십대의 마음에는 열심히 하기 싫었을 수도 있는데 그는 그러지 않았다.

'운명이 왜 계속 나를 괴롭히지?'라는 생각이 든다면, 그처럼 당장 할 수 있는 것을 하면서 진정하고 싶은 것을 배우면 어떨까? 기회는 준비가 없으면 낚아챌 수 없다. 해가 뜨기 전이 가장 어둡다니 어둠이 삶에 깔리면 빛을 만끽하기 위한 준비를 하길!

06

대니 레이스
캐나다 구스: 가장 캐나다다운 럭셔리

이 브랜드의 패딩을 처음 접했을 때는 추운 곳+거위 털이라니 옷이 참 따뜻하겠다 싶었다. 그리고 조금 더 지나서는 브랜드 네임에 자국의 명칭을 넣은 자부심이 좋았다. 마치 스위스 아미 나이프처럼!

그런데, 캐나다 구스Canada Goose는 왜 굳이 캐나다 구스가 되어야 했을까?

지금의 캐나다 구스를 만든 대니 레이스Dani Reiss의 인터뷰를 재구성해서 설명하면 이렇다.

그는 가업승계라는 말이 나올 때면 꼭 한 명쯤 있는 '나는 내가 하고 싶은 걸 할 거예요!'라고 하던 손자이자 아들이었다. 그가 처음부터 그랬던 것은 아니다.

1957년에 폴란드 이민자 샘 틱Sam Tick, 대니의 외할아버지은 캐나다 구스의 전신이 되는 메트로 스포츠웨어Metro Sportswear Ltd라는 작은 의류 회사를 캐나다 토론토에서 시작했다.

1970년대에 사위인 데이비드 레이스David Reiss가 사업에 참여하면서 공장을 이어 가게 되었다. 그의 아버지는 다운 충진 기계를 발명했고 자체 브랜드 스노우 구스Snow Goose도 만들었다. 남극 기지에 있는 과학자들을 위한 패딩도 개발할 정도로 열정도 능력도 출중한 사람이었다.

하지만 당시 수익의 대부분은 OEM 주문-다른 브랜드의 옷을 대신 생산해 주는 데서 나왔다. 그리고 대니의 부모님은 (패딩 공장이지만) 공장 직원들을 일 년 내내 고용하기를 원했다. 그래서 수익성이 낮은 주문도 계속 받았다. 대니는 우리 회사와 공장은 전문적이고 그에 맞는 액수의 일을 해야 한다고 의견을 냈지만, 부모님은 그렇게는 회사와 공장을 운영하기 너무 힘들다며 그 의견을 무시하고 이전의 방식을 계속 고수했다.

부연 설명을 하자면, 패딩 같은 OEM 주문형 상품은 보통 몇 개월 전에 선기획을 해서 주문을 한다. 계절형 상품이기 때문에 특정 시기에만 바쁘고 그 기간이 지나면 주문이 없는 경우도 많다. 공장의 기술자들은 출근하면 아침부터 저녁까지 원단을 재단하고 재봉할 수 있는 작업물이 있어야 한다. 그런데 1년에 6개월은 주문받은 작업물이 있고 나머지 6개월은 일이 없다면? 좋은 봉제 기술자들을 공장에서 계속 보유할 수가 없다. 따라서 선기획을 일찍 받으면 좋지만, 패션의 특성상 유행이 급격하게 바뀌기 때문에 이 부분에 애로사항이 있다.

(이런 상황과 부모님에 대해 답답함을 느꼈는지) 그는 영문학을 전공해서 단편소설 작가가 되기로 마음을 먹는다. 대니는 1996년 졸업 후에 여행을 갈 요량으로 여비를 벌기 위해서 부모님 공장에서 일을 시작했다. 처음에는 패딩 생산을 업으로 삼을 생각이 없다가 일을 해보니 공장에서 만드는 패딩이 제품 이상의 브랜드적 가치가 있다는 것을 깨달았다.

바로 Made in Canada라는 프리미엄 브랜드의 가치를 알아챈 것이다. 1997년 그는 가업에 참여한다.

그는 유럽과 아시아의 많은 고객이 고부가가치 제품에 대해서는, 그 제품이 생산되는 곳에 관심을 가진다는 걸 알게 됐다. 그래서 이들에게 캐나다산 구스 패딩의 의미는 세계에서 가장 추운 곳에서 만든 고품질의 고급 제품을 산다는 의미였다. (캐나다인만큼 추위에 해박한 사람이 또 어디에 있을까?) 그는 이런 평판이 진정성 있는 것이며 상징적인 브랜드의 기반이 될 수 있다는 확신을 가지게 된다.

하지만 기반을 구축하려면 OEM 주문에서 손을 떼야 집중할 수 있는 상황이었다. 또 스노우 구스보다는 캐나다 구스^{Canada Goose}로 브랜드명 전환도 필요했다. 패딩에 있어서 캐나다라는 프리미엄을 가지고 가려면 말이다.

그의 의견에 적극 동의한다. 브랜드 네임 자체로 해당 브랜드의 품질과 가치, 주력 상품을 드러낼 수 있다면 이보다 좋은 브랜드 명이 없다. 물론 계절성 제품이라는 카테고리와 시기에 브랜드가 매몰될 수는 있지만 패딩은 스포츠를 전제로 생각하게 되는 상품이라 결이 다르다.

2001년에 그는 가업의 대표가 된다. 그리고 캐나다 구스라는 브랜드 네임으로 사업을 시작할 수 있게 된다. 대니가 그만의 비전을 추구하도록 부모님이 길을 열어 주신 덕분이었다. 아이러니한 점은 어렸을 때 그는 라벨을 너무 싫어해서 라코스테 셔츠에서 악어를 떼고 입는 아이였다는 점이다. 사업과 인생에 '절대로'는 없나 보다.

대니는 소비자들이 무엇을 중요하게 생각하는지 더 잘 이해하기 위해 유럽과 아시아를 광범위하게 여행했다고 한다. 여행에서 깨달은 점은, 소비자들은 패딩을 입을 때 최고의 소재로 잘 제작된, 완벽한 스티치, 유난히 따뜻한 아우터를 기대한다는 점이다. 그리고 이를 위해 기꺼이 비싸더라도 지갑을 열 것이라 판단했다.

그래서 다른 캐나다 회사들이 캐나다를 떠나고 있는 상황에서도 'Made in Canada' 브랜드를 고집하게 된다. 인건비가 비싼 캐나다에서 생산하기 위해서 제품의 품질과 가격을 상향 조정하게 되었다.

30만 원짜리 패딩 아우터를 하나 사서 10년 동안 입는 타깃 고객으로는 소비자들이 기대하는 품질의 '캐나다산 패딩'을 만들 수 없었기 때문이다. 그래서 제품을 럭셔리로 선회한다면 캐나다에서 제조가 가능하다는 결론을 내렸다. 캐나다 구스 패딩의 가격은 수백만 원에 이른다. '스위스에 롤렉스Rolex가 있다면, 캐나다에는 캐나다 구스Canada Goose가 있다'로 귀결되고자 했다.

그가 캐나다산 패딩을 고수한 것은 선구안적 선택이었다고 본다. 요즘 여러 럭셔리 기업들이 하고 있는 리쇼어링Reshoring 이슈를 보면 알 수 있다. 리쇼어링은 원가나 비용 등의 문제로 해외로 생산 기지를 옮겼다가 다시 자국으로 되돌아오는 것을 말한다.

'럭셔리는 유럽산이다'라는 인식이 있는데 중국에서 생산하는 경우도 여럿이다. 원부자재를 중국에서 구매하는 경우도 꽤 많다. 그런데 중국이 성장하면서의 생산원가가 오르고 아무래도 선기획을 하고 생산해야 하니 이전처럼 원가나 비용 절감이 되지 않았다.

그리고 '럭셔리는 유럽산이다'라는 인식이 있어서 다른 나라에서 생산한 것에 대한 거부감을 가지는 소비자들이 꽤 많다. 또한, 해외 생산으로 유럽 전반의 럭셔리 생산 기반이 흔들린 것도 이유가 되었다.

다시 돌아가서 캐나다 구스의 비전은 좋았지만, 당시로는 브랜드의 규모가 작아서 화려한 광고 캠페인을 감당할 수 없었다고 한다. 그래서 입소문과 '체험-실화'로 브랜드 마케팅을 진행하기로 했다.

방송에서 내셔널 지오그래픽National Geographic이 나올 때에 북극 탐험대가 소개될 때면 탐험대 팀원들이 캐나다 구스를 입고 있는지 확인했다. 또한, 기온이 영하 이하인 외딴 지역에서 촬영하는 TV 및 영화 제작진에게 캐나다 구스를 제공했다.

그리고 캐나다 구스는 지구상에서 가장 추운 환경에서 살고 일하는 사람들을 위한 옷이고 캐나다 구스를 입고 생활한 그들의 이야기를 공유했다. 참 직접적이고 똑똑한 브랜드 마케팅이다. 그는 캐나다 구스에 대해 이렇게 말했다.

캐나다의 유산과

캐나다 제조업에 대한 헌신은

캐나다 구스의 사업과 브랜드의 핵심이다.

– 대니 레이스

07

파울 모르스첵
불타 버린 잿더미에서 아이디어를 얻어 트렁크를 만들다

인생사 새옹지마라는 말이 있다. 하지만 실제로 겪으면 그것만큼 슬픈 일도 없을 것이다.

여기 한 트렁크 메이커는 갑자기 공장이 불타 버리는 큰 시련을 겪는다. 그의 심정이 어땠을지 짐작조차 하기 어렵다.

하지만 완전히 전소해 버린 그 공장에서 새로운 트렁크를 만들 의외의 재료를 발견한다. 당시 트렁크의 주재료였던 나무와 소가죽은 전소했지만 트렁크에 들어가는 알루미늄 부자재는 단 하나도 타지 않고 그대로 남아 있었다. 그렇다. 경금속 트렁크는 이렇게 화재 사고에서 아이디어를 얻어서 만들어졌다.

그는 리모와RIMOWA를 만든 독일인인 리차드 모르스첵Richard Morszeck이다. 브랜드의 전신은 그의 아버지 파울 모르스첵Paul Morszeck이 1898년 처음으로 세운 트렁크 제작 기업이었다. 리차드는 화재와 함께 1915년, 세계 최초로 비행기 전체가 금속으로 된 독일의 항공 제작사 융커스Junkers의 비행기에서도 아이디어를 얻었다.

나무나 가죽으로 된 트렁크들 사이에서 리차드의 트렁크는 그 야말로 혁신적이라 소비자들은 열광했다. 리처드는 긴 독일어로 된 당시의 브랜드 이름(리차드 모르스첵 트레이드 마크Richard Morszeck Trademark) 대신에 세 단어의 앞의 두 글자를 따서 리모와RIMOWA라는 지금의 브랜드 네임을 만든다.

리모와는 호부견자虎父犬子가 통하지 않는 럭셔리 브랜드이다. 호부견자는 호랑이 아버지 밑에 난 강아지 아들이라는 뜻이다. 훌륭한 아버지 밑에 난 변변치 못한 아들을 말하는데, 사자성어로 그 옛날부터 있던 말인 것을 보면 부모를 뛰어넘는다는 것은 참 어려운 일인가 보다.

리처드의 아들인 디터 모르스첵Dieter Morszeck은 세계 최초로 폴리카보네이트 소재로 리모와의 트렁크를 만든다. 이 긴 명칭의 생소한 소재는 대통령 경호 차량의 방탄유리에 사용되던 소재이다. 리모와에서 알루미늄보다 더 견고하고 가벼운 트렁크가 탄생한 것이다.

2016년부터 리모와는 LVMH 그룹 산하의 기업으로 운영되면서 베르나르 아르노 회장의 아들 중 한 명과 함께 디터 모르스첵이 운영하고 있다. 그리고 그 덕분에 리모와는 더 젊어지고 더 많은 판매고를 올리며 럭셔리 트렁크 계를 주도하고 있다.

3대가 주도적으로 명성을 이어 오면서 가업을 승계하는 것이 어떻게 가능했을지 궁금한데 그 해답을 디터 모르스첵의 한 인터뷰에서 찾아볼 수 있었다.

    그는 1972년에 고등학교 졸업 후 군 복무를 마친 직후에 리모와에 합류했다. 고작 19세였다. 창업주 손자에게 향하는 직원들의 시선이 곱지 않았고 디터는 스스로를 증명해야 했다. 사진 찍는 걸 좋아하던 그는 리모와에서 카메라 케이스를 만들게 된다. 그가 만든 리모와의 카메라 케이스는 포토그래퍼들이 애용하는 제품이 되었다.

    그는 트렁크 케이스 만드는 방법을 잘 지켜보고는 직접 시도했다고 한다. 방수 카메라 케이스가 나오기까지는 개발하는 데 무려 2년이 걸렸다. 그는 2년간 한 손에는 정원용 물 호스를 들고 트렁크에 계속 물을 부었다고 한다. 물이 가득 차버린 실패한 방수 카메라 케이스를 보면서 말이다. 그래서인지 이 인터뷰 기사의 제목은 '나는 이미 뺨을 수천 번이나 맞았습니다'였다. 다행히 그는 기차처럼 반복되는 기계의 움직임을 사랑하는 이였고 반복된 실험을 통해 결국 플라스틱 욕조에 착안한 방수 카메라 케이스를 만드는 데 성공한다.

    리모와 브랜드의 삼부자의 이야기를 가만히 보면, 이탈리아 디자인의 창시자 중 한 명인 비코 마지스트레티^{Vico Magistretti}가 했던 두 가지 말이 생각난다.

가장 현대적인 것은 과거와 미래가 함께 할 때 탄생한다.
—
단순한 것은 세상에서 가장 복잡한 것이다.

08

오세아니아주의 럭셔리 대반란
카렌 워커 / 짐머만 / 이솝

꽤 오래된 영화 제목 중에 '행복은 성적순이 아니잖아요'가 있다. 세상에 좀 내던져져 본 이들이라면, 채 의식하기도 전에 고개가 먼저 끄덕일 것이다. 그리고 행복만큼 성공도 성적순이 아니라는 걸 알 것이다.

사회에 나가 보면 재능이나 학벌, 성장 환경이 썩 좋지 않아도 그 역경을 딛고 사회 편견을 깨고 재능을 열정으로 키워 내 성공한 사람들이 많다.

예전보다는 좀 덜하지만 그래도 아직 한국에는 강대국에 대한 사대주의가 남아 있는 듯하다. 혹시 그렇게 생각을 한다면 이 장은 꼭 봐야만 한다.

세계적으로 유명한 패션 학교를 나오지 않았지만, 세계적으로 유명해진 사람과 브랜드를 소개하고 싶다. 그들은 바로 오세아니아주의 호주와 뉴질랜드의 럭셔리 브랜드이다.

지구의 오대양 육대주의 중 하나인 오세아니아주의 인구 밀도도 GDP도 6개 대륙 중 가장 낮다. 럭셔리와 패션계에서 특히나 오세아니아주의 나라들은 지리적 영향으로 약체가 되곤 한다. 바로 계절이 반대이기 때문이다.

럭셔리와 패션의 주축이 되는 것 중 하나가 브랜드들의 각축장인 패션위크이다. 이들 패션위크 중 프랑스, 이탈리아, 뉴욕, 런던, 독일, 일본, 중국 등지에서 봄·여름 신상이 팔릴 때면 호주와 뉴질랜드는 겨울이다.

제조 기반의 제품이든 서비스 기반의 상품이든 계절은 중요한 요소이다. 그런데 이게 반대라는 건 한 수를 내주고 하는 게임과 다름없다. 물론 많은 호주·뉴질랜드 출신의 디자이너들이 영연방 국가(옛 영국의 식민지)라 영국에서 디자이너 데뷔를 하거나 브랜드 런칭을 한다. 하지만 우리 모두 알다시피 타향살이하면 브랜드를 일구는 게 녹록할 리 없었을 것이다.

지리적 한계와 환경적 리스트를 극복하고 성공한 이들 브랜드의 생명력과 아이덴티티를 눈여겨 봐주길 바란다. 소개할 브랜드는 총 3개로 카렌 워커Karen Walker, 짐머만Zimmermann, 이솝Aeop이다.

카렌 워커Karen Walker_뉴질랜드 패션의 선봉에 선 사람

여름에 선글라스를 사려고 단 한 번이라도 온라인 검색을 해본 한국 사람이라면 아마 열에 여덟, 아홉은 이 브랜드의 선글라스를 봤을 거라고 확언할 수 있다.

카렌 워커라는 브랜드는 그녀가 뉴질랜드의 고등학교 재학 중이던 19세 때 시작됐다. 한국식으로 말하자면 그녀는 유명 패션 스쿨에 다닌 적이 없으며 고졸이다. 카렌 워커는 19세 당시 수중에 있던 단돈 100$(뉴질랜드 달러)로 셔츠를 디자인하고 제작해서 근처 부티크에서 팔았다. 이게 브랜드의 시초이다. 성공은 정말 성적순이 아니다. 럭셔리도 마찬가지다.

그녀는 1995년에는 뉴질랜드를 벗어났다. 1998년에 미국의 백화점 중 하나인 바니스 뉴욕Barneys New York에서 자기 옷을 판매하기 시작했다. 그러면서 드디어 전 세계에 자기 옷을 납품하게 됐다. 2005년에는 아이웨어와 선글라스를 출시하면서 지금에 '선글라스 인기'에 이르렀다. 아마 그녀의 선글라스를 소유한 분들도 그녀가 뉴질랜드 사람이란 건 모르고 샀을 거다.

그녀는 중년이 된 지금, 소셜미디어를 통해서 자신의 고객 겸 팬들과 소통한다. 디자인을 설명해 주기도 하고 이런저런 사담도 나눈다. 럭셔리 브랜드 디자이너라기엔 친근하고 에너지가 넘치는 모습이 성격 좋고 쿨한 막내 이모같이 느껴진다.

카렌 워커의 인스타그램 영상을 보다 보면 그녀가 위트와 창의력을 함께 가진 디자이너임을 알 수 있다. 예를 들어 몇 해 전부터 트랜드인 왕리본을 선글라스에 활용하는 영상이 그렇다.

그녀는 선글라스 다리 앞쪽, 보통 브랜드 로고가 들어가는 자리에 작은 고리가 있는 선글라스를 선보인다. 선글라스 양쪽 고리에 각각 리본을 끼워 넣고 양갈래 머리처럼 왕리본을 묶고 직접 써보며 해사하게 웃는다. 모던한 썬글라스는 갑자기 양쪽에 왕리본이 생기면서 동화같이 사랑스러운 분위기를 만들어 낸다.

실제로 그렇게 썬글라스를 쓰는 이는 많이 없을 것이다. 하지만 으레 선글라스 브랜드가 브랜드 로고를 넣는 자리를 그렇게 활용함으로써, 재미도 있고, 나름의 기능적 요소도 담아 브랜드의 매력을 더한다.

그런 그녀의 모습을 보면 늘 지금을 살고 있는 디자이너라는 생각 또한 든다. 세상의 변화를 두려워하지 않고 그대로 체화하는 모습이 멋지다. 그녀가 꼬부랑 할머니가 되어서도 이 모습 그대로기를 늘 기도하고 싶다.

우리는 소셜미디어와 함께 성장했다.
우리가 시작할 때는 아이폰이 없었다!

나는 기술을 좋아한다.
나는 그것이 내 삶에 미치는 영향을 좋아한다.
내가 소셜미디어와 인터넷을 정말 좋아하는 이유는
그것이 힘을 (힘의 위치를) 바꿔 모든 것을 민주화했다는 점이다.
– 카렌 워커

짐머만Zimmermann_전 세계인이 사랑한 호주의 여성미

해외에서도 그렇지만 한국에서도 매해 봄·여름 시즌에 그녀들이 디자인한 하얀색 레이스 원피스가 인기다. 하얀 레이스 원피스를 검색해 본 여자분들이라면 아마 짐머만의 옷을 다 한 번씩은 봤을 것이다. 호주도 뉴질랜드만큼 프랑스나 이탈리아 같은 주류 패션 국과는 거리가 멀다. 그런 이들이 전 세계적으로 유명해졌으니 한번 알아보자.

짐머만은 호주 태생의 두 자매인 니키 짐머만Nicky Zimmermann과 시몬 짐머만Simone Zimmermann이 시드니에서 1992년에 문을 연 브랜드이다. 디자인 스쿨을 다니던 언니 니키가 먼저 부모님의 차고에서 옷을 디자인했다. 그렇게 디자인한 옷을 시드니의 패딩턴 마켓에서 옷을 팔았고 나중에 여동생인 시몬 짐머만이 동참했다고 한다.

2011년에 미국에 매장을 내면서 본격적으로 글로벌 시즌으로 제작하게 된다. 앞서 말했던 것처럼 호주는 계절이 미국과 반대여서 이 부분은 이들에게 큰 변화라고 할 수 있다.

1996년에는 호주가 지금처럼
세계 지도에 등장하지도 않았다.

― 시몬 짐머만

하지만 짐머만은 호주의 여유로움, 화창한 날씨, 해변, 잘 그을린 피부 같은 휴양지의 매력을 그대로 브랜드에 투영시켰다. 여성미는 늘 여성복의 큰 주제였지만, 이 호주 자매들이 그리는 여성미와 레이스는 흠잡을 곳 없이 여성들의 마음을 사로잡을 만큼 매력적이다. 이거 진짜 하기 어려운 거다. 이미 수많은 레시피가 존재하는 떡볶이 중에서도 가장 기본의 맛으로 승부를 낸 것과 같기 때문이다. 짐머만은 현재 전 세계 여성들의 뜨거운 사랑을 받으며 약 60개의 글로벌 매장을 운영하고 있다.

우리의 이야기는
항상 옷이 주는 재미와 즐거움과 연결되어 있다.
이게 디자인할 때 중요하게 여기는 부분이다.
스토리텔링의 구체적인 내용은 시즌마다 달라지며 항상 중요하다.

디자인 팀과 항상 고객이 사랑에 빠지고
기분이 좋아질 작품을 만들기 위해 노력하고 있다.

그것이 우리가 하는 일이자
디자인하는 이유의 핵심이라고 생각한다.
– 니키 짐머만

이솝Aeop_이름 그 자체로 아이콘이 된 스킨케어 브랜드

아마도 한국인이 가장 호불호 없이 좋아하는 뷰티 브랜드 중 하나가 이솝이지 않을까 싶다. 이런 이솝이 처음은 헤어 제품이었다고 한다. 창립자인 데니스 파피티스Dennis Paphitis가 헤어 디자이너였기 때문이다.

그의 미용실은 소개를 통해서만 고객을 받고 고객과의 오랜 상의 끝에야 머리를 하는 굉장한 완벽주의자 성향의 매장이었다고 한다.

그런 그였기에 기존의 헤어 제품에 만족할 수가 없었다. 그는 자신이 원하는 헤어 제품을 만들기 위해서 미국과 호주를 넘나들며 깐깐하게 과학과 기술에 기초한 브랜드 제품 개발에 힘썼다. 그러다 스킨케어부터 핸드 제품까지 만들며 지금의 이솝이 되었다.

이솝은 지속가능한 디자인과 환경보호에 열중하는데 그래서 이솝 제품의 외관에 제품 정보가 빼곡하게 적힌 라벨링 스티커가 붙어 있다. 기능적이며 타이포그래피가 주는 외적 아름다움까지 갖춘 브랜드가 되었다. 패키징은 최대한 재활용이 가능한 것을 지향한다.

매장은 자연적이면서도 실험실처럼 질서 정연하게 꾸며져 있고 전 세계의 매장은 각각의 도시와 지역에 맞게 매장을 구성한다. 그렇게 결은 같지만 똑같지는 않은 매장을 구현한다.

헤어 디자이너와 스킨케어 제품은 멀어 보이지만, 머리카락 한 올 한 올 매만지는 섬세함과 깐깐함은 무엇을 만들든 그 정성을

쏟아붓는다면 어디든 통용되는 근성이 아닐까?

제품은 성능을 발휘해야 한다.
기술은 점점 더 우리 삶에서 '신비로운 것'을 빼앗아 간다.
그러나,
모든 것이 빠르고, 이용할 수 있고,
편리해야만 하는 것은 아니다.

나는 큰 소리를 지르기보다는 속삭이듯 천천히
자신을 드러내는 아이디어와 제품,
나만의 우주가 되는 무언가를 좋아한다.

궁극적으로는 두 가지가 공존해야 하지만,
형태를 개선하기 위해
약간의 기능을 희생하는 것을 기꺼이 받아들인다.

나는 모든 훌륭한 브랜드의 정신은
형식보다 독특하고 매력적인 방식으로 표현할 수 있는,
일관된 원칙을 중심으로 구축되어야 한다고 굳게 믿는다.
– 데니스 파피티스

09

에밀 에르메스
사위를 선택해 지금의 에르메스를 일군 수집가

현재 '럭셔리 중의 럭셔리'로 손꼽히는 에르메스는 1대 티에리 에르메스Thierry Hermes로부터 시작되었다. 그러나 에르메스가 지금의 명성과 패밀리 비즈니스를 일구는 데 큰 전환점을 마련한 사람은 2대 샤를 에밀 에르메스Charles-Emile Hermes의 두 아들 중 한 명인 3대 에밀 에르메스Emile Hermes라고 해도 과언이 아니다. 그래서 특별히 창업자는 아니나 그를 소개해 본다.

에밀은 1차 세계대전과 2차 세계대전 사이에 라이프 스타일이 바뀌고 있음을 깨닫고 혁신을 꾀한다. 그는 캐나다 여행 중 보게 된 군용 차량 후드의 미국식 개폐 장치에 매료됐다. 바로 오늘날 지퍼Zipper라고 불리는 것이었다. 1922년, 에밀은 '지퍼'에 대한 독점권을 얻었고 에르메스 백에 폭넓게 사용했다. 그는 평생 동안 엄청난 양의 예술작품, 책, 오브제, 희귀 물품들을 모으는 수집가였는데 지금까지도 에르메스 영감의 원천이 되고 있다고 한다.

남자들에게 에르메스는 실크 넥타이로도 유명한데 여기 얽힌 일화가 있다. 에밀이 에르메스를 이끌던 당시에는, 영화제로 유명한 프랑스의 대표 휴양지인 칸Cannes에서는 넥타이를 매지 않으면 카지노에 입장할 수 없었다고 한다. 그래서 카지노에 가고 싶었던 남자들이 근처에 있던 에르메스 매장에 넥타이를 사기 위해서 몰렸다고 한다. 이를 기점으로 에르메스는 실크 넥타이 부분을 확장했고, 지금은 에르메스의 인기 아이템이 되었다.

에밀이 에르메스를 일구면서 가장 큰 전환점을 맞이했던 것은 바로 그가 아들 없이 딸만 둔 아빠였기 때문이다. 에밀은 가문의 '에르메스' 성을 가진 남자 대신 자신의 사위들을 10년이 넘도록 에르메스에 대해 가르쳐 물려준다.

그렇게 1951년, 에밀의 뒤를 이은 이는 그의 사위 로베르 뒤마 Robert Dumas가 됐다. 로베르는 에르메스의 효자 상품인 실크 스카프, 미래의 켈리 백, 사슬 장식인 쉔 당크르Chaine d'ancre를 만들어 낸 장본인이다. 에밀의 선택은 옳았다.

에르메스는 아름다운 윈도우 디스플레이로도 유명한데 이것도 에밀의 사위인 로베르로부터 시작됐다. 그는 1960년대 초부터 예술대학 출신의 2명의 인재와 매장의 윈도우 디스플레이를 함께 디자인했다. 이들 중 1명인, 라일라 멘셔리Leila Menchari가 1978년부터 2013년까지 에르메스의 그 유명한 윈도우 디스플레이를 담당했다. 지금의 매력적인 소극장 같은 윈도우 디스플레이는 앙투안

플라토Antoine Platteau의 손으로 거쳐 나오고 있다.

2세 경영, 3세 경영, 사위에게 물려줄 것인가? 아닌가? 등등 상속에 대한 이슈는 어느 나라를 가나 초미의 관심사가 된다. 그리고 이들은 어지간히 잘해서는 좋은 평을 받기 어렵다. 시작점이 좋았으니 결과는 더 좋아야 하지 않냐며 사람들의 기준이 높아지기 때문이다.

만약 그렇게 비즈니스를 물려받은 '금수저'라면, 혹은 그 의사결정을 해야 하는 에밀의 자리라면, 일과 함께 비즈니스의 원천이 될 것을 모으는 수집가의 면모를 에밀 에르메스처럼 키우는 건 어떨지 조심스레 제안해 본다.

그 모든 것들이 주는 영감과 아이디어가 나를 비롯해 사후에도 기업의 길잡이가 되어 줄 수도 있으니 말이다.

10

벤 고햄

코트를 떠난 농구 선수가 만든
미니멀리즘 향수

바이레도Byredo.

이 향수 브랜드를 제대로 봐야겠다고 생각한 건 가격 때문이 아니다. 향수로 시작한 바이레도가 메이크업 제품부터 핸드백까지 출시했기 때문이다. 보통은 패션 기반의 럭셔리 브랜드들이 의류에 이어 핸드백, 잡화 그리고 라이센스로 메이크업 제품과 향수를 출시한다. 그런데 바이레도는 이를 역행했으니 궁금증이 생겼다.

'왜 바이레도는 거꾸로 올라가지?'
하고 말이다.

이 역행의 실마리는 바이레도의 창업자인 벤 고햄Ben Gorham이 쥐고 있었다. 인도인 어머니와 캐나다 출신 아버지 사이에서 태어난 그는 부모님의 이혼과 아버지의 버림으로 매우 쉽게 화를 내는 성격의 유년기를 캐나다에서 보냈다. 다행히 벤은 농구에 재능을 보이며 농구 장학금을 받고 대학에 입학한다. 프로가 되기 위해 스웨덴으로 건너갔지만, 프로로 뛰기엔 나이가 꽤 있었던 그는 여러 아르바이트를 전전하다 농구 선수가 되길 포기한다. 다시 시작하기 위해 스웨덴의 아트 스쿨에 진학해 회화를 배웠지만 졸업 후 향수에 빠져 버렸다.

우연히 저녁을 함께한 유명한 조향사 피에르 울프Pierre Wulff 때문이었다. 벤은 홀로 자신만의 향을 만들어 보며 피에르 울프가 있는 뉴욕까지 훌쩍 날아간다. 직장도 집도 없었던 그는 친구 집에 얹혀살면서 계속 피에르에게 향을 선보였다. 그가 벤의 향이 별로라고 했기 때문이다.

어떻게 됐을까? 피에르는 벤의 향이 별로였지만, 사업 자금을 투자하고 유명 조향사들도 소개해 준다. 농구 선수였던 그가 단시간에 만든 향이 전문 조향사의 마음에 들기란 사실상 쉽지 않았을 것이다. 하지만 피에르는 조향 능력보다 벤의 집요함과 완벽주의 성향을 높이 샀다. 이렇게 바로 휘황찬란하게 성공했으면 좋았겠지만, 그건 아니었다.

벤 고햄은 최고의 향을 위한 최상의 원료를 고집했고 완벽하길 원했다. 그러다 보니 그가 받은 투자금으로는 당장 그가 원하는 향수를 만들기에는 여러모로 부족했다. 그래서 지하실에 책상을 놓고 최상의 원료를 고집한 채 향초를 만들어 팔았다. 원료가 좋으니 향은 무척 좋았고 그렇게 인기를 끌면서 지금의 바이레도를 만들

수 있었다.

그는 그렇게 실험실에서 쓰는 것처럼 미니멀한 향수병에 15가지 이하의 최고의 원료만을 고집하며, '탁' 하고 미간에 꽂히는 명료한 향을 만들어 낸다.

바이레도의 향이 취향에 안 맞을 수도 있다. 하지만 바이레도의 패키지는 아마 애플의 아이폰 패키지 고급 버전을 보는 것마냥 사람을 홀린다. 너무도 단순한데 그 만듦새가 추구하는 완벽함이 이 종이 뭉텅이를 버리지 못하게 하기 때문이다. 패키지만 한번 열어 보아도 바이레도가 추구하는 게 무엇인지 이해가 갈 것이다.

돈도 없고 빽도 없고 나이는 많고 꿈마저 꺾였지만 농구 선수 특유의 근성만은 지켰던 그를, 계속 꿈이 좌절된다고 느낄 때 떠올려 보면 좋겠다. 일하다 보면 '자기 팔자 자기가 꼰다더니… 무슨 부귀영화를 누리자고 이러고 있지?' 할 때가 있다. 그럴 때 보면 좋은 그의 긴 인터뷰를 일부 추려서 소개해 본다.

'스프레자투라sprezzatura', 이탈리아어이다.
아무리 어려운 일이라도 쉬운 것처럼 해내는 것,
땀 흘리는 모습을 남에게 보이지 않는 것이란 뜻이다.
보는 이들이 작품에만 집중하도록 작품에 들어간 노동의 양을 감추는 것이다.
예술가에게 필요한 무심한 분위기라고 할 수 있다.

작가이자 감독인 마이클라 코엘Michaela Coel은
HBO 드라마 'I May Destroy You'의 초고를 191번이나 수정했다.
시인 도널드 홀Donald Hall은
자신의 작품을 최대 300번까지 수정한다고 했다.
가수 비욘세Beyonce는
코첼라(종합 뮤직 페스티벌) 공연을 위해 11시간씩 리허설을 하며 준비
했다.

위대한 예술을 창조하는 데 필요한 반복성은 운동선수들에게서도
볼 수 있다.
농구 선수 故) 코비 브라이언트Kobe Bryant는
비시즌 동안 하루에 레이업을 2,000개씩 한다고 알려져 있다.

실제로 높은 수준의 예술을 창조하기 위해서는 예술가적 감수성 외
에도 운동선수 수준의 신체가 필요하다고 말하는 사람도 있다.
작가 무라카미 하루키Haruki Murakami는
The Paris Review와의 인터뷰에서 이렇게 말했다.

"소설을 집필할 때
새벽 4시에 일어나 5~6시간 동안 글을 쓴다.
오후에는
10km를 달리거나 1500m 수영을 하거나 둘 다 한다."

11

베네딕트 타셴
만화책 팔다가 수천만 원짜리 책을
기획하게 된 사람

중년이 되어 오랜만에 초등학교 동창회에 참석해 보면 말도 안 되는 이유로 성공한 동창이나 상상도 못 한 친구가 크게 성공한 것을 보게 된다. 아마 베네딕트 타셴Benedikt Taschen도 그렇게 성공한 동창 중 한 명일 것이다.

타셴을 모르는 사람이라도 서점 가길 좋아하는 사람이라면 그의 책을 한 번쯤은 본 적이 있을 것이다. 간혹 대형 서점에서 전시되어 있는 사람 몸통만큼 크고 두꺼운 크기의 외국 아트북이나 디자인북, 이런 큰 책으로 유명해진 곳이 바로 타셴이다. 또는 '너무 사고 싶다'라는 생각이 드는 외국 아트북을 발견했다면 아마 타셴이 만든 책일 가능성이 높다.

지금이야 독일에서 시작된 타셴Taschen이 프랑스의 애슐린Assouline, 영국의 파이돈Phaidon과 함께 세계 3대 럭셔리 아트북 회사 중 하나로 손꼽히지만 타셴의 시작은 만화책을 파는 것이었다.

아마 타션의 부모님도 그가 이토록 성공하게 될 줄은 몰랐을 것이다. 다섯 자녀 중 막내아들로 태어난 그가 타션을 시작한 건 12살 때 부엌 식탁에서였다. 그래서 애슐린도 아니고 파이돈도 아닌 타션을 소개하고 싶었다. 그의 성공은 무척 괴짜스럽고 흥미롭다.

12살의 베네딕트 타션은 도널드 덕 만화를 무척 좋아했다고 한다. 그렇게 12살에 우편으로 만화를 팔게 되었다. 그러다가 자신보다 훨씬 나이가 많은 어른들이 만화를 수집하고 싶어 한다는 걸 알게 되었다. 그는 자신이 좋아하는 만화가 아닌 다른 만화도 수집하기 시작했다. 그렇게 베네틱드는 10대에 이미 약 200명으로 구성된 만화 커뮤니티를 가지게 되었다.

베네딕트는 19살 생일 전날 '타션'이란 이름의 만화책 가게를 시작하게 됐다. 어엿한 초보 사장님이 된 그는 일생일대의 기회를 미국 무역 박람회에서 만나게 된다. 40,000만 권에 달하는 르네 마그리트의 책을 권당 1달러에 구입한 후 독일에 가져가 1개당 9.99 마르크(약 6.6달러)에 팔았는데 몇 달 만에 완판을 시키고 말았다.

베네딕트 타션은 만화에 빠져서 살았고 대학도 가지 않았다. 하지만 그는 예술을 전공하는 학생이나 예술 입문자들을 위한 합리적인 가격의 '베이직 아트북'을 내놓은 것으로 유명하다.

1980년, '대중적인 가격으로 만날 수 있는 아름다운 디자인의 혁신적인 예술 서적'이란 모토로 타션은 다양한 아트북을 내놓는다. 미켈란젤로 같은 고전 화가부터 동시대 현대미술 작가, 디자이너, 건축가 등등을 소개하는 책이었다.

그러다 타셴은 '20세기, 세계에서 가장 비싼 책'의 기록을 세운 아트북을 출판하기에 이른다. 타셴이 1999년 펴낸 헬무트 뉴튼Helmut Newton의 스모SUMO 시리즈가 그것이다. 스모는 책 크기가 사람 몸통만 하고 무게도 30kg이 넘는 정말 작은 사람만 한 아주 큰 책이다. 그래서 일본의 전통 스포츠인 '스모'라 명명했다. 요즘은 많이 달라졌지만, 과거 스모 선수의 몸무게는 200kg이 넘는 거구들이 대부분이었다. 스모 시리즈의 크기는 다른 책에 비해 그만큼 압도적이었다. 이 시리즈는 보통 한 권에 1000달러가 넘는다. 스모는 책치고는 너무 크고 무거워서 스모와 함께 스모를 놓을 테이블도 함께 팔았다. 그 테이블의 디자인은 20세기 디자인의 아이콘 중 한 명인 필립 스탁Philippe Starck이 했다.

스모의 첫 번째 에디션인 헬무트 뉴튼의 스모는 2000년 베를린 경매에서 317,000유로(한화 4억 5천만 원)에 낙찰됐을 정도로 아트북 팬들에게 사랑받는 책이 되었다.

아무리 괴짜 같은 그이지만, 스모를 출판하기까지 얼마나 많은 반대를 겪었을까? 하지만 계획한 것이었기에 그는 밀어붙였다. 타셴이 엄청나게 크고 무거워서 책을 위한 테이블까지 판매한 이유는 럭셔리 아트북 출판사로 거듭나기 위함이었다. 베니티 페어와의 인터뷰에서 베네딕트 타셴은 이렇게 말했다.

처음부터 (스모) 아이디어는
책을 전시할 수 있는 물건으로 바꾸는 것이었다.
그전까지 타셴은 값싼 책으로 유명했다.

하지만 스모가 한 권에 1,500달러에 팔리면서
타셴의 새로운 랜드마크가 됐다.

말로만 들어서는 실감이 나지 않을 테지만 헬무트 뉴튼의 사진
이 어떤지 구글링만 해봐도 타셴의 선택이 파격적인 행보란 생각
이 들 것이다. 그의 사진은 여성의 보디라인과 누드를 예술적 에로
티시즘으로 승화한 것으로, 그 당시에 논란을 일으키며 패션 사진
계에 한 획을 그은 작품으로 평가받았다. 그리고 실제로 요즘 타셴
의 스모 책과 이 책을 위한 테이블은 마치 예술 작품처럼 멋들어
진 인테리어를 한 가정집이나 상업 공간에 놓여지게 되었다. 책장
에 빼곡히 꽂힌 책으로 자신의 지식을 드러내는 사람이나, 요즘 유
려한 디자인의 책을 인테리어 소품처럼 쓰는 인테리어 팁을 보면
스모의 매력이 뭔지 알 수 있을 것이다. 베네딕트 타셴은 전문가나
덕후들만 가질 수 있는 선구안이 있었던 것이다.

타셴은 타고난 승부사가 아니었을까 싶다. 새로운 충격적 비쥬
얼로 브랜드를 자리매김 시킬 계획이라면 겉모습도 내용물도 어
떻게든 파격적이어야만 한다는 걸 알았으니 말이다. 헬무트 뉴튼
은 베네딕트 타셴에 대해 이렇게 평했다.

베네딕트 타셴과 같은 사람은 거의 없을 것이다.
아니... 그와 같은 사람은 아무도 없다.
첨언하자면 그는 'madman'이라고 할 수 있다.
(뉴튼의 평가에 대해서 타셴을 이렇게 말했다)

확실히 맞는 평가이다.

내 직업은 씨앗을 심는 일이니까.

저렴한 가격에 물건을 파는 것에 질렸고 단순히 비싼 것을 넘어 럭셔리 같은 것을 만들어 팔고 싶다면? 대중에게 얼마나 새로운 것을 안겨 줄지 생각해야 할 것이다. 적당히 해서는 럭셔리 브랜드가 되는 초고속 선로에 올라탈 수가 없다.

브랜드가 럭셔리로 새롭게 포지셔닝 한다는 걸 알려 줄 씨앗 같은 제품을 어떤 형태로 출시해야 군계일학처럼 유일무이해질 수 있는지를 그리는 것에서부터 출발해라.

12

이브 생 로랑
20세기를 21세기처럼 살다가 간
아름다운 디자이너

이브 생 로랑,

그를 선택한 건 그가 시도했던 혁신과 선택이 지금도 빛나기 때문이다.

그는 1936년 아프리카 알제리의 부유하고 화목한 카톨릭 집안에서 태어났다. 그러나 그는 마른 몸에 소심한 성격 때문에 학교에서 지속적인 폭력과 괴롭힘에 시달렸다. 나중에 고백하길 그는 이미 어릴 때부터 동성애 성향이 있었다고 한다. 그래서 그는 파리로의 탈출을 꿈꿨다. 11세의 그는 '아내들의 학교'라는 희극을 보고 무대 세트와 섬세한 고전 의상에 깊은 인상을 받아 창작에 대한 꿈을 키웠다고 한다.

18살이던 1954년에 국제양모사무국의 디자인 콘테스트에서 1등을 수상했고, 이듬해에는 주변의 추천으로 크리스찬 디올의 어시스턴트 디자이너가 된다. 당시 그는 어린 나이였지만 디올이 발표한 80벌의 드레스 중 50벌이 그의 디자인이었을 정도였다. 안타깝게도 1957년 디올이 갑자기 타계하면서 그는 21살에 디올의 크리에이티브 디렉터가 된다.

여기까지는 드라마틱하지만 그는 이후 디올과 여러 불협화음을 겪는다. 디올사는 계속해서 그에게 보수적인 디자인을 하길 요구했으나 20대의 그는 당시 시대상과 새로운 컬렉션을 이어 갔고, 디올의 소유주는 그를 회유해 군에 입대시킨 후 새로운 크리에이티브 디렉터를 뽑아 버린다. 그때 그의 고국인 알제리는 식민지 해방을 위해 프랑스와 치열한 전쟁을 하던 중이었다. 군 입대로 이 전쟁에 참전한 그는 큰 충격을 받았다. 자신의 모국과 지금 살고 있는 프랑스가 피 튀기며 싸우는 모습은 20대 청년에게는 너무 가혹한 충격이었다.

이브 생 로랑은 20일 만에 전쟁에서 돌아왔고, 정신과 치료와 함께 이후 약물과 술에 의존하는 삶을 살게 됐다.

다행히 그의 동성 연인이었던 피에르 베르제Pierre Berge가 디올에 소송을 걸어 10만 달러의 보상금과 임시 사무실을 받아 냈다. 그리고 투자자를 찾아 지분의 80%를 넘기는 조건으로 3년간 70만 달러를 지원받아 이브 생 로랑에게 그의 이름을 딴 브랜드를 시작하게 해줬다.

이후 그는 몬드리안의 작품을 원피스 디자인에 담아 화제가 되었고, 남성용 턱시도 수트를 여성용으로 만든 '르 스모킹'을 발표한 최초의 디자이너가 되어 화제를 모았다. 별것 아닌 것 같아도 20세기에 턱시도는 여성의 출입이 금지된 흡연 공간에서 남성들이 즐겨 입는 복장이었다고 한다. 그는 최초의 여성용 트렌치코트도 선보였다. 이런 옷들이 여성용으로 없었다는 것이 놀랍다. 옷이 이토록 차별적이었다니! 그가 아니었다면 도대체 여성들은 언제쯤 이런 옷들을 입을 수 있었을까?

또한 백만장자들만을 위한 럭셔리가 아닌 보통 사람들을 위한 베이직하고 심플한 기성복 라인도 만들었다. 그렇게 프레타 포르테에서 이브 생 로랑 리브고쉬 라인이 시작되었다. 그가 아니었다면 기성복이 주류인 프레타 포르테가 패션을 주도하는 분위기는 더 늦게 조성되었을 것이다.

1967년에는 여성의 신체를 억압하는 '브래지어 같은 속옷을 태워 버리자'는 여성 인권 운동이 늘자 이듬해 아예 브래지어를 하지 않은 시스루 패션을 선보여 버린다. 여성 단체는 환호했고 이후 시스루는 하나의 룩으로 자리 잡았다.

2002년 그가 마지막 컬렉션을 발표한 이후부터 구찌를 소유한 케링 그룹Kering Group이 이브 생 로랑을 경영하게 되었다. 요즘 젊은 세대가 열광하는 '생 로랑Saint Laurent'이 바로 이브 생 로랑이다.

2008년 이브 생 로랑은 영면에 들었고 그의 장례식에는 수많은 디자이너와 함께 프랑스의 대통령 내외도 참석했다. 디자이너 크리스찬 라크르와Christian Lacroix는 그를 이렇게 회고하며 존경을 표했다.

이브 생 로랑은

샤넬의 형식, 디올의 풍부함

그리고

엘사 스키아파렐리*의 재치를 겸비했다.

* 당시 샤넬의 라이벌이라고 불렸던 디자이너다. 쇼킹 핑크를 만들고 패션에 초현
실주의 예술을 담은 것으로도 유명하다.

20세기를 이토록 현대적으로 진정성 있게 살아간 남성 디자이
너가 또 있을까?

지속 가능, 사회 환원 사업을 운운하기 전에 꼭 한 번 자문자답
해보자. 당신의 소비자는 누구인가? 여성? 남성? 아이? 동물? 물
건을 파는 대상의 인권과 존엄권을 생각해 주는 것. 그것이 참되고
진정성 있는 그 브랜드의 고유한 브랜드 아이덴티티가 아닐까? 그
리고 고객이 기대하는 요즘 사랑하고 싶은 브랜드일 것이다.

13

한스 빌스도르프
전 세계에서 가장 많이 팔리는
럭셔리 시계를 만들다

21세기에 가장 돈이 되는 마케팅 중 하나는 스포츠 마케팅이다. 수백억대 몸값을 자랑하는 스포츠 스타에게 지불하는 모델료 외에도 제품의 성능과 자사의 기술력을 한 번에 보여 줄 수 있기 때문이다. 그리고 또 한 가지 전 세계를 강타한 마케팅의 주축이 있다면 바로 강인한 여성이 역경을 이겨 내는 모습이다.

그런데 이 모든 것들이 생겨나기도 자리 잡기도 한참도 더 전에 한 사람이 있었다. 1920년대에 롤렉스ROLEX의 창업자인 한스 빌스도르프Hans Wilsdorf였다. 그는 강한 여성과 스포츠를 통해 자신이 개발하고 특허를 취득한 방수 손목시계를 전 세계에 홍보할 계획을 세운다.

한스의 이 방수 손목시계는 시계 케이스(몸판)를 빈틈없이 밀폐해서 외부로부터 시계 내부를 보호할 수 있었다. 바다에 사는 굴처럼 아무리 오래 수중에 머물러도 내부 부품이 손상되지 않는 이 시계는 '오이스터'라는 이름을 가지게 되었다. 하지만 기술만 좋다고 물건이 잘 팔리는 것은 아니다.

한스는 메르세데스 글릿즈Mercedes Gleitze라는 젊은 비서가 영국 여성으로는 최초로 영국 해협을 헤엄쳐서 횡단하는 일에 도전할 계획임을 알게 된다. 그는 그녀를 찾아가서 오이스터를 착용하고 영국 해협을 횡단해 달라고 요청한다. 그녀는 롤렉스의 오이스터를 차고 10시간가량 얼음장처럼 차가운 영국 해협을 헤엄쳐 횡단에 성공한다.

이후, 타임스The Times는 '오늘 저녁 그녀가 착용한 작은 골드 시계는 해협을 건너는 내내 완벽히 작동했다'고 보도했다. 그다음에는 탐험가들이 그를 찾아와 탐험에 필요한 시계를 만들어 달라고 부탁했다. 한스 빌스도르프가 만든 롤렉스는 그렇게 또 하나의 스위스의 럭셔리 시계 브랜드가 되었다.

롤렉스는 남들과 다르게 생각하고 행동하기 위해
끊임없이 노력한다.
이게 바로 가장 큰 강점이다.
— **한스 빌스도르프**

이런 롤렉스에도 위기는 있었다. 1세대 한스가 영면에 들고, 롤렉스에서 직원부터 시작한 변호사 앙드레 하이니거Andre Heiniger가 2대 롤렉스의 CEO로 취임한다. 그리고 때마침 일본산 시계가 전 세계를 강타하면서 스위스 럭셔리 시계업계는 큰 타격을 받는다. 값비싼 기계식이 아닌 값싸고 정확한 일본의 쿼츠 시계Quartz Watch, 전지로 작동하는 시계의 시대가 온 것이다. 하지만 롤렉스는 타협하지 않았다. 계속해서 한스의 유지를 이어서 최고의 시계를 고집했다.

이후 3대 패트릭 하이니거Patrick Heiniger가 아버지를 이어서 롤렉스의 CEO가 되면서 좀 더 강력한 기틀을 세운다. 바로 흩어져 있던 롤렉스의 제조 시스템을 통합한 것이다. 그렇게 제조시설을 스위스 제네바와 비엔나에 집결시키면서 회사 이름을 '롤렉스 S.A.'로 변경한다. 덕분에 롤렉스는 모든 주요 부품을 통합된 환경 아래에서 자체 생산하는 브랜드가 될 수 있었다.

창업자의 방식이나 생각이 흐려지지 않도록 만드는 것은 그가 최초로 남긴 발자취가 얼마나 혁신적이었는지도 중요하다. 하지만 그보다 더 중요한 것은 대를 이어 갈 이가 그 창업자의 방식을 얼마나 잘 알고 사랑하는지도 중요하다.

물건도 방식도 눈에 보이는 것이지만 결국 브랜드나 창업자의 유지를 이어 가주는 것은 사람의 보이지 않는 마음과 애정이다.

14

크리스챤 루부탱
반항아에서 가장 럭셔리한
슈메이커가 된 사람

너 커서 도대체 뭐 될래?

이 대사와 함께 엄마의 뒷목을 잡게 만든 아들이 있다. 바쁜 아빠와 엄마, 위로 누나만 세 명이라 넉살 좋은 막내였다. 막내라 그런 건지 극심한 사춘기 때문인지 이 금쪽이 아들은 12살 때 이미 학교에서 세 번이나 쫓겨난다. 친구 좋아하고 놀기 좋아하는 아들을 위해서 어머니는 아들이 집을 나가 밖에 친구들과 살 수 있도록 해준다. 다행히 나쁜 아이는 아니라서 다시 학교로 돌아가긴 했지만, 고등학교 때 학교를 그만둔다.

이쯤 되면 부모님들이 두 손 두 발을 다 들고 하는 대사가 있다.

너, 그냥 너하고 싶은 대로 하고 살아라.

그렇게 막내아들은 자신이 태어난 프랑스를 떠난다. '인도에 가서 1년을 살아 보겠다' 하고는 돌아와서 성인이 되기도 전에 여성 댄스들이 춤을 추는 카바레인 폴리 베르제르Folis Bergere에 취직을 한다. 부모님이 갑자기 훅 늙는 소리가 여기까지 들리는 듯하다.

엄친아처럼 어머니들 수다에 자주 등장하지는 않지만 예닐곱 집 건너 한 집씩 이런 자식을 둔 집은 꼭 있다.

그런데 이 말썽쟁이 막내가 모나코의 공주가 인정하는 슈메이커이자, 오늘날 유럽에서 가장 큰 주목을 받는 아시아 국가 중 하나인 부탄의 여왕과도 친분이 있는 럭셔리 슈메이커가 된다. 바로 크리스찬 루부탱이다. 그리고 그가 성공하게 된 모든 자양분은 부모님 속을 썩이던 십대 때 모두 생겨났다고 한다.

그가 스텔레토 힐이라고 부르는 높은 여성 구두에 매료된 것은 반항심 가득하던 그때라고 한다. 집 근처에 있는 박물관 입구에는 'X' 표시가 된 하이힐 그림이 있었다. 아마 작품을 감상하는데 '또각또각' 하는 하이힐로 걷는 소리가 방해가 되기 때문이었을 것이다. 반항아 눈에는 그 'X' 사인이 좋았고 박물관에서 금지된 하이힐이 멋져 보였던 것이다. 역시 그는 괴짜다.

그리고 카바레에서 일하면서 여성 댄서들이 굽이 높은 하이힐을 얼마나 사랑하는지 알게 되었다고 한다. 또 여성들이 단순히 그냥 하이힐을 신는 것이 아니라 하이힐을 신은 자신의 전신을 거울에 비춰 보며 만족감을 얻는 것 또한 이곳에서 배운다.

결정적으로 반항아적 십대를 보내는 아들을 둔 모든 어머니들이 진저리 치는 인물 중 하나인 아들의 친구들이 힘이 되어 준다. 친구들이 크리스찬 루부탱이 자신의 구두 매장을 열 때 큰돈을 투자해 준다.

그 친구 중 한 명은 프랑스가 사랑하는 여배우인 레아 세두의 아버지이자 성공한 기업가인 앙리 세두Henri Seydoux이다. 또 다른 한 명은 집이 유복했던 브루노 챔벨랜드Bruno Chambelland였다. 아마 이 둘이 아니었다면 루부탱은 파리의 '갤러리에 베로 도다Galerie Vero-Dodat'라는 좋은 공간에서 첫 매장을 시작할 수 없었을 것이다.

크리스찬 루부탱은 아직도 자신의 첫 매장이었던 이곳을 유지하고 있다. 그리고 첫 매장에 투자했던 친구인 앙리 세두는 크리스찬 루부탱의 이사로 브루노 챔벨랜드는 크리스찬 루부탱의 사장으로 함께하고 있다.

12cm나 되는 크리스찬 루부탱의 스텔레토 힐과 그의 디자인, 브랜딩에 대해서는 할 이야기가 아직도 많다. 하지만 그가 이렇게까지 성공한 것은 그가 고객을 대하는 방식과도 관련이 깊은 것 같다. 그의 맞춤 스텔레토 힐을 신는 유명인은 그를 이렇게 평했다.

디자이너 같기도 하고 의사 같기도 해요.
의사는 환자의 상담 내용을 절대 말하지 않거든요.
좋은 의사라면 그래야 하듯이
그는 자신의 고객에 대해 말하지 않아요.

오랜 우정을 비즈니스로 이어 가고 고객과 의사와 환자처럼 신의를 지키는 크리스찬 루부탱. 어쩌면 그는 '사람다움'으로 성공한 괴짜 중에 괴짜가 아닐까 싶다.

사담으로 나눈 고객의 비밀은 어디까지 지켜야 할까? 어떤 스타일을 좋아하고 어떤 제품을 누구에게 선물했는지 같은 것을 꼭 비밀로 지켜 줘야 하나? 계약서 상에 명시되어 있지 않으니깐 그냥 해도 될까?

신뢰를 쌓고 싶다면 크리스찬 루부탱처럼 해라. 마치 의사처럼!

15

미켈레 타데이 & 렌초 첸자로
인프라가 없다면 만들어 버리자

손녀부터 할아버지에 이르기까지 나이, 성별, 취향을 막론하고 가장 장인스러운 럭셔리로 소비자에게 인정받는 브랜드 중 하나가 바로 보테가 베네타Bottega Veneta이다.

그 이유 중 하나가 보테가 베네타의 '인트레치아토intrecciato' 기법이다. 인트레치아토는 넓은 가죽에 칼집을 내어 가죽끈을 원단woven처럼 직조하듯이 하나하나 엮어서 만든 (이탈리아어로 짜다 또는 엮다를 뜻하는) 가죽을 제조하는 기법이다.

이 철저히 장인스러운 기법 때문에 보테가 베네타는 수백 년에 이르는 역사를 가졌을 것 같지만 사실 1966년에 태어난 다소 어린(?) 럭셔리 브랜드이다. 그리고 단 한 번도 불황을 겪지 않았을 거 같은 보테가 베네타는 꽤 힘든 여정을 겪었다고 한다.

브랜드의 화려한 면만 보면 상상이 잘 안 되겠지만, 보테가 베네타는 1990년대 후반에 글로벌 브랜드라기보다는 부실한 중소 기업 수준이었다고 한다. 2016년 당시 보테가 베네타의 회장은 '2001년 PPR 그룹(케링 그룹의 옛 이름)에 인수될 때쯤 보테가 베네타는 파산 직전의 상태'였다고 했다.

보테가 베네타의 모든 것에 중심이 되는 인트레치아토를 고안한 두 명의 창업자인 미켈레 타데이Michele Taddei와 렌초 첸자로Renzo Zengiaro는 왜 이런 선택을 하게 되었는지, 지금의 브랜드는 어떻게 탄생된 건지 이야기 속으로 함께 걸어 들어가 보자.

이탈리아 북동부 베네토 지방에서 1966년에 탄생한 보테가 베네타는 '베네토의 공방workshop in Veneto'이라는 뜻의 이름을 브랜드 네임으로 삼았다. 인트레치아토는 부드럽고 연한 가죽의 내구성을 강화해 가방 같은 견고한 제품을 만들기 위해 고육지책에 가깝게 고안된 방법이라고 한다.

1960년대 패션 핸드백의 중심은 프랑스와 이탈리아 중부 지역의 가죽 업체들이었다고 한다. 그들은 안장과 선박 여행용 트렁크의 수요가 줄어서 핸드백 등 액세서리로 선회했다. 산업은 늘 이렇게 상황이 변한다. 그래서 그때의 핸드백은 트렁크에 주로 쓰이던 두껍고 견고한 가죽을 그대로 썼다.

그러나 보테가 베네타가 탄생한 이탈리아의 북동부에는 두껍고 견고한 가죽도 그런 가죽을 봉제할 재봉틀도 없었다고 한다. 베네토 지방은 직물과 남성복 제조가 주여서 섬세한 봉제 장비가 많았기 때문이다. 산업적 인프라와 하고 싶은 브랜드가 맞지 않는 상황이었다.

당시 장비로는 두꺼운 가죽 바느질을 할 수 없었고 얇은 가죽으로 장갑 정도를 만들 수 있는 상황이었다고 한다. 그러면 가죽 장갑을 만들면 됐을까? NO!

일상용 가죽 장갑으로 유명한 브랜드를 하나라도 알고 있다면 다행이겠지만, 장갑은 주인공이 되는 제품이 아니다. 가죽으로 만들 수 있는 가장 고부가가치의 제품은 '핸드백'이다. 그래서 타데이와 첸자로는 얇고 부드러운 가죽으로 부드럽지만 견고한 가방을 만들기 위해서 인트레치아토라는 역대급 기술을 개발하게 된다. 그리고 덕분에 수백억 매출을 올리는 중소기업으로 성장한다.

인트레치아토 자체는 보테가 베네타의 시그니처이자 로고를 대신할 만큼 강력한 브랜드 자산이 된다. 나아가 70년대 보테가 보네타의 광고 문구인 '당신의 이니셜만으로도 충분할 때When your own initials are enough'는 브랜드 모토가 됐다.

이런 보테가 베네타가 파산 직전에 브랜드를 PPR 그룹에게 매각한 것은 바로 이 브랜드의 모토를 저버렸기 때문이다.

브랜드 정체성을 완전히 짓이기는 선택을 하는데, 바로 제품에 로고를 넣은 것이다.

2000년대 전후의 세기말 트렌드는 그야말로 로고의 홍수였다. 아마 보테가 베네타는 이제 트렌드를 쫓아야 하는 건 아닐까 하면서 로고를 선택했을 것이다. 하지만, 앞서 말했던 것처럼 트렌드는 지독하고 럭셔리는 다른 브랜드들을 닮아 가서는 안 된다. 보테가 베네타는 그 유일무이한 자신의 브랜드 아이덴티티를 저버리는 로고라는 선택을 했고 그렇게 창업자의 손을 떠나게 됐다. 그리고 지금의 케링 그룹^{Kering Group} 하에서 다시금 과거의 'No 로고' 정책이 빛을 발하면서 재도약에 성공한다.

과거를 답습하지 않기 위해서였는지, 2010년대 중반 다시금 로고 열풍이 불 때도 보테가 베네타는 'No 로고' 정책을 고수했다. 커다란 로고를 가방에 넣는 대신 보테가 베네타는 인트레치아토의 크기를 커다랗게 만들었다. 그리고 그즈음 젠더리스 열풍이 시작되면서 수많은 젊은 청년들이 보테가 베네타 가방을 샀다.

트렌드는 추종하면 지독하게 굴고, 그 안에서 나다움을 찾으면 순풍에 돛을 달게 만들어 주는 심술 맞은 그리스 신화의 신과 같다. 성공 뒤에 신화를 붙이는 것은 어쩌면 성공이 논리적으로 설명할 수 없는 부분이 많기 때문이다.

어떤 강점으로 성공했고 그 성공의 메커니즘이 무엇인지 알았다면 트렌드의 유혹에 흔들리지 말아야 할 것이다.

16

뵈브 클리코
당당히 '뵈브=미망인'을
브랜드 네임에 쓴 샴페인

진짜 며느리 사랑은 시아버지인 걸까?

여기 한 명의 시아버지가 있다. 같은 지역의 경쟁사였던 집안의 딸을 외아들과 결혼시킨 전략적인 시아버지 말이다. 이 시아버지의 외아들은 아버지의 사업을 물려받기보다는 새로운 사업을 하길 원했다. 그리고 시집 온 며느리는 그 외아들을 따라 새 사업에 동참했다. 시아버지는 그 사업에 투자하지 않았다. 사업이 잘 안 될 것 같아서였다. 은근히 금수저 아버지들은 사업과 돈 앞에서 자식에게 냉혹하다.

하여간 안타깝게도 그의 외아들은 결혼을 한 지 6년 만에 병사하고 만다. 사업도 사양길이었다. 그러던 어느 날 과부가 된 며느리가 시아버지를 찾아온다. 죽은 남편과 했던 사업을 계속할 수 있게 '10억만 땡겨 달라'고 말이다.

155

당신이 그 시아버지라면 어떻게 할 것인가?

아들 잡아먹은 귀신이라고 해도 반박 못 할 만큼 여성의 지위가 낮았던 1800년대라면 말이다. 연륜 있는 사업가였던 시아버지 눈에는 딱 봐도 이미 답이 없는 사업이라 초기에도 투자를 안 했던 사업이다. 6년이나 해서 말아먹은 사업이면 솔직히 안 되는 사업이지 않을까? 그런데 과부가 된 며느리가 10억을 땡겨 달란다... '어쩌지?' 이 무슨 한국 막장 일일 드라마 첫 회 마지막 장면 같은 연출인가?

그런데 정말 인생은 막장 드라마라고 드라마는 이어진다. 시아버지는 과부가 된 며느리에게 과감하게 10억을 땡겨 준다.

이 시아버지의 선택은 지금의 뵈브 클리코Veuve Clicquot라는 샴페인을 존재하게 만든다. 그리고 과부가 된 그의 며느리, 마담 클리코는 프랑스 샴페인 산업의 전반을 갈아엎는 혁신적 여장부가 된다.

에르메스가 사위를 잘 품어 지금의 영광을 누리는 것처럼 시아버지, 필립 클리코Philippe Clicquot는 며느리를 잘 지원해서 현대 샴페인계에 한 획을 그었고 가문의 성을 남기게 됐다. 참! 시아버지는 며느리에게 10억을 땡겨 주면서 하나의 조건을 건다. 그녀가 직접 주류 만드는 법을 배울 것! 그리고 이 조건 덕분에 샴페인이 비약적으로 성장하게 만드는 기가 막힌 맛을 만들어 내게 된다.

풀 네임이 니콜 퐁사르댕 클리코Nicole Ponsardin Clicquot인 마담 클리코는 부유한 어린 시절을 보낸 여성이었다. 그녀의 아버지는 뛰어난 섬유 사업가였는데 프랑스 혁명 당시 자코뱅으로 정치적 입장을 바꾸었다. 덕분에 부르주아였으나 상대적으로 적은 타격을 받았다고 한다. 그녀는 이런 수완가 아버지를 보고 컸다. 아이러니하게도 샴페인은 당시 성공과 부의 상징이기도 했으나 갑자기 부자가 된 부르주아를 비꼬는 뜻도 담겨 있었다고 한다.

인생이 드라마라고 그녀는 남편 사후 시아버지가 땡겨 준 10억으로 4년간 배우고 노력했지만, 사업은 또 어려워진다. 다행히 시아버지는 그녀에게 한 번 더 투자해 준다. 이번에는 상황이 그녀에게 이롭게 돌아갔다. 당시는 나폴레옹 전쟁의 끝 무렵이었다.

마담 클리코는 그녀의 아버지처럼 정치적 변화를 적극 활용했다. 그녀는 나폴레옹 전쟁이 끝나고 평화가 선언되자마자 미리 준비했던 자신의 샴페인을 러시아에 데뷔시킨다. 그렇게 뵈브 클리코는 엄청나게 성공하게 된다. 시아버지의 오랜 투자가 드디어 빛을 발하게 된 것이다.

그런데 그녀는 왜 러시아에 갔을까? 그녀는 전쟁이 끝나면 사람들이 달콤한 샴페인으로 축배를 들고 싶어 할 것이라고 예상했다. 샴페인은 고급술이고 나폴레옹은 러시아 원정에 실패했으니 모국인 프랑스보다는 러시아가 축배를 들어도 들 것이라 예상했기 때문이다.

이후 그녀는 투명한 와인잔이 유행하자 당시 침전물이 많던 샴페인의 포도 찌꺼기를 없애는 획기적인 방법을 고안해 사업을 더욱 성공시킨다. 마담 클리코는 매일 조금씩 샴페인 병을 돌려서 중력의 힘으로 찌꺼기를 모으는 기법인 르미아주remiage, 영어-리들링 riddling를 고안했고, 이를 위해 병 입구를 아래로 가게 꽂는 거치대인 푸피트르pupitre를 발명했다.

뵈브 클리코를 만들며 그간 실패와 배움을 함께해 온 그녀의 샴페인 농장의 사람들은 샴페인이 성공한 후에도 그녀를 절대로 배신하지 않았다. 많은 사람의 손을 거쳐야 하는 뵈브 클리코의 투명한 샴페인을 만드는 기술임에도 외부로 유출되지 않은 것이다. 그래서 오직 뵈브 클리코만이 찌꺼기가 없는 투명한 샴페인을 당시에 유럽 전역에 공급할 수 있었다고 한다. 그녀는 부르주아이면서도 진정한 여장부였다.

그녀에게 남편의 죽음과 사업 실패라는 인생의 적은 오히려 진정 그녀가 누구이고 무엇을 할 수 있는지 스스로 규정하게 했던 것 같다.

마담 클리코의 해피엔딩은 성별도 사는 시대도 다르지만, 파나소닉Panasonic을 일궈 내어 경영의 신이라 불리는 마쓰시타 고노스케가 한 말이 떠오르게 한다.

나는 실패한 적이 없다.
어떤 어려움을 만났을 때 거기서 멈추면 실패가 되지만
끝까지 밀고 나가
성공하면 실패가 아니기 때문이다.

PART 4

WHAT

크리에이티브 디렉터 &
CEO는 무엇으로 럭셔리를
빛나게 했나?

01

괴짜 크리에이트브 디렉터 & CEO

어떤-WHAT 생각을 가진 이들이
럭셔리 브랜드의 CEO도 되고 크리에이티브 디렉터도 되는 걸까?

여기에 소개된 이들 대부분은 회사원처럼 회사에 매인 몸이다. 물론 추후에 독립을 하거나 창업을 한 예도 있다. 그러나 어쨌든 남 밑에서 일하며 경력을 차곡차곡 쌓아 사회생활을 하며 성장한 이들이다. 그들에게는 각자만의 처세 노하우가 있었다. 그 조직 내에서 자신들만의 뜻을 관철하는 방법도!

그래서 웬만하면 오래도록 회사에 다닌(?) 이들을 모았다. 사회생활 짬밥이란 말이 괜히 있는 게 아니지 않나? 물론 아닌 사람도 더러 있다. 그들은 젊고 미래의 럭셔리를 좌지우지할 인물들이다.

링에 오르기는 쉬워도

거기서 오래 버티는 건 쉽지 않다.

　－ 무라카미 하루키

어떻게 계속 영감을 잃지 않는지, 혹독한 잣대, 잘난 이들이 많은 럭셔리 필드에서 쭈그러들지 않는 방법들도 넣었다. 그냥 되는 것은 아무것도 없다. 이들이 백조의 물장구처럼 물 밑에서 얼마나 많은 생각과 노력을 하는지 또 한 사람의 인간으로서 어떻게 삶을 설계했는지 찬찬히 읽어봐 주길 바란다.

가장 새로운 시도를 제도권 내에서 당돌하게 해냈던 이들이 이곳에 있다. 그러니 문장 사이를 산책하듯이 천천히 그들의 백스테이지를 함께 걸어가 보면 좋겠다.

일이 즐거우면 인생은 낙원이 되고

일이 의무이면 인생은 지옥이 된다.

　－ 막심 고리키

02

칼 라거펠트

샤넬 / 펜디: 남자이지만 제2의 샤넬이었던 사람

칼 라거펠트와 이브 생 로랑은 동시대의 인물이지만, 한 명은 현역으로 다른 한 명은 전설로 유명을 달리했다. 칼은 어떻게 가브리엘 코코 샤넬처럼 생을 다하는 그날까지 패션의 중심에 서 있을 수 있었을까? 그가 샤넬의 크리에이티브 디렉터여서 가능했던 것일까? 그의 삶을 조금만 들여다보면 칼 라거펠트가 그럴 수밖에 없는 이유가 있다.

그는 그 어떤 순간에도 정체되지 않으려고 노력했다.

첫째, 트렌드가 바뀌면 체형도 바꾸었다.

칼의 스타일은 질끈 묶은 백발의 헤어스타일과 블랙 앤 화이트 패션으로 늘 한결같았지만, 그의 체형은 그렇지 않았다. 2000년대 디올 옴므Dior Homme의 에디 슬리먼Hedi Slimane이 전 세계 남자들을 스키니룩에 빠지게 만들기 전까지 그는 고도비만이었다. 칼은 그의 컬렉션을 보고 근 1년간 수십 킬로를 다이어트해서 디올 옴므를 입고 패션계의 다이어트 열풍을 몰고 온 적이 있다.

둘째, 늘 깨어 있기 위해 독서를 즐겼다.

잡지부터 소셜미디어까지 칼 라거펠트의 집을 공개한 사진을 보면 그가 소유한 20만 권의 책 앞에서 포즈를 취하는 이 멋진 할아버지를 만나 볼 수 있다. 덕분에 그는 나중에 서점의 주인이 되기도 했다. 워라밸 따위는 없는 삶을 살지 않았을까 싶지만, 그에게 배움은 그를 계속 젊게 살게 해주는 마법이었는지도 모른다.

셋째, 시대가 원하면 창업자가 경멸하던 것도 행한다.

가브리엘 코코 샤넬은 미니 스타일을 경멸했다고 한다. 하지만 칼 라거펠트는 샤넬에 젊음을 불어넣기 위해서 샤넬의 클래식 수트를 미니로 바꿔 버린다.

심지어 생전에 샤넬이 공개적으로 라이벌이라 했던 엘사 스키아파렐리Elsa Schiaparelli의 초현실주의적 디자인도 칼은 영감으로 삼았다.

그의 이런 노력이 샤넬을 심폐소생 시킨다. 샤넬을 처음 맡았을 때 샤넬은 그의 표현을 빌리자면 잠자는 숲속의 공주처럼 브랜드가 잠들어 있는 상태였다고 한다. 그런 그의 시도가 있었기에 가브리엘 코코 샤넬 사후, 10년 이상 잠들었던 샤넬이 지금 샤넬로 거듭날 수 있었다. 향수와 화장품을 제외한 샤넬의 전체 컬렉션은 샤넬이 사망한 이후 거의 휴업 상태였다.

넷째, 그는 늘 믿을 만한 사람을 옆에 두고 오래도록 함께했다.

그는 매우 자기 주관이 뚜렷하고 고집도 있는 사람이었지만, 자기 사람의 말을 잘 듣는 이였다. 버지니 비아르Virginie Viar가 바로 그랬다. 수십 년간 그와 함께했던 그녀의 조언이 아니었다면 노년의 칼 라거펠트의 디자인은 주춤했을지 모른다.

그녀는 칼의 디자인이 더 젊고 더 시대를 리딩할 수 있도록 그를 보좌했다. 이런 사람이 인생에 한 명이라도 있다면 진정 성공한 사람이지 않을까? 칼은 그녀에 대해 이렇게 말했다. '버지니는 나에게 있어서 가장 중요한 사람일 뿐만 아니라 작업실을 위해서도, 모든 것에 있어서 중요하다. 그녀는 나의 오른팔이자 왼팔이다'.

다섯째, 그는 정체성을 파악하는 데 귀재였다.

칼은 샤넬 외에도 펜디, 끌로에와 오래도록 크리에이티브 디렉터로서의 연을 이어 갔다. 자신의 이름을 딴 브랜드인 칼 라거펠트도 있다. 사람들은 그를 멀티플레이어라고 할지 모르지만, 동시에 여러 브랜드를 운영하는 것은 멀티만으로는 부족하다. 어디든 한 구석은 자신이 묻어 나기 때문이다. 그는 철저하게 자신이 맡은 브랜드의 정체성을 꿰뚫고 이를 고수하는 데 비상한 재주가 있었다. 그가 한 인터뷰를 보면 이 비상함을 짐작할 수 있다.

나는

샤넬의 암호와 언어를 배워서 그 모든 것을 잘 섞었다.

마드모아젤의 기본적인 사고방식에는

영원한 시대성이 있지만,

내가 해야 할 일은

샤넬을 다시 태어나게 하는 것이었다.

그래서 암호를 새롭게 해독하는 과정에서

이리저리 조종하거나 장난도 치고

때로는 지워 버리기도 했다.

– 칼 라거펠트

이브 생 로랑은 자신의 이름을 브랜드로 남겼다. 칼 라거펠트는
럭셔리 패션의 아이콘으로서 천수를 누렸다. 둘은 동시대를 살았
지만 서로 다른 결로 자신들만의 삶을 살았다. 그리고 이 둘의 삶
은 패션계 사람이라면 한 번쯤은 누구나 꿈꾸는 현실이지 않을까
싶다.

03

캐롤 임, 움베르토 레옹
겐조 & 오프닝 세레모니의 새로움 빌더

2010년대의 럭셔리를 논하면서 절대 빠질 수 없는 인물은 겐조의 크리에이티브 디렉터다.

2002년 오픈해 세계 3대 편집매장으로 불렸던 '오프닝 세리머니Opening Ceremony'를 만들어 낸 2명의 대표가 있다.

미국의 한국계 교포 캐롤 임Carol Lim과 미국 교포인 페루계 중국인 움베르토 레온Humberto Leon(이하 임&레옹)이다. 이들이 겐조를 되살린 주역으로, 둘은 어릴 때부터 친했다고 한다. 겐조는 다카다 겐조가 1970년 파리에 세운 럭셔리 패션 브랜드이다. 2011년 LVMH 그룹의 아르노 회장은 계속해서 하락세에 있던 겐조를 살리기 위해 이 둘을 영입하게 된다.

임&레옹은 겐조 로고와 K 이니셜을 대담하게 표현하며 호랑이 얼굴, 큰 눈동자, 표범 무늬 등의 파격적이고 이국적인 디자인을 내놨다. 전 세계 유명인들이 다시 겐조를 찾았고 합리적인 가격의 럭셔리로 알려지게 되었다. 이들이 겐조에서 가장 먼저 한 것은 온라인 쇼핑몰 구축, 소셜미디어로 겐조의 소비자들과 소통하며 이를 마케팅에 적극 활용한 것이다.

임&레옹은 과거 겐조를 안정권에 접어들게 해준 플라워 바이 겐조 향수처럼, 겐조의 새로운 향수 '겐조 월드'를 출시했다. 또한 남성복과 여성복을 동시에 발표하여 소재의 낭비를 줄였고, 2018년 패션쇼에는 86명의 아시아 모델을 캐스팅하기도 하면서 겐조를 이끌었다. 하지만 2019년 여름, 그들은 겐조와 작별을 고하게 된다.

2020년 초에 임&레옹은 오프닝 세레모니의 오프라인 매장을 폐쇄했다. 현재는 온라인 쇼핑 플랫폼인 파페치에서 구매할 수 있으며 다른 브랜드와의 콜라보레이션은 계속해서 하고 있다.

이들은 코로나19 기간이었던 2020년 중국-페루 컨셉인 레스토랑 Chifa를 LA에 열었고 2023년에는 LA에서 13km 떨어진 도시 아카디아에 Monarch라는 홍콩 요리 중심의 레스토랑을 오픈했다. 여기에 대해 레옹은 이렇게 말했다.

나는 패션과 음식을 매우 유사한 방식으로 접근한다.

아이디어는 우리가 브랜드를 구축한다는 것이다.
브랜드와 브랜드 내에서 경험하는 것이 가장 중요하다.
패션이든 음식이든 양초든 꿀이든 스토리와 브랜딩이 강해야
다른 영역으로 진출할 수 있는 다리가 된다.

사실 코로나19를 기점으로 많은 럭셔리 브랜드들이 레스토랑이나 카페를 오픈했다. 그러나 임&레옹은 두 비즈니스가 겹치지 않게 하고 있다. 레스토랑은 철저하게 레옹이 담당한다.

이 둘의 고향은 본래 캘리포니아이며 둘 다 이민자 가정에서 컸고 UC 버클리를 나온 재원이다. 둘은 1975년생인 동갑내기이며 서로 다른 이와 결혼했지만 비슷한 시기에 아이를 낳았다. 레옹은 패트릭Humberto Leon & Patrick Wilson과 임은 매튜Carol Lim&Matthew Killip와 결혼했다. 이 둘은 진정한 친구이자 동업자다.

이들은 20~30대는 오프닝 세레모니와 30~40대는 겐조와 함께하면서 패션계에서 치열하게 살았다. 그러니 아마 40~50대에는 서로 하고픈 음식도 패션도 하며 여전히 동업자로서 또래 아이를 키우는 친구로서 사는 것을 계획했는지도 모른다. 이 둘의 행복한 선택과 삶에 박수를 보낸다.

위로 성장할지 옆으로 성장할지는 혹은 동그랗게 성장할지는 각자의 선택일 뿐이다.

04

겔랑의 CEO
베로니크 쿠르투아, 유리천장 깬 여인

겔랑의 베로니크 쿠르투아^{Veronique Courtois} 전 CEO는 프랑스를 넘어 유럽 뷰티 업계의 유명 인사이다. 그녀는 2023년에 LVMH 그룹 내 인사이동으로 크리스챤 디올 향수^{Parfums Christian Dior}의 CEO로 임명되었다.

아이러니하게도 프랑스 향수 업계에는 유리천장이 존재하는데, 오래전부터 '향수는 남성이 만든다'라는 전통적 관념이 팽배해 왔다.
화장품과 향수의 주요 고객이 여성인 걸 생각해 보면 꽤 의아한 관념이다. 그것도 선진국인 프랑스에서 말이다. 겔랑은 뷰티 브랜드이면서 오래된 향수 브랜드이기도 하다. 그런데 그녀가 겔랑의 CEO가 되면서 바로 그 유리천장을 깨버렸다.

그녀의 이력에 대해 조금 설명하자면 1990년대에 '장 폴 고티에', '이세이 미야케'의 디자이너 브랜드 향수를 런칭했다. 2000년 겔랑Guerlain에 입사하여 마케팅 이사가 되었다. 이후 크리스찬 디올에서 10년을 보내고 2019년 겔랑의 CEO로 돌아왔다가 2023년에는 디올 향수의 CEO가 되었다. 그녀는 자신의 커리어에 대해 이렇게 말했다.

두 명의 멘토가 있다.

한 명은 20대 초반부터 10여 년간 함께 한 샹탈 루스Chantal Roos이다. 1990년대 뷰티 업계의 여성 임원은 그녀를 포함에 단 2명뿐이었다. 샹탈 루스가 없었다면 내가 지금하는 '사랑을 기반으로 한 리더십'은 실천할 수 없었을 것이다.
다른 한 명은 지금도 영감을 주는 LVMH 그룹의 베르나르 아르노 회장이다.

스스로 자신의 자리를 찾거나 만들어야 한다.
남성 중심 직장에 있다면 자신이 여성임을 기억하는 게 중요하다.
이를 통해 자신의 길을 찾고 변화 만들어 낼 수 있다.
그래야 거래가 달라진다.

내겐 미래의 여성 리더를 위한 길을 닦아야 할
막중한 책임감과 도전이 있다고 생각한다.
그래서 나는 실패할 수 없다.
이건 아마도 나의 가장 큰 개인적인 도전일 것이다.

베로니크 쿠르투아의 인터뷰에선 여성 리더들을 위한 길을 만들어 주려는 사명감이 느껴진다. 이번 2023년 LVMH 임원 인사에서 뷰티업계의 여성 임원으로 호명된 이는 그녀 1명이었다. (해외 및 국내 뉴스 검색으로 알 수 있는 결과 내에서) 언론은 그녀가 유리천장을 깼다고 표현했지만, 그녀로서는 유리천장에 작은 구멍을 하나 낸 정도였던 것 같다.

그녀가 겔랑의 CEO이던 시절 한 인터뷰를 보면, 더 많은 여성이 자신들이 쓰는 화장품과 향수의 지도자가 되길 바라는 것 같다. 한결같은 베로니크 쿠르투아, 그녀의 열망이 이루어져 한국에도 그 영향이 미치면 좋겠다.

나는 모든 여성이
여왕벌 같은 태도를 가지고 일하길 원한다.
겔랑 직원 중 80%가, 또 중간 관리자의 76%가 여성이다.

나는 여성을 소중히 생각하고
이들이 잘 성장할 수 있도록 지원하는 브랜드로 만들고 싶다.
– 베로니크 쿠르투아

05

제랄드 젠타
8각형에 매료된 최고의 시계 디자이너

야구선수들의 행운에 징크스처럼 디자이너의 미학적 신념은 그를 성공의 길로 인도하는 경우가 있다. 하지만 디자인 스케치 한 장에 2만 4천 원을 받으면서 자신만의 생각을 지키기란 쉽지 않다.

만약 그게 자신이 전공한 분야가 아니라면 더더욱 그렇다. '이게 맞나? 아닌가...?' 하며 쉴 새 없이 자신에게 질문을 던지기 때문이다. 보통 그러면 자신을 고립시키기도 하고 결과물에 대한 평가가 좋지 못하면 자기 파괴적으로 되거나 세상과 단절하기도 한다. 안타깝게도 디자이너들은 그 결과물의 아름다움에 모든 걸 용서하며 이 중독 같은 작업을 계속한다.

故) 제랄드 젠타Gerald Genta도 그랬다.

20대의 제랄드 젠타는 손목시계를 디자인하기 좋아하는 보석디자인 전공자였다. 15 스위스 프랑(현재 환율로 약 2만 4천원)을 받고 손목시계 디자인을 하면서도 일을 멈출 수 없었다. 제랄드 젠타는 긍정적인 사람이었던지, 시계 디자인 비용이 적었지만 그만큼 많은 의뢰가 들어와서 그래도 돈을 벌 수 있었다고 말했다.

시계 디자이너로 자리를 잡아가며 그는 8각형에 매료되었다. 그의 아내는 '만약 제랄드가 나를 성형외과 의사에게 보냈다면 나는 아마도 팔각형 얼굴을 갖게 되었을 거예요. 그 사람은 그 모양을 너무 좋아했어요!'라고 할 정도였다.

그래서 그는 8각형 모양의 손목시계를 디자인하고 만다. 사실 대부분의 손목시계의 패널은 동그라미나 네모 모양이다. 어쩌면 제랄드가 보석 디자인을 배웠기 때문에 에메랄드 컷과 같은 8각형의 아름다움을 손목시계로 가져왔는지도 모른다. 문제는 그가 디자인한 8각형 모양의 럭셔리 손목시계는 인기도 없었고 비평가들의 비난까지 받았다는 것이다.

사건은 이러했다. 제랄드는 1960년대 말 어느 오후에 한 럭셔리 시계 브랜드의 전무이사에게 황당한 디자인 의뢰를 받는다.

'이전까지 한 번도 본 적이 없는 (만들어 본 적 없는) 스틸로 된 스포츠 시계를 디자인해 주세요. 완전히 새롭고 방수 기능도 있는 시계면 좋겠어요. 내일 아침까지 부탁합니다.'

이 당황스러운 제의를 제랄드는 흔쾌히 수락한다. 그리고 당시의 잠수부 헬멧Scaphander's Helmet을 시계 디자인에 입히면 어떨까? 하는 아이디어 방향까지 잡는다. 제랄드는 하룻밤 만에 잠수복 헬

멧에 영감을 받아 외부로 드러난 8개의 나사가 올라간 8각형 모양의 손목시계 디자인을 완성했다. 럭셔리 시계 브랜드는 OK를 보냈다.

하지만 실제 디자인의 프로토타입이 나오는 데는 1년, 양산을 위해서는 또 다른 1년이 걸렸다. 그만큼 새로운 시도가 필요한 시계였다. 다행히도 제랄드가 시계 디자인 이전에 보석 세공을 배웠기에 정교한 기술로 새로운 방수 시계를 구현할 수 있었다고 한다.

왜 비난을 받았을까? 방수와 잠수복의 모티브도 기능도 나무랄 곳이 없었는데 말이다.

1972년 바젤 박람회에서 처음 출시된 이 8각형 모양의 스틸 손목시계는 당시 롤렉스 서브마리너Rolex Submariner의 10배 정도의 가격이었다. 그 가격으로는 진짜 금시계를 몇 개나 살 수 있을 정도였는데 그의 시계는 스테인레스 스틸이었다. 크기도 당시 다른 손목시계보다 무척 큰 크기였다.

제랄드의 아내는, 이외에도 사람들은 시계의 나사가 겉으로 드러나 있다는 것에 충격을 받았다고 했다. 그녀는 시계가 출시되고 2년간은 힘든 시간이었다고 전했다. (비난은) 한 시계 안에 너무 새로운 기술, 외관, 디자인을 한꺼번에 넣었고 가격이 너무 비쌌기 때문이었다고 회고했다. 하지만 오히려 그 디자인이 너무 강해서 결국에는 모든 문제를 극복했다고 말했다. 시간이 약이었을까? 얼마 후 8각형의 방수 손목시계는 선풍적인 인기를 끌게 된다.

제랄드 젠타가 디자인한 이 시계는 바로 오데마 피게Audemars

Piguet 브랜드를 대표하는 손목시계인 로열 오크Royal Oak이다. 아마 디자인을 의뢰한 오데마 피게도 로열 오크가 당시로서는 너무 새롭지 않나 했을 것이다. 단 하루 만에 의사결정을 하기도 쉽지 않았을 것이다. 그러나 1967년에 롤렉스Rolex는 수심 610m까지 방수가 가능한 '오이스터 퍼페츄얼 씨 드웰러Oyster Perpetual Sea-Dweller'를 출시했다. 이때는 일본의 값싼 쿼츠Quarts 방식의 전지 시계가 인기를 끌고 있었다. 그러니 오데마 피게는 럭셔리 시계 브랜드로서 혁신적인 새로움을 위해 도전해야만 했을 것이다.

제랄드는 비난에도 불구하고 이후에도 계속 자신의 8각형 손목시계 디자인을 밀고 나갔다.

그의 아내는 제랄드가 항상 8각형이 (디자인적으로) 손목시계 다이얼의 완벽한 모양이라 생각했다고 말했다. 8각형이 원형보다 시간 인덱스를 최적의 방식으로 표시할 수 있다고 보았고, 후에 '8'이 일부 아시아 국가에서 행운의 숫자로 여겨진다는 것을 알고 더 확신했다고 한다. 제랄드는 대부분 8각형으로 손목시계 작업을 했지만, 그의 8각형 중 어느 것도 비슷해 보이지 않도록 노력했다고 한다. 그는 자신을 믿었다.

제랄드 젠타와 오데마 피게는 이후에도 혁신과 도전을 멈추지 않았다. 로열 오크에 쿼츠 방식을 도입했고 그 선택은 성공적이었다. 최초만으로는 최고를 지속할 수 없다는 것을 그들은 알았던 것이다.

언론에 따르면 LVMH 그룹이 2011년에 인수한 故) 제랄드 젠타의 동명의 브랜드를 12년 만에 드디어 부활시킨다고 한다. LVMH 그룹이 왜?

사실 제랄드 젠타는 정말 대단한 인물이다.

그가 오데마 피게의 로얄 오크 디자인을 맡은 1960년대 말은 자신의 이름을 딴 시계 브랜드를 만들던 때였다. 그 전후로 오메가의 컨스틸레이션, 파텍 필립의 노틸러스, 불가리의 불가리-불가리, 까르띠에의 파샤 등을 디자인했다. 또한 제랄드 젠타는 고급 시계에 미키 마우스 같은 만화 캐릭터를 적용한 최초의 인물이기도 했다.

LVMH 그룹은 럭셔리 시계 디자이너가 아닌 제랄드 젠타, 그의 정체성 자체를 럭셔리 브랜드로 본 것이 아닌가 싶다. 그는 늘 자신의 디자인 신념을 지키는 인물이었고 그 신념이 지금도 빛을 발하는 것이다.

(디자인은)
고전적인 동시에 새로워야 한다.
　－ 제랄드 젠타

20대의 그는 15 스위스 프랑을 벌기 위해 셀 수 없이 많은 손목시계 디자인을 했다. 그렇게 그는 10만 점의 시계 스케치를 남겼고 그중 100점은 소더비 경매에 나오기도 했다.

상업적 디자인을 하는 모든 디자이너는 '새로운 시도'를 할 때면 수많은 지적을 받게 된다. 그중에는 맞는 것도 있고 틀린 것도 있다. 어쨌든 지적을 받는다는 것은 거절당하는 것만큼 아프다. 그럴 때면 수용할 것과 이겨 낼 것을 가려내고, 쓰라리고 아파도 계속 나아가야 한다. 어차피 모든 새로운 것들은 그저 새롭다는 그 이유 하나로 꼬투리가 잡힌다. 아무 흠이 없어도 말이다.

야구선수들이 1루, 2루, 3루를 밟고 지날 때면 늘 작은 흙먼지가 인다. 처음이기에 받는 지적은 그런 흙먼지인 경우가 많다. 그래서 좋고 나쁨과는 아무 상관이 없다.

못 들은 척하고 밀고 나가라.

그래야 시작은 2만 4천원이었을지라도, 정점에 가서는 값을 매길 수 없는 자신만의 가치를 획득할 수 있다. 지적하는 손가락에 가스라이팅 당하지 마라.

타인에게 손가락질할 때
나머지 세 손가락은 자신에게 향한다.

그중 엄지손가락은 하늘을 가리키며
신의 심판을 청구한다.

— 아타라시 마사미

06

에디 슬리먼 & 피비 파일로
패션계의 좌청룡 우백호

요즘은 20대 초반에 대학을 갓 졸업한 풋풋한 이들도 럭셔리 브랜드의 디자이너이자 수장이 되곤 한다. 그리고 1년을 채 채우지 못하고 브랜드를 떠나는 경우도 많다. 그래서 요즘 가장 핫한 디자이너를 책에서 언급한다는 건 참 부담이 되는 일이다. '그'나 '그녀'가 언제 업계에서 잊힐지 모르니 말이다. 하지만 그럼에도 장기간 브랜드를 이끌고 팬층까지 만들어 애칭까지 얻는 경우가 있다.

친근한 애칭이나 별명은 그만큼 사랑받는다는 것을 의미한다. 그런데 그 대상이 특정 인물이 아니라 디자이너의 추종자를 부르는 애칭이라면 그 의미가 더 크다. 마치 아이돌의 팬클럽 이름과 같기 때문이다. 그 디자이너는 얼마나 많은 이들에게 무조건적인 사랑을 받는 걸까?

2000년대 이후 현재까지 애칭으로 불릴 정도로 사랑받는 디자이너를 꼽으라면 머릿속에 떠오르는 건 단 2명뿐이다. 바로 '에디 슬리먼'과 '피비 파일로'다. 둘 모두 각자 에디 보이Hedi Boy, 파일로 파일Philo Phile이라는 추종자들의 애칭이 있다. 에디의 소년, 파일로를 사랑하는 사람들이라는 뜻이다.

패션계는 부침도 많고 트렌드가 급변하는 곳이라서 팬클럽 같은 애정과 규모의 팬층을 확보하기란 어렵다. 그런데도 이걸 해낸 이 둘은 현대 패션계의 좌청룡 우백호라고 칭하고 싶다.

에디 보이의 에디 슬리먼Hedi Slimane은 2000년대 스키니룩 돌풍을 만든 장본인이다.

그가 디올 옴므Dior Homme에서 선보인 스키니룩과 스키니진은 당시 샤넬의 수장이었던 칼 라거펠트를 다이어트하게 만들었다. 그리고 그때부터 마른 남자들의 대향연이 시작됐다고 해도 과언이 아니다. 90년대 모델인 케이티 모스가 몰고 왔던 스키니의 남성판일 정도였다. 그전까지 디올에는 남성복 라인이 없었고, 스키니룩은 주류 트렌드가 아니었다.

이후 그는 새로운 행보를 이어 갔는데 맡게 되는 브랜드의 이름을 바꾸면 성공한다는 '설'을 만들 정도였다. 그는 이브 생 로랑을 '생 로랑'으로 셀린의 CÉLINE 스펠링에서 É를 E로 바꿔서 좀 더 글로벌한 표현이 가능하게 했다.

사실 브랜드 네임을 바꾼다는 건 돈도 많이 들고 위험부담도 커서 아무렇게나 입맛대로 할 수는 없다. 더욱이 럭셔리 브랜드처럼 오랜 역사가 있는 경우는 더하다. 브랜드 네임이나 로고가 바뀌면 그 제품 출시 하나로 단 몇 개월 전에 출시한 제품도 구형으로 간주된다. 또한, 전에 브랜드 네임으로 보던 브랜드 후광의 덕을 보는 게 약해질 수도 있기 때문이다.

그에 대해서 자기 스타일의 복제가 많다고 하는 사람들도 있지만, 잘하는 걸 계속하는 것이기도 하다. 하지만 그만큼 격정적으로 브랜드를 쇄신하는 디자이너를 찾기란 어렵다. 그가 브랜드 자체를 그의 색으로 지나치게 물들여 버린다는 설도 있다. 하지만 그것 또한 그의 역량이고 그렇기에 계속해서 사랑받는 것이기도 하다.
에디 보이들은 계속해서 그를 추종하고 보이가 아닌 걸Girl도 그의 스타일과 제품을 사랑해 마지않는다. 스타일이 정해졌다면 밀고 가는 것이 옳다.

파일로 파일의 피비 파일로Phoebe Philo는 에디 슬리먼 이전까지 셀린을 도맡아서 키워 낸 디자이너였다. 그녀 이전의 셀린과 피비 파일로의 셀린, 그리고 에디 슬리먼의 셀린은 전혀 다른 얼굴을 하고 있다. 그녀는 프랑스 특유의 세련미와 자연스러운 여성미를 잘 표현하던 디자이너였다. 롱&린 실루엣부터 작은 귀걸이 하나까지 모든 것이 완판 아이템이었다.

그가 셀린을 떠나고 사람들은 올드셀린#oldceline이라는 해시태그와 계정을 만들면서까지 그녀를 그리워했다. 또 그녀 밑에서 일했던 디자이너들은 '파일로 키즈'라고까지 불렸다. 왜냐면 그녀가 셀린을 떠나고 올드 셀린룩을 그리워하는 이들을 위해 그녀 밑에서 일했던 디자이너들을 럭셔리 브랜드들이 대거 영입했기 때문이다. 이들은 그녀처럼 그렇게 세련된 여성미를 선보이고 있다.

그녀가 곧 자신의 브랜드를 런칭한다는 소식이 2023년 봄 패션계를 술렁이게 했다. 어떻게 셀린의 전성기를 이끌었던 그녀가 자신의 이름을 걸고 브랜드를 전개할지 졸리던 눈도 초롱초롱하게 만든다.

인생사 뭔가를 장담한다는 건 풋내기 같은 생각이다.

하지만 이 둘에 대해서만은 기세등등하게 호언장담豪言壯談을 하고 싶다. 앞으로 5년 후에도 그들의 팬들에게 무조건적인 사랑을 받고 있을 것이라고!

07

발렌티노 CEO
야코포 벤투리니, 인재도 고객도 성장도
다 잡은 사나이

'구찌가 구찌(cool)하던 시절의 MD는 누구였을까?' 이 사람에 대해서 당시 구찌의 CEO였던 마르코 비자리Marco Bizzarri는 이렇게 말했다.

그는 비즈니스에 필요한 것needs과 제품 감성을 연결하는 사람이다.
고객과 시장을 이해하고,
이를 전혀 다른 감성의 크리에이티브 디렉터에게도 전달할 수 있다.
(그러면) 어떤 문제도 함께 해결하여 컬렉션을 만들 수 있다.

그는 2020년부터 발렌티노Valentino의 CEO를 역임한 야코포 벤투리니Jacopo Venturini이다. 비자리의 평처럼 야코포는 발렌티노의 매출을 계속해서 끌어올리고 있다.

2022년 연말을 기준으로 발렌티노의 잠정 매출은 14억 1,900

만 유로(약 2조 809억 6,400만 원)이다. 2021년 대비 10% 성장했다. 매출 비중을 보면 의류(프레타 포르테)가 32%, 액세서리가 66%를 차지했다.

야코포가 부임한 이후에는 한 자릿수 성장에 그쳤던 발렌티노 메종(브랜드의 단독 매장)의 매출이 두 자릿수로 증가했다. 로레알 L'Oreal을 통해서 라이센스로 전개하는 발렌티노 뷰티는 2021년 대비 40% 성장했을 정도이다.

그 외에도 유기적 성장을 위해서 퍼 프리Fur Free도 선언했다. 기존에 있던 합리적인 가격대의 레드 발렌티노RED Valentino를 종료하고, 발렌티노 컬렉션에만 집중하는 것으로 선회했다.

가장 주목할 만한 점은 그가 발렌티노를 맡고 난 이후 고객 비중에서 젊은 세대(10~30대)가 증가했다는 사실이다. 2021년 발렌티노의 전체 고객 중 65%가 이들 젊은 층이었다. 야코포는 일련의 행보에 대해 다음과 같이 말했다.

(발렌티노의 시그니처 디테일) 락스터드 신발은 지난 10년간 (발렌티노의) 슈퍼 아이코닉 제품이 됐다. 신규 고객의 70%가 락스터드 신발로 브랜드를 접하고 있다.

리테일 비중 확대는 회사의 원동력을 전환하고, 인적 요소와 창의성에 중심을 둔다는 것을 의미한다. 레드 발렌티노를 중단한 것은 9,000만 유로의 매출을 포기하는 것이다. 그러나 그것은 필요한 결정이었다.

나는 (브랜드 전략은) 고객 중심, 동료 중심의 비전에 뿌리를 둔 잘 정의된 혁신 전략이 주는 낙수효과를 선택했다.

인적 자본이 발렌티노의 모든 활동의 중심이 되는 세상, 나의 책임은 지속가능성과 윤리적 가치에 기반한 기업 문화를 바탕에 두는 것이다. 여기에 더해서 더 세심하고 세심하게 비즈니스 모델을 만드는 것이다.

그가 말하는 모든 것을 요즘 많은 럭셔리 브랜드들이 하려고 노력하는 바이다. 그런데 어떻게 그는 유독 가능했던 걸까? 그는 자신의 성향에 대해 이런 말을 남겼다.

나는 말하기 전에 일을 하고,
눈에 띄지 않게 행동한다.
그게 내 성격이다.

실제로 발렌티노의 홈페이지에는 '우리의 사람'이라는 섹션이 있다. 이런 문구로 서문을 여는데 그가 말하고 일하는 모양새가 말로만 그치지 않는 것이 느껴졌다.

메종 발렌티노는 개인들의 기여와 행동이 모여서
공동체의 성공을 이루는
동료 중심적 방식의 힘을 믿습니다.

회사는 혼자서 굴러가지 않는다. 인재를 동료로 삼기 위해서는 돈도 중요하지만, 대우도 중요하다. 차곡차곡 쌓여 가는 발렌티노의 매출과 성장은 내실을 다지면서도 외적으로도 풍성하다. 곁가지를 잘라 내는 아픔도 있지만 선택과 집중을 위해서 과감하게 칼을 빼 들기도 했다.

리더에 따라 조직은 달라지고 변화가 시작된다. 윗물이 변하면 아랫물은 그 흐름에 따라 흘러가게 된다. 내실을 다지며 비전을 구현하고 싶다면, 어쩌면 당연한 명제를 '정말로 하고 있는지' 되짚어 봐야 할 것이다.

08

떠오르는 젊은 세대
럭셔리 세계관의 강자들

'기가 막힌 세계관인데?' 2010년쯤 유럽 출장 중에 집어 든 옷의 상표를 보고 내뱉었던 찬사였다. (여기서 세계관이란 창작자의 안목, 즉 세상을 바라보며 관점이나 취향으로 분별하여 창작할 만한 가치가 있다고 판단하고 정제하는 능력을 말한다.)

상표명은 '칼, 마크, 존'이었다. 기가 막힌다고 한 것은 그 상표명은 패션업계 사람이라면 20세부터 21세기를 관통하는 최고의 럭셔리 브랜드 디자이너들의 이름을 따서 한곳에 모은 브랜드 네임이었기 때문이다.

바로 1990년부터 2000년대 초반 당시 가장 추앙받던 샤넬의 칼 라거펠트Karl Lagerfeld, 루이비통의 마크 제이콥스Marc Jacobs, 크리스찬 디올의 존 갈리아노John Galliano이다.

요즘은 강산이 3년에 한 번씩 변한다는데 그렇다면 젊은 세대의 '칼, 마크, 존'과 같은 세계관이 빛나는 디자이너를 꼽자면 누가 있을까?

　건강즙처럼 지금의 젊은 세대가 매혹된 세계관 중 그 엑기스만 뽑아 응축한 듯한 4인 4색의 디자이너들이 있다. 마린, 조나단, 시몽 그리고 가브리엘을 눈여겨 봐두자.

마린 세르_지구를 위해 힙hip하게!

프랑스의 전통적인 오트 쿠튀르 느낌과 스포츠 웨어의 감성에 미래 지향성과 지속가능성까지 더한 디자이너가 있다면 믿겠는가? 거기다 이 스타일에 세계가 열광하고 있다면?

그런 이가 바로 91년생 마린 세르의 Marine Serre이다.

그녀는 2017년 LVMH Prize에서 1등을 하면서 미래적 디자인으로 유명해졌다. 마린 세르는 블랙핑크의 제니부터 팝스타 비욘세까지 입는 반달 모티브가 눈에 띄는 브랜드이다.

발렌시아가에서도 일했던 마린 세르는 친밀한 관계인 여동생과 남자친구와 함께 브랜드를 시작했다. 데뷔 컬렉션부터 마스크를 늘 선보인 거로 잘 알려져 있다. 자전거를 타며 도심 공기가 얼마나 오염됐는지를 느꼈던 경험을 토대로 고객들이 자전거를 탈 때면 마스크를 쓰면 좋겠다는 생각에서였다.

마린 세르는 지구환경을 생각하며 지금은 전체 컬렉션의 업사이클링 소재 사용 비율이 50%나 되며 그린, 화이트, 골드, 레드의 4가지 라인으로 컬렉션을 전개한다. 다소 튀는 미래적 디자인과 미래를 생각하는 마음은 다른 듯 보여도 '미래'라는 일관성 있는 세계관이다.

라인을 구성한 건 단순히 홍보 차원이 아니다.

'그린 라인-업사이클링'은 선택받지 못한 재고를 구매해서
바느질을 모두 뜯어내 새롭게 꿰매는 것이다.

'화이트 라인-시그니처'는 초승달 프린트 디자인부터
유기농 면과 울 티셔츠까지,

'골드 라인-도전 정신'은
새로운 제작 방식을 끊임없이 탐구해야 하는 디자인들이다.

'레드 라인-쿠튀르'는 대게 쿠튀르 드레스 하면
아주 고급스러운 소재를 떠올리는 데에 반해
주위에서 흔히 볼 수 있는 소재로 쿠튀르 디자인과 실루엣을 만들어
냈다.

– 마린 세르

조나단 앤더슨_세계관 만들기

영국 북아일랜드 출신의 조나단 앤더슨은 청출어람이다.

대학 졸업 후 자신의 브랜드인 닻 모양의 로고가 인상적인 JW Anderson을 런칭해서 성공시켰다. 그리고 해외 패션 공모전 중에 가히 최고봉이라고 불리는 LVMH Prize의 심사까지 참여한다. 더불어 스페인을 대표하는 럭셔리 브랜드인 로에베Loewe의 크리에이티브 디렉터까지 역임하고 있다. 그리고 최고의 디자이너만 할 수 있다는 유니클로와의 콜라보레이션도 진행했다.

84년생인 조나단 앤더슨의 JW Anderson은 2022년, #runhany라는 태그를 달고 '달려라 하니' 이미지의 가방 3점을 인스타그램에 선보였다. JW 앤더슨은 유니클로, 몽클레르 등과 콜라보레이션을 하며 그 자신은 럭셔리 브랜드 로에베의 크리에이티브 디렉터이다. 그런데 왜 하니였을까?

앤더슨은 캐릭터와 맥락 덕후일지도 모른다. 그는 유니클로 때는 동화 캐릭터 '피터 래빗', 몽클레르 때는 루니툰 만화의 고양이 '실베스터', 로에베에선 지브리의 '이웃집 토토로'가 큼지막하게 프린트된 제품을 선보였다.

JW 앤더슨의 첫 해외매장이 열린 곳은 한국이다. 달려라 하니는 한국의 첫 시리즈형 국산 애니메이션이었다. 세계관의 맥락이란 이런 게 아닐까?

한국은 내게 아주 특별하다.

서울의 풍물시장과 갤러리에서 '달항아리'를 보고 받은 큰 충격은

아직도 생생하다.

또 윤형근 작가의 단색화는 세상을 보는 눈을 바꿔 놓았다.

영국 디자이너들은 빠른 시장 변화 대응력과

키치한(하위문화를 잘 이해하는) 특성을 갖고 있는데

바로 이 점이 빅 브랜드-럭셔리들이 원하는 방향성과 일치하는 것

같다.

— 조나단 앤더슨

시몽 포르테 자크뮈스_패션계의 비주얼 충격자!

소셜미디어를 한다면 그를 몰라도 아마 코딱지만 한 작은 가방과 라벤더 밭에서 하는 패션쇼 이미지를 본 적이 있을 것이다. 그는 그렇게 한번 보면 잊히지 않는 비주얼로 눈동자를 마비시키는 자크뮈스가 되었다. 요즘 인기인 '나다움'이란 세계관의 최강자는 그가 아닐까?

90년생 시몽 포르테 자크뮈스의 Jacquemus의 데뷔는 한국 일일드라마의 주인공과 같았다. 고졸에 프랑스 농촌 출신인 그는 부푼 꿈을 안고 파리에 상경해 패션 스쿨에 진학하지만 1달 만에 어머니가 사고로 돌아가신다. 삶에 대한 관점이 바뀐 그는 19살에 자신의 브랜드를 시작한다. 그는 파리지앵이나 여배우를 브랜드 뮤즈로 삼지 않았다. 그의 뮤즈는 시금치와 당근을 키우던 바로 자신의 농부 어머니였다.

자크뮈스는 패션 스쿨에 다니지 못했지만, 그의 브랜드 컬렉션을 본 꼼데가르송을 만든 레이 카와쿠보Rei Kawakubo와 남편인 아드리안 조페Adrian Joffe가 조력자가 되어 주었다. 자크뮈스는 꼼데가르송 파리 매장에서 판매 일을 하며 패션 브랜드를 운영하기 위한 거의 모든 것을 배웠다고 한다.

그렇게 그는 22살에 파리 패션위크 공식 쇼에 데뷔한 최연소 디자이너가 되었다. 역경은 그것을 어떻게 견디느냐에 따라 저마다 다른 얼굴로 꽃을 피운다. 또, 배움은 어디에나 있었고 럭셔리 브랜드의 뮤즈는 꼭 유명인일 필요가 없다.

많은 사람들이 그런다,
당신은 농부 집안 출신이니까 패션이나 뷰티는 이해하지 못할 거라고.

농부들은
아름다움에 집착하는 가장 시적인 사람들이다.

– 시몽 포르테 자크뮈스

가브리엘라 허스트_지속가능성에 대한 열망

패션모델로 패션계에 발을 들인 그녀는 우루과이의 목장주 딸이면서 미국의 거대 미디어 그룹인 '허스트' 그룹의 안주인이다. 현재는 자신의 브랜드인 가브리엘라 허스트와 프랑스의 럭셔리 브랜드인 끌로에의 컬렉션을 이끈 수장이다.

이렇게 말하면 그녀가 탄탄대로를 달린 것 같지만 남아메리카에 자리한 우루과이는 정말 럭셔리 패션 브랜드와는 먼 나라이다. 그녀는 에스파냐어(스페인어)를 쓰는 우루과이에서 대학을 나왔다.

76년생인 가브리엘라 허스트의Gabriela Hearst의 디자이너 행보는 2015년에 시작되었다. 2017년 '인터내셔널 울마크 프라이즈 International Woolmark Prize'에서 상을 받으며 더 유명해졌다.

가브리엘라 허스트는 아름다운 의류 컬렉션뿐만 아니라 유려한 아름다운 핸드백으로도 널리 사랑받고 있다. 애플의 크리에이티브 디렉터인 조나단 아이브가 그녀의 핸드백을 아내에게 선물하고 싶다고 한 일화는 유명하다. 그녀는 가방을 건넸고 그는 아이패드를 선물했다. 그러나 그녀의 브랜드에 열광하는 또 다른 이유는 그녀가 늘 지속가능성에 대해서 몰두하고 있기 때문이다. 지속가능성에 대한 소신을 일에 적극 반영하는 모습이 멋지다.

패키지는 분해할 수 있는 소재를 사용하고,
의류를 출고할 때나 매장에 옷을 걸 때도 플라스틱 옷걸이,
비닐을 사용하지 않는다.

(탄소 배출량 때문에라도) 항공 대신 배 운송 비율을 높이려고 한다.
면보다 수분을 더 잘 흡수하는 리넨이야말로 내게 완벽한 소재다.

알로에를 사용해 리넨을 부드럽게 만드는
밀라노 회사의 원단을 발견하고서 많은 문제가 해결됐다.

그 후 CEO를 설득했고,
데님처럼 보이는 원단도 리넨과 울 혼방 소재를 사용했다.
생산 과정에서 이산화탄소가 발생하는 비스코스 또한
실크와 울 혼방 소재로 대체했다.

지속가능성은 아직도 매일 아침 일어나서 고민하는 부분이다.

– 가브리엘라 허스트

09

생 로랑 CEO

프란체스카 벨레티니, '하면 된다' 도전의 여인

럭셔리 업계에는 대단한 CEO들이 많다. 그 많은 사람 중에서 프란체스카 벨레티니Francesca Bellettini를 고른 것은 그녀만큼 용기 있는 동시에 성공까지 한 사람이 드물기 때문이다. 그 내막은 이렇다.

만약 40대 중반에 말 한마디도 할 줄 모르는 곳에 가서 바로 그 나라의 언어로 말하며 리더로 일해야 한다면, 할 수 있는 사람이 몇이나 될까? 그녀는 그렇게 했다.

1970년에 이탈리아에서 태어난 그녀는 2013년 지금의 생 로랑 CEO가 되었다. 불어를 단 한마디도 할 줄 모르면서 말이다. 생 로랑은 프랑스 브랜드이고 케링 그룹의 브랜드이다. CEO로 연설을 해야 하는데 불어를 못 하니 영어로 연설문을 쓰고 팀원들이 번역하여 불어로 녹음해서 줬다고 한다. 그럼, 그녀는 그 불어 발음을 받아 적고선 달달달 외워서 연설했다고 한다. 정말 대단한 용기지 않나?

그녀가 이럴 수 있었던 것은 그녀의 아버지도 한몫한 것 같다.

1999년 벨레티니는 고민에 빠진다. 뉴욕과 런던에 오가며 M&A(인수합병) 전문가로 이름을 날리던 때인데 갑자기 프라다에서 제안이 온 것이다. 이 제안을 왜 고민했을까 싶지만, 프라다가 제시한 월급이 당시 그녀가 받던 것의 딱 절반 수준이었다. 그럼에도 고민했던 건 그녀가 해보고 싶었기 때문이었다.

벨레티니는 회계사인 자신의 아버지에 전화를 걸어서 어떻게 할지 상의한다. 그때 그녀의 아버지는 이렇게 말했다고 한다.

너 겨우 스물아홉이야.
돈보다 네 마음이 원하는 걸 택하렴.

그렇게 그녀는 프라다에 입사하고 이후 2003년 구찌, 생로랑 등을 소유한 프랑스의 케링 그룹에 스카우트되어 경영·전략 전문가로 성공 가도를 달리다 2013년 생로랑 CEO가 된다.

불어 한마디 못 했던 그녀지만, 그녀는 2013년 당시 '한물간' 럭셔리 브랜드 취급을 받았던 생 로랑을 10년 사이 10배 가까이 성장시킨다. 뉴욕 타임즈는 그녀를 '패션계의 가장 파워풀한 여성'이라 했고, 영국 파이낸셜타임스는 '생로랑의 별'이라고 벨레티니를 평했다. 2021년 기준으로 그녀는 다른 럭셔리 브랜드의 업계 성장률보다 2배나 더 높게 성장하는 생 로랑을 만들어 낸다.

벨레티니는 생 로랑의 가능성을 믿었고 직원들이 생각하는 가능 목표 매출을 단기로 설정해서 계속해서 기간보다 더 빨리 목표 액을 달성해 갔다. 그렇게 '생로랑은 된다'는 분위기를 이끌었다고 한다. 이후 작은 성공의 반복을 토대로 중장기 성장 목표를 세워 생 로랑을 실제로 그렇게 만들었다.

그녀는 자신을 비하하며 한계를 지어 버리는 것을 쾌활한 방법으로 그 한계는 뜬구름이라며 훅 불어내 버리는 사람이다.

벨레티니는 코로나19 때던 2020년에 '이 위기 이후 누가 더 강해지나 보자'라며 내부를 공고히 했다. 또 팬데믹 기간에도 해고 없이 고용과 임금을 유지하고 직원들을 보호하는 게 자신의 임무라고 생각했다. 방역 지침에 따라 강제로 닫을 수밖에 없었던 몇몇 국가의 매장 직원들은 고객 센터로 재배치했다고 거기서도 판매는 이루어졌다.

벨레티니는 정신적 민첩성mental agility과 유연성이 생로랑의 정신이자 강점이라고 했다.

생로랑에서 첫날부터 정말 인상적이었던 건,
도전을 두려워하지 않는다는 것이었다.

변화에 적응하고,
수용하면서 새로운 자극을 원동력으로 삼는다.

'시도해 볼까?'가 인사였고,
무엇이든 '그래, 해보자!' 하고 뛰어들었다.

그녀는 생 로랑 내에서 최대한 자율성을 보장하고 권한 위임을 하는 것으로 유명하다. 그 덕분에 크리에이티브 디렉터였던 에디 슬리먼은 이브 생 로랑이었던 브랜드 네임을 생 로랑으로 바꾸는 등 정말 자유롭게 새로이 할 수 있었고 이는 매출로 증명되었다. 여기에 대해 벨레티니는 이렇게 화답한다고 한다.

나보다 더 나은 사람을 채용하면 된다!
신뢰는 능력에서 나온다.
뛰어난 이들을 일하게 하고 지휘하면서 나도 성장해 나가는 거다.

말 한마디 못 하는 것? 그 언어가 가장 어렵다는 언어 중 하나인 불어인 것? 40대 중반인 것? 한물간 브랜드의 수장이 된 것? 받던 월급의 절반밖에 받지 못하는 것?

이런 맥 빠지는 질문마저도, 열정을 가지고 함께 해나간다면 아무런 문제도 되지 않는다는 것을 그녀는 보여 줬다. 하기 어려울 것 같아서 '안 된다'는 생각이 들 때면 그녀가 했던 생 로랑의 정신을 빌려서 '하면 된다'는 생각으로 해보자!

보통 성공 신화 드라마는 여기서 끝나지만, 벨레티니의 드라마는 계속되었다. 그녀는 케링 그룹의 부사장으로 승진했다. 1개 브랜드가 아닌 그룹 전체의 부사장으로! '하면 된다'의 효과는 생각 이상으로 강하다!

PART
5

오너들은 어떻게
지금의 럭셔리를
만들었나?

01

럭셔리의 최종 의사결정권자들이 왕관의 무게를 견디는 방법

도대체 HOW, 어떻게!

럭셔리 브랜드들은 백 년이 넘는 시간 동안 늙지도 않고 잊혀지지도 않은 채 젊은이들이 열광하게 만드는 걸까?

럭셔리 브랜드들이 쉴 새 없이 크리에이티브 디렉터를 기용하거나, 럭셔리 브랜드들을 기업인수합병M&A 해서 규모의 경제를 키운 오너들의 공이 크다고 본다. 시대상에 맞게 조직을 개편하고 경영 방침을 세워 이끈 능력 또한 럭셔리 브랜드들이 계속해서 젊음을 영위토록 해주었다.

또는 거대 럭셔리 기업 하에 들어가지 않고 수대를 이어 패밀리 비즈니스로 럭셔리 브랜드를 이끌어 온 2세 혹은 3, 4세대 경영자들의 몫도 크다.

혹은 시대가 변하고 기술이 발달하면서 새롭게 떠오른 럭셔리 스타트업인 경우도 있다.

럭셔리 브랜드의 오너들은 럭셔리의 '지금'을 써낸 인물들이다.
그들 중에는 대학에서 전혀 다른 전공을 하거나 사회에서 접점이 없어 보이는 일을 하다가 럭셔리 브랜드를 성공시킨 경우도 많다.

가장 현실적이면서 먼 나라 일 같은 오너들의 이야기에 어쩌면 가장 새로운 인사이트를 만날 수 있지 않을까 싶다.

이곳에 이름이 실린 이들은 변화의 소용돌이에서도 출구를 찾아 살아남은 이들이기 때문이다. 최종 의사결정권자라는 왕관의 무게는 무겁다.
한때 전 세계 사람들을 판타지 중세 드라마에 푹 빠지게 했던 '왕좌의 게임'이라는 미국 드라마가 있었다. 당연히 주인공이라고 생각했던 이들이 무참히 살해당하고 사고로 죽고 신체 일부를 잃는 모습에 매 시즌 시청자들이 혼잣말을 하게 만들었다.

'도대체 누가 주인공이야?'

충격적이었다. 중상모략과 모험이 난무하지만 인간애도 있었다. 오래가는 사랑도 찰나의 변덕도 있었다. 배신과 증오도 결국 대의로 인해 혹은 약자를 위해 복수, 용서, 번민, 참회가 모두 한 회에 담기기도 했다.
실제 중세는 그토록 잔인하고 가차 없고 왕자도 서자도 그 어느 누구도 역사의 마지막까지 주인공일 수 없었을 것이다.

사업을 하는 '사장'들의 삶도 그렇다. 잘 나가다가도 고꾸라지기도 하고 어찌저찌 해결하고 극복하고 성장할 수 있게 되기도 한다. 그러다 또 휘청하고... 그저 스스로 결단코 죽지 않는 드라마의 주인공이라 생각하고 될 것이라 자기 최면을 걸며 나아갈 것이다.

진부하지만, 각본 없는 드라마를 쓴, 쓰고 있는 이들 중에서 가장 대중에게 덜 알려진 이들이 럭셔리의 오너들이다. 럭셔리를 누구보다 사랑하며 특별한 가치를 생각하며 각자의 신념으로 비즈니스를 이끈 이들의 경영 스타일과 비법을 만나 보자. 언제고 쓰일 일이 있을 것이다!

세계는 결코 천국이었던 적이 없다.
옛날은 더 좋았고 지금은 지옥이 된 것이 아니다.
세계는 어느 때에도 불완전하고 진흙투성이여서
그것을 참고 견디며 가치 있는 것으로 만들기 위해서는
사랑과 신념을 필요로 했었다.
− 헤르만 헤세

02

알랭 베르트하이머
샤넬을 물려받는다고 거저 성공할 수는 없다

창업자와 기업 인수자 중 누가 더 잘한 걸까? 만약 브랜드가 전 세계적으로 성공했다면 말이다. 이 '닭이 먼저냐 달걀이 먼저냐' 같은 질문에 답하기 가장 어려운 브랜드는 바로 샤넬이다.

1939년 샤넬은 문을 닫는다. 2차 세계대전과 그녀의 정치적 이슈 때문에. 15년간 샤넬의 모든 컬렉션이 중단되었다.

1954년 가브리엘 코코 샤넬은 파리로 돌아와 샤넬을 다시 시작했다.

1971년 그녀가 영면에 든 후에는 어떻게 되었을까? 모든 컬렉션이 중단되었다. 12년 동안!

1983년 칼 라거펠트는 잠자는 숲속의 미녀 같던 샤넬을 다시 부활시켰다. 그렇게 크리에이티브 디렉터로서 지금 우리가 생각하는 샤넬을 만들어 냈다.

2019년 그 또한 영면에 들었다.

2019년 샤넬은 칼의 오른팔이었던 버지니 비아르를 크리에이티브 디렉터로 임명한다.

현재, 샤넬은 건재하다.
누가 지금의 샤넬을 이룩해 낸 걸까?

샤넬은 2번이나 주류 패션계를 떠나 있었다. 그 기간은 각각 15년과 12년으로 무려 27년에 이른다. 그런데 어떻게 2번이나 재기에 성공한 걸까? 첫 번째는 창업자가 돌아왔고, 두 번째는 크리에이티브 디렉터를 통해서였다. 그럼 무려 36년간 샤넬을 이끌어 온 칼 라거펠트가 사망한 이후에는 어떻게 한 걸까? 거기다 2016년 초부터 CEO 자리는 공석이었다. 2021년 리나 나이르Leena Nair를 뽑기 전까지 약 5년간이나!

샤넬의 이 모든 성공, 그 뒤에는 베르트하이머Wertheimer 가문이 있다.

샤넬과의 첫 인연은 1922년 경마대회에서 시작된다. 여기서 갤러리 라파예트Galeries Lafayette의 창업자인 테오필 바더Theophile Bader는 유대인 사업가인 피에르 베르트하이머Pierre Wertheimer에게 가브리엘 코코 샤넬을 소개한다.

2년 뒤 피에르는 샤넬과 향수 사업을 같이 하게 된다. 1924년에 그렇게 르 퍼퓸 샤넬Les Parfums Chanel이 설립된다. 지분 70%는 피에르가 테오필이 20%, 샤넬이 10%를 소유했다. 샤넬의 지분은 자신의 이름을 라이센스하는 대가였다.

피에르는 이미 1920년에 화장품 브랜드인 부르주아Bourjois의 지분투자로 큰돈을 번 인물이었다. 이후 부르주아를 자신의 패밀리 비즈니스로 운영했다. 미국에 생산 기반까지 갖추면서 부르주아를 키워 낸다.

피에르와 계약하기 전에는 샤넬 넘버 5는 부티크에서만 판매되는 향수였다고 한다. 그래서 테오필이 사업 확장을 위해서 피에르를 소개한 것이다. 피에르가 생산, 유통, 마케팅 등의 전반을 맡았고 테오필은 갤러리 라파예트에서 샤넬 향수를 판매하는 구조였다. 그런데 샤넬 넘버 5가 성공하면서 피에르와 샤넬의 관계는 악화되었다. 샤넬은 더 많은 지분을 가지려 했고 소송까지 제기하지만 실패한다. 제2차 세계대전 사이에도 여러 이슈가 있었다.

하지만 1954년 샤넬을 다시 일으켜 세우고 싶었던 가브리엘 코코 샤넬은 피에르를 찾아간다. 그리고 샤넬이라는 모든 이름의 권리를 그에게 양도하는 대신 그녀의 사업을 지원해 주기로 한다. 이후 샤넬은 대성공을 이룬다. 그 사이 피에르는 테오필의 나머지 20%까지 지분을 인수하여 샤넬을 사유화한다.

이후 피에르도 샤넬도 몇 년 차를 두고 영면에 든다. 피에르의 후손이 샤넬을 이어 가기는 했으나 그건 패션이 아닌 향수에 관한 것뿐이었다고 한다.

알랭Alain과 제라드Gerard 형제 대에 이르러 샤넬은 새로운 국면을 맞게 된다. 바로 알랭이 패션 부분을 살리기 위해 1983년 칼 라거펠트를 영입한 것이다.

우리가 아는 또는 인정하는 럭셔리 브랜드 샤넬은 그렇게 재탄생된다. 창업자의 샤넬이 아닌 칼 라거펠트의 샤넬, 그 시대가 열린 것이다.

일련의 행보에서 알랭이 다른 럭셔리 브랜드와 극명한 차이를 보이는 것이 있다. 샤넬의 향수, 화장품 등의 라이센스를 그 어떤 회사에도 판매하지 않았다는 점이다. 보통의 다른 럭셔리 브랜드들은 향수와 화장품은 라이센스를 통해서 브랜드를 전개한다.

그러나 알랭의 할아버지인 피에르는 이미 부르주아를 통해 화장품과 향수의 생산, 유통, 마케팅 기반을 다져 놓았다. 굳이 할 수 있는 것을 외주로 돌릴 필요는 없다. 그래서 샤넬의 향수와 화장품의 브랜드 파워나 메시지를 더 강력하게 관리할 수 있게 된다.

알랭은 2021년, 12년이나 잠들었던 샤넬의 패션을 다시 세우려 했던 시도처럼 새로운 시도를 한다. 5년이나 공석이었던 샤넬의 CEO 자리에 백인이 아닌 인도계 여성 리나 나이르Leena Nair를 영입한다. 그녀가 단 한 번도 CEO를 해본 적이 없음에도 말이다. 이후 샤넬은 코로나19의 타격을 극복하고 승승장구하고 있다.

베르트하이머 형제는 언론의 주목을 피하며 눈에 띄지 않는 삶을 유지하고 있다고 한다. 샤넬의 매장 오픈이나 행사에 거의 참석하지 않는다. 설사 샤넬 패션쇼에서 참석하더라도 1열이 아닌 3, 4열에 앉는 것을 선호한다고 한다. 패션쇼의 1열은 해당 브랜드의 최고위 관계자, 브랜드 엠버서더, 패션 바이어, 패션 전문 관계자, 셀러브리티 등만 앉도록 배열한다.

2002년 제라드 베르트하이머는 뉴욕 타임스와의 인터뷰에서 이런 말을 남겼다.

코코 샤넬에 관한 것입니다.

칼 라거펠트에 관한 것입니다.

샤넬에서 일하고 창작하는 모든 사람에 관한 것입니다.

베르트하이머에 관한 것이 아닙니다.

현대의 많은 사업가가 연예인화 되어 가고 있다. 그게 성향에 맞는다면 비즈니스에 도움도 되고 그 자신도 에너지를 발산할 수 있어서 좋을 것이다. 하지만 내향적인 사람도 있고 대외적으로 얼굴이 알려져서 일상생활이 불편해지는 것을 싫어하는 사람도 있다. '나'를 공개하는 것만이 비즈니스를 성공으로 이끄는 것은 아니다. 나를 공개하지 못하는 만큼 대신 다른 방향으로 비즈니스를 단단하게 만들면 된다. 뛰어난 인재를 픽업하는 것 같은 방법으로!

또한, 무언가를 물려받는다고 다 성공할 수 있는 것은 아니다. 우리 모두 인정하기 어려워할 뿐 세상에는 드라마 속 망나니 재벌 2세, 3세 외에도 잘 배우고 잘 큰 인재들이 많다. 그들을 색안경 끼고 보지 말자. 오히려 그들이 조용히 가업을 어떻게 이어 가는지를 보는 게 더 비즈니스를 제대로 배우는 것일지도 모른다. 그들을 통해 세상에는 절대로 알려 주지 않는 재벌 집 막내아들에게만 전수해 주는 오너의 노하우를 가늠할 수 있을 것이다.

맞지 않는 옷을 입으려 들지 말고 잘하는 걸 조용히 해야 할 것을 하자. 오히려 못 하는 걸 대신해 줄 인재를 보는 눈을 키우는 데 시간을 쓰는 게 더 좋다.

03

호세 네베스
가업인 수제화 브랜드를 이으려다 탄생한 파페치

몇 년 사이 럭셔리와 유통업계의 공룡이 된 온라인 럭셔리 쇼핑 플랫폼은 여럿이 있다. 그중에서 '럭셔리계의 아마존'이라 불리며 1,300여 개의 브랜드 호스팅을 하는 파페치Farfetch를 콕 집어서 소개해 보려고 한다. 그러려면 먼저 다른 플랫폼들을 알아야만 한다.

매치스패션닷컴MatchesFashion.com

매치스패션닷컴은 1987년 오프라인 2007년 온라인으로, 영국의 톰 챔프맨Tom Chapman과 루스 챔프맨Ruth Chapman에 의해 설립됐다. 에이팩스 사모펀드 회사Apax가 2017년 인수했다.

마이테레사MYtheresa

마이테레사는 1987년 오프라인 2006년 온라인으로, 독일의 수잔느 보첸과Susanne Botschen 크리스토퍼 보첸Christoph Botschen이 창업했다. 니만 마커스Neiman Marcus가 2014년 마이테레사를 인수하게 된다.

육스 네타포르테 그룹YOOX Net-a-Porter Group SpA.

육스Yoox는, 2000년에 이탈리아의 페데리코 마르체티Federico Marchetti에 의해 설립되었다.

네타포르테Net-a-Porter는, 2000년에 영국의 나탈리 마스네Natalie Massenet가 설립했다.

리치몬드 그룹Richemont이 2003년 네타포에르테, 2015년 육스에 투자하며 둘을 합병했다. YNAP Group이 리치몬드 그룹에서 이를 사들여 YOOX Net-a-Porter Group SpA가 되었다.

이렇게만 봐도 알겠지만, 이들 플랫폼은 모두 인수합병이 되었다. 그런데 파페치만은 온전히 창업자인 호세 네베스Jose Neves의 손에 있다. 매출도 좋다. 이런 그는 영국인도, 독일인도, 이탈리아인도 아닌 포르투갈인이다. 그래서 한국인이라면 그는 꼭 알아야만 한다.

포르투갈은 남한의 면적보다 작고 인구수는 우리의 5분의 1이며 1인당 GDP도 대한민국보다 5천 달러 정도 낮다. 화폐 단위는 유로지만 언어는 포르투갈어를 쓴다. 글로벌하게 대중이 알만한 유명인으로는 축구선수 크리스티아누 호날두 정도가 있다.

호세 네베스, 그는 대학도 포르투갈에서 나왔고 경제학을 전공했다. 그 어떤 것보다 그의 성공을 짐작해 볼 수 있는 건 그의 다른 부분이다. 호세는 소프트웨어 사업을 시작했는데 이후 가업에 뛰어들어야 하는 상황이 왔다. 그의 할아버지는 포르투갈에서 수제화 공장 겸 매장을 운영하셨다. 그는 이를 온라인으로 판매할 수 있는 사이트를 구축했다. 여기까지는 어느 나라에나 있을 법한 스토리이다. 그가 다른 점이 있다면 여기서 멈추지 않고 신발 브랜드도 만들고 영국의 쉐빌로우 거리에 신발 편집매장을 오픈했다는 것이다. 이것이 파페치가 시작되게 된 자양분이 된다. 이 대목에서 자연스레 무신사의 성공 신화가 떠오를지도 모르겠다. 그렇게 그는 2008년 파페치를 창업한다.

그는 신발 장인도 IT 전공자도 아니었다. 호세는 경제학도의 눈으로 멀리 보는 선택을 한다. 코로나19로 주가가 추풍낙엽처럼 떨어질 때 그는 숫자를 언급하며 이렇게 말했다.

리먼 브러더스 사태가 일어난 지 2주 뒤에 파페치를 론칭했다.

(파페치는 그때) 전 세계 패션 큐레이터들과 소비자를 연결해 유통업체들이 2008년, 2009년 혼란의 시기를 헤쳐 나갈 수 있도록 했다.

2009년 경기침체시기에 명품 시장은 8% 위축됐지만,
2010년에는 14% 성장하며, 2008년 수준을 넘어섰다.

2020년에 럭셔리 시장이 위축될지라도
3,000억 달러 규모 개인 럭셔리 시장의 복원력은 강력하다.

또한, 호세 네베스는 코로나19로 여행을 못 해도 전 세계 럭셔리 매출의 35%를 차지하는 중국인들이 계속 럭셔리를 소비하고 싶을 것이라고 확신했다. 중국의 럭셔리 소비자들의 70%는 해외 여행 중에 럭셔리 제품을 오프라인으로 구매한다. 코로나19로 여행을 못 간다고 럭셔리를 사지 않는다는 것은 있을 수 없는 일이라고 생각한 것이다. 당시 한국을 보면 여행을 못 가니 그 돈만큼 더 보태서 이전에 사던 것보다 더 비싼 럭셔리 제품을 대중은 구매했었다.

그의 예상은 적중했다. 코로나19로 중국 내 럭셔리 브랜드가 매장을 닫으면서 이들의 자연스레 파페치로 몰렸고 여기에 쇼핑 플랫폼에 익숙한 중국의 젊은 세대들이 소비자로 편입하게 됐다. 소비자도 럭셔리 브랜드도 도매 납품업체도 파페치로 향할 수밖에 없었다.

파페치는 남성복 시장이 매년 5.69%씩 성장할 것이라고 하자, 자사의 여성복 남성복 비율을 딱 절반으로 맞췄다. 다른 플랫폼에는 아예 남성복 섹션이 없거나 비율이 낮다. 남자도 소중한 소비자인데… 파페치는 의류 비율이 다른 플랫폼보다 낮다. 대신 가방, 신발, 액세서리 비율이 높다. 온라인에서는 입어 볼 수 없는 의류보다 패션 잡화가 더 많이 팔린다는 보고서들이 있다. 아무래도 의류는 늘 입던 브랜드라도 디자인에 따라 사이즈가 제각각일 때가 좀 있다. 글로벌 온라인 쇼핑에서 제일 번거로운 건 반품이다. 그런데 패션 잡화는 그럴 일이 적으니 구색만 다양하면 장바구니에 담을 수밖에 없다.

'난 숫자랑 안 친해'라고 말하던 사람이라면 오늘부터 마음을 고쳐먹자. 계산을 위한 숫자가 아닌 그 숫자들이 언제 일어났는지 그 숫자나 나온 이유와 그 시점을 알아 가자. 미래를 예측하고 비즈니스를 정조준하는 '키Key'는 파페치를 보자면 정확히 거기에 있다.

04

베르나르 아르노
LVMH 그룹이라는 때를 기다릴 줄 알았던 승부사

베르나르 아르노Bernard Arnault 회장의 별명은 캐시미어를 두른 늑대이다. 늑대처럼 한번 가지자 마음먹고 문 럭셔리 브랜드는 절대로 놓치지 않기 때문이다.

아르노 회장은 1949년 프랑스 북부의 루베라는 산업 도시에서 태어났다. 그의 아버지는 파리 명문대 출신의 엔지니어였고, 아르노 자신도 명문대학인 에콜 폴리테크니크Ecole Polytechnique에서 공부했다. 에콜 폴리테크니크는 프랑스의 MIT 같은 학교이다. 그는 크리스찬 디올의 모회사였던 부삭 그룹Boussac Saint-Freres을 인수하면서 럭셔리 비즈니스에 뛰어들었다. 사석에서 그는 크리스찬 디올의 말을 이렇게 인용하곤 했다.

중요한 건 평단의
호평받느냐
혹평받느냐가 아니다.

잡지나 신문의 제1면에 나오느냐 마느냐가 중요하다.

그의 주도하에 1987년 LVMH-Louis Vuitton Moet Hennessy 그룹이 탄생했다. 샴페인과 꼬냑 브랜드인 모엣 샹동, 헤네시와 루이비통과의 합병이었다. 이후 매출과 이익이 급성장했다. 크리스찬 디올의 말처럼 그는 기자들을 루이비통의 공방에 초대해 루이비통의 시그니처인 트렁크의 제작 과정을 소개하는 기사를 쓰게 했다. 하지만 뭔가 부족했다. 좀 더 많이 자주 미디어에 드러내고 싶었고 마침 매 시즌 열리는 패션위크가 그의 눈에 들어왔다.

1990년대에는 루이비통에는 기성복 즉, 여성복 라인이 없었다. 아르노 회장은 회사 직원들에게 트렌디하고 화끈한 디자이너를 찾아보라고 했다. 마침 그런지 룩을 선보였던 마크 제이콥스가 다니던 회사에서 해고당하자 그를 크리에이티브 디렉터로 영입해 1997년, 루이비통의 첫 '프레타 포르테' 라인을 선보였고 대성공을 거둔다.

2011년 겐조도 당시 오프닝 세레모니라는 인기 편집매장의 오너였던 캐롤 임과 움베르트 레옹을 영입한 것도 그랬다.

2018년에는 1854년에 시작된 루이비통의 브랜드 역사상 최초로 흑인인 故) 버질 아블로Virgil Abloh를 크리에이티브 디렉터로 영입한다.

故) 버질 아블로의 사후 1년 반이 되는 2023년 그는 미국의 인기 뮤지션인 퍼렐 윌리암스를 루이비통의 크리에이티브 디렉터로 데뷔시킨다. 그는 미디어, 새로움, 젊음을 잘 이해하는 사업가다.

그는 이 방식으로 루이비통, 겐조, 지방시, 로에베, 펜디, 셀린 등에 필요한 크리에이티브 디렉터를 속속들이 영입해 대성공을 거두었고 무려 6개 분야 75개의 럭셔리 브랜드를 소유하게 되었다. 이중에서 '주류' 분야의 브랜드, 와이너리, 양조장을 25개나 가지고 있다.

기회는 딱 붙잡는 거야!
20년 후에도 사람들이 여전히 iPhone을 사용할 것이라고 말할 수 있나?
아마도 우리는 새로운 제품이나 더 혁신적인 것을 가질 것이다.
오늘 내가 말할 수 있는 것은
20년 후에도 사람들이 여전히 돔 페리뇽*을 마실 것이라고 확신한다는 것이다.
–베르나르 아르노

*LVMH가 인수한 고가의 샴페인 브랜드

아르노 회장다운 선택이다. 요즘 초미의 관심사는 과연 세계 1위 대부호가 된 그가 이 왕좌를 누구에게 물려줄지이다. 1번 재혼하면서 자식이 5명이나 되고 자녀들 모두 LVMH의 요직을 맡고 있기 때문이다. 약간의 힌트가 있다면 앞으로 몇 년간은 그가 더 하게 될 것이란 거다. 2023년 한 해외 통신에 따르면, 올해 총회에서 LVMH CEO의 역할에 대한 연령 제한을 80세로 연장했다는 것이다. 아르노 회장은 1949년생이다.

승계 전쟁은 없을 것이라고들 하는데 측근들의 말에 따르면, '경쟁이나 갈등 상황이 발생하지 않도록 주의하고 있고, 테니스나 피아노를 누가 가장 잘하는지에 대한 농담조차 하지 않는다'라고 한다.

그러나 일각에서는 왕자의 게임이라고들 하는데 그가 재혼 후 낳은 아들 셋이 모두 90년생으로 아직 어리거나 젊기 때문이다. 그의 장녀는 1975년생이다. 혹자들은 그저 그가 노익장을 발휘하고 있을 뿐이라고도 한다. 하긴 럭셔리 산업을 키워 최근 세계 1위의 부호까지 되었으니 그가 계속 자기 능력을 발휘하는 게 어쩌면 LVMH 그룹으로서는 이익일 듯싶다.

무엇이 진실이든 아르노 회장이 정년을 늘린 것은 그가 했던 말처럼 아직도 가장 적절한 때를 지켜보고 있는지도 모른다.

비즈니스는 인내하는 법을 배워야 한다고 생각한다.

나, 스스로는
그다지 인내심이 없는 사람일 수 있다.
하지만 내가 (비즈니스에서) 가장 많이 배운 것은,

무언가를 기다릴 수 있어야만

적절한 때에 그것을 얻을 수 있다는 것이다.

그의 행적도 인사이트가 되지만 그가 순간순간 인터뷰에서 내뱉은 말에도 울림이 있다. 기나긴 그의 발자취를 뒤적이기 어렵다면 그의 어록만 찾아보아도 좋다.

05

제이-지
전천후 사업가의 럭셔리 샴페인 브랜딩,
아르망디 브리냑

이 멀티밤 스틱 같은 사람! 제이-지를 설명할 수 있는 단어는 이것밖에 떠오르지 않는다.

그가 성공한 미국의 힙합 뮤지션이자 프로듀서라든가 비욘세의 남편인 것과는 별개다. 물론 가장 부자인 음악인 3위(1위 카니예 웨스트, 2위 리한나)에 오른 것과도 상관이 없다.

제이-지는 조용히 자신의 일을 열심히 하는 전천후 사업가이다. 본업에 충실하면서도! 그래서 멀티밤 스틱 같은 사람이라 칭하고 싶다.

그가 했던 럭셔리 브랜딩을 같이 보자. 큰 이슈가 됐던 사건이었다. 그러다 보니 온갖 '~하더라 통신'이 난무했기에 당시의 '포브스' 기사 내용과 최근 CNBC 보도 내용을 중심으로 소개해 본다.

제이-지는 세기말이었던 90년대 후반부터 자신의 뮤직비디오에 자주 샴페인을 등장시킨 래퍼였다. 그가 이렇게 알려, 전 세계적으로 유명해진 샴페인으로는 프랑스의 크리스털Cristal 샴페인을 꼽는다. 그런데 2006년 해당 샴페인 회사의 전무이사(현 CEO)는 경제지인 이코노미스트와의 인터뷰에서 이런 말을 하고 만다.

이코노미스트는 크리스털 샴페인과 랩의 연관성 때문에 브랜드에 해가 되는가?라는 뉘앙스의 질문을 담당자에게 했다. 그는 "좋은 질문이네요. 하지만 우리가 무엇을 할 수 있을까요? 우리는 그들이 크리스털 샴페인을 구매하는 것을 금지forbid할 수 없거든요." 포브스와 CNBC의 양쪽 영문 인터뷰 원문을 보면 모두 따옴표("")를 써서 해당 발언에 forbid를 썼다. 따라서 정확하게 금지라는 표현을 인터뷰에 쓴 것으로 볼 수 있다.

뉴욕 타임스에 따르면, 나중에 '크리스털 샴페인 회사는 "모든 형태의 예술과 문화에 대해 최대한의 존중과 관심을 갖고 있다"는 성명을 발표했다'라고 한다.

제이-지는 크리스털 샴페인을 보이콧 해버린다. 이후 제이-지는 미국 TV 토크쇼 중 하나인 스쿼드 박스Squawk Box에서 이렇게 말했다.

그 코멘트(크리스탈의 인터뷰 발언이나 성명)로 인해
우리는 우리만의 것을 만들기로 했죠.

제이-지는 2006년 같은 해 10월에 발표한 "Show me What You Got"의 뮤직비디오에서 온통 금색으로 뒤덮인 샴페인을 선보인다. 이게 바로 아르망디 브리냑Armand de Brignac 샴페인이었다. 금색 병의 스페이드 라벨 때문에 에이스 오브 스페이드Ace of Spades 로도 알려져 있다. 아르망디 브리냑은 300달러에 거래되었는데, 이 부분에 대해서도 말이 많았다. 문제가 되었던 크리스털과 비교를 한다든가, 아니면 그 당시 아르망디 브리냑이 존재했는가부터 시작해서 정확하게 어떤 경로로 제이-지의 손에 들어갔냐 등이었다. 암암리에 그가 아르망디 브리냑의 지분 50%를 소유했다는 설 등의 설왕설래가 있었다. 그리고 2014년에 제이-지가 나머지 지분을 모두 매입하자 BBC와 같은 언론이 그를 비난하기도 했다. 요즘이야 이런 일들이 흔해졌지만, 이 당시만 해도 분위기가 그랬던 것 같다.

여기까지만 보면, 그냥 제이-지가 샴페인 브랜드의 발언에 화가 나서 알려지지 않은 좋은 샴페인 브랜드를 산 것처럼만 보인다. 그런데 관련 기사를 유심히 살펴보면, 그가 럭셔리 브랜드를 소유한 최초의 흑인이라는 설명이 나온다. 그리고 그는 아르망디 브리냑을 키우기 위해서 자신의 노하우를 모두 활용했다. 힙합이나 랩에 관심이 없는 이들은 '연예인이 하는 비즈니스' 정도로 생각할지 모른다. 그러나 그는 이미 성공한 투자자로서 자가용 제트기 사업에 투자해서 큰 이익을 보기도 했다. 알지도 못하는 분야에 어쩌다가 투자해서 성공한 것이 아니다. 그는 자가용 제트기의 실제 소비자이기 때문이다. 그리고 직접 동업으로 대형 기획사, 패션 브랜드, 자신의 기획사, 클럽까지 운영해 본 경력이 있다. 클럽을 운영한 사람만큼 F&B나 주류에 대해서 통달한 사람이 또 있을까? 제이-

지는 그의 행보에 대해서 이렇게 말했다.

제 브랜드들은 제게 가까운 존재예요.
저는 (애정 없는 잘 모르는) GM 같은 자동차 제조사를 운영하지 않아요.

투자도 잘하고 자기 사업도 잘하는 사람을 보면, 사람을 참 잘 등용한다. 아르망디 브리냑이 지금의 성공에 이른 것에는 제이-지만큼이나 그가 등용한 인재의 힘이 크다.

세바스티앙 베송Sebastien Besson은 제이-지가 선택한 첫 직원이자 현 아르망디 브리냑의 CEO이다. 세바스티앙은 프랑스 공군 출신으로 다양한 와인과 주류 부분에서 경력을 쌓았다. 그러다 헤드헌터를 통해서 제이-지와 함께 아르망디 브리냑의 미국 진출을 함께하게 되었다. 그가 생각하는 아르망디 브리냑과 럭셔리에 대한 관점을 보면 이 브랜드가 어떻게 성공하게 되었는지 알 수 있다. 인터뷰 내용이 길어서 원문의 의미를 유지하면서 재편집했고 일부는 의역을 더 했다.

"가장 중요한 것은 혁신 없이는 럭셔리함도 없다는 것을 이해하는 것이다. (브랜드로서) '동급 최고의 샴페인' 같은 비평가의 평가와 추천을 매우 기쁘게 생각한다. 하지만 가장 중요하게 생각하는 것은 '소비자의 즐거운 경험'이다. 이들이 아르망디 브리냑을 즐기고 반복해서 마시고 계속해서 소유하는 것이 궁극적으로 검증된 럭셔리 브랜드라고 생각한다.

샴페인은 축하의 음료이다. 고객의 성취를 궁극적으로 축하하는 것을 기준으로 한다. 고객이 중심이다. 아르망디 브리냑은 다른 브랜드가 무엇을 하는지 상관하지 않는다. 그저 최고의 샴페인으로 세계 최고의 사람들을 만족시키는 데만 관심을 가진다.

아르망디 브리냑은 포도의 선택부터 코르크를 감싸는 호일이나 포장지까지 사용되는 모든 것의 품질에 타협하지 않는다. 회사가 직접 개입하는 원칙을 가지고 있다. 가장 중요한 차이는 대형 기업 브랜드에 비해 생산량이 극히 제한적(연간 4천 병 생산)이라는 점이다. 물론 (양적) 성장도 중요하지만 이를 달성하는 올바른 방법은 양이 아닌 품질을 통해서이다.

시장이 점점 더 글로벌화가 되고 있다. 파리 마켓의 소비자가 상하이 마켓의 소비자와 같은 브랜드에 관심을 가질 수도 있고 해당 브랜드에 똑같이 노출(광고, 소셜미디어)될 수 있다. 요즘 전 세계를 여행하는 특성을 고려할 때 실제로 파리와 상하이, 각각의 마켓 소비자가 같은 사람일 수도 있다.

따라서 소비자 요구에 부응하는 동시에 어떤 경우에도 브랜드 스토리는 동일하게 유지되어야 한다. 요즘 소비자는 서로 다른 시장 간의 (브랜드 명성) 차이를 용서하지 않는다. (미국에서는 최고지만 프랑스에서는 아닌 경우를 뜻하는 듯하다) 브랜드 메시지는 일관성이 있어야 한다. 이는 아르망디 브리냑이 런던 클럽, 이탈리아에서 열린 딸의 결혼식, 또는 고위층 고객의 선물 등으로 선택되는 의사결정에 똑같은 관련성이 있어야 한다는 것을 의미한다.

이런 명석한 인재를 장기 등용한 제이-지 때문일까?
한국에서는 한때 이슈가 되었던 클럽의 '1억짜리 만수르 세트'

에 샴페인은 아르망디 브리냑만이 들어가 있었다. 캐나다에서 최고급 샴페인만 유통하는 유통업체에서는 돔페리뇽, 크리스탈 그리고 아르망디 브리냑만을 취급한다.

그리고 2021년 세계 최대 럭셔리 회사인 LVMH의 자회사 모엣&헤네시가 아르망디 브리냑의 지분 50%를 사들였다. 아르망디 브리냑이 샴페인의 전통을 지키는 동시에 장벽을 무너뜨리고 있는 브랜드라며 소식을 알렸다.

자신을 사랑해 주는 고객을 존중하고 그에 합당한 대우를 해야 한다. 그렇지 않으면 언제든지 제이-지 같은 능력 있는 고객이 상처받은 마음을 달래려 당신의 경쟁자가 되어 나타날 수도 있다. 고객이 한을 품으면 오뉴월에 손가락을 빨게 될지도 모른다.

복수는 천박하고 끔찍한 것.
나도 잘 알고 있다.
그러나 누군가 몹쓸 짓을 했는데, 굳이 되갚아 주지 않을 건 또 뭔가.

사람들이 이젠 잊었겠지, 할 때쯤 '의자'를 뒤로 확 빼버려라.
한 10년 후에라도 말이다.
　- 칼 라거펠트

06

이탈리아의 럭셔리 독립 브랜드와
오너에 대하여

　전 세계적으로 LVMH 그룹이나 케링 그룹처럼 거대 기업에 속하지 않는 독립된 럭셔리 브랜드를 가장 많이 운영하는 곳은 이탈리아이다. (시계 제외) 그래서 소개하고 싶은 럭셔리 브랜드의 오너들이 많았다. 문제라면, 이들 중 코로나19 여파와 여러 상황으로 브랜드가 난항을 겪는 곳이 여럿이라는 점이었다. 그리고 구찌, 펜디, 불가리(주얼리) 등의 이탈리아의 럭셔리 브랜드들은 이미 프랑스 기업의 소유가 된 지 오래다.

　그래서 이탈리아의 럭셔리 브랜드와 오너들을 소개하기에 앞서서 현 상황을 설명하고 넘어가고자 한다.

　이탈리아는 전통적으로 수세기 동안 가죽, 섬유공장, 그 외의 여러 장인의 중심지 역할을 해왔다. 1800년대부터 패션계를 장악한 프랑스는 1950년대에 들어오면서 이탈리아의 하이 패션에 위협을 느꼈다고 한다. 이에 프랑스는 국가가 지원에 나서 섬유 기업에 보조금을 지급했다. 또한, 오트 쿠튀르 산업과의 연계 강화를 위해 자국의 럭셔리 패션 브랜드를 키웠다.

이탈리아 패션 업계는 그런 국가적 지원을 받지 못했다. 다행히 1970년대 경기 호황과 글로벌 수요 등으로 자력으로 자신들의 입지를 키워 냈다.

럭셔리 브랜드를 창업하거나 성공시킨 이탈리아의 1~2세대들이 노년기에 접어들면서 가업승계가 또한 큰 쟁점이 되고 있다. 이에 대해 사모펀드 칼라일 그룹Carlyle Group의 유럽 공동 파트너인 마르코 데 베네디티와 UBS 이탈리아 지사장 리카르도 물로네는 다음과 같이 의견을 피력했다.

마르코: 다수의 1세대 럭셔리 패션 브랜드 창업자들은 자기 브랜드에 강한 애착을 가지고 있다. 각각 다르겠지만 승계 준비를 얼마나 잘하고 있는지가 중요해졌다. 럭셔리에서 크리에이티브 디렉터만큼 경영도 중요하다.

외국 기업의 경영권 인수로부터 이탈리아 럭셔리 업계를 보호할 의지와 자금력을 지닌 자국 내 투자자가 부족하다.

리카르도: 이탈리아 패션 기업인들은 자국 내의 과도한 경쟁에 치여 왔다. 그래서 불편한 자국의 경쟁 브랜드보다는 프랑스 기업에 회사를 팔았다. 이런 태도가 케링 그룹과 LVMH가 몸집을 키우는 데 도움이 되고 말았다. 그래도 요즘은 브랜드들끼리 영리하게 뭉치고 있

다. 이제 경쟁 브랜드의 옷을 입고 서로의 패션쇼에 참석하며 논의하는 데 이르렀다.

다행히 이탈리아 정부와 공공기관이 이탈리아의 럭셔리를 살리려고 노력 중이라고 한다. 이탈리아의 여러 패션 및 럭셔리 관련 전문가들은 이 문제에 국가가 적극 개입해야 한다고 의견을 내놓았다. 카를로 카파사 이탈리아 국립패션협회 회장은 이탈리아의 패션에 대해 이렇게 말했다.

패션이 아니면 이탈리아에 전략적으로 중요한 산업이 무엇인가?
패션은 전 세계에 이탈리아를 알린 분야이다.
그리고 젊은 세대는 미래에 패션 업계에서 일하기를 꿈꾸고 있다.

집집마다 다 속사정이 있듯이 나라도 그런가 보다. 현재 이탈리아에서 패밀리 비즈니스로 럭셔리 브랜드를 운영하면서 현재의 이슈에 정면승부를 하는 곳을 소개하려고 한다.
바로 프라다, 다미아니, 몽클레르다.
가장 유명한 이탈리아 브랜드 중 하나인 프라다는 현재 창업자의 아들에게 가업승계가 이루어지는 중이다. 다미아니는 자력으로 글로벌 시장에서 살아남은 몇 안 되는 럭셔리 주얼리 브랜드이다. 몽클레르는 본래 프랑스 브랜드인데 이탈리아 사업가 인수해서 현재 이탈리아에서 전개하고 있다.
이 세 브랜드 외에 널리 알려진 대표적인 이탈리아의 독립 럭셔리 브랜드를 표로 간략하게 정리했다.

프라다 Group	프라다, 미우미우, 철치스(신발) 등 https://www.pradagroup.com/	토탈패션 & 뷰티
조르지오 아르마니 S.P.A.	조르지오 아르마니, 엠포리오 아르마니 등 https://www.armani.com/	토탈패션 & 뷰티
토즈 S.A.	토즈, 로저 비비에 등 https://www.todsgroup.com/en	토탈패션-가죽
살바토르 페라가모 Group	살바토르 페라가모 외 알 수 없음 https://group.ferragamo.com/	토탈패션-가죽
제냐 Group	제냐, 톰 브라운 등 https://www.zegnagroup.com/	토탈패션
몽클레르 Group	몽클레르, 스톤아일랜드 등 https://www.monclergroup.com/	토탈패션-패딩
돌체 앤 가바나 S.R.L.	돌체 앤 가바나 https://www.dolcegabbana.com/ko/	토탈패션 & 뷰티
막스마라 Fashion Group	막스마라, 막스앤코, 스포트 막스 등 https://kr.maxmara.com/en/	토탈패션
미쏘니 S.P.A.	미쏘니 외 알 수 없음 https://www.missoni.com/kr/	토탈패션-니트
Vicini Sp.A.	주세페 자노티 외 알 수 없음 https://www.giuseppezanotti.com/kr	신발 & 잡화
다미아니 Group	다미아니 외 알 수 없음 https://www.damiani.com/	주얼리

이탈리아의 럭셔리 독립 회사 표

성장이나 확장은 중요하다. 하지만 모든 독립 브랜드가 M&A를 해서 브랜드 수를 늘리고, 글로벌로 진격하고, 증시에 상장하는, 그것만이 정답이라고 생각하지는 않는다. 럭셔리처럼 특수한 분야의 급격한 성장은 독이 될 가능성도 있다.

약육강식의 세계에서 몸집이 작으면 잡아먹힐 가능성이 높아진다. 하지만 작은 체구가 가지는 민첩함은 사업에 있어서 엄청난 강점이 된다.

시장의 동향이 때로는 바람잡이 역할을 할 때도 있다. 진짜 브랜드에 필요한 것인지를 직시해야 한다. 만약 이미 성장이 진행됐고 이탈리아처럼 내려올 수 없는 기차 레일에 올라탔다면? 먼저 레일에 올라 성장하고 있는 브랜드들의 성장 시나리오와 현재를 집요하게 파면 좋다.

07

미우치아 프라다
패밀리 비즈니스를 일군 여장부

70대와 50대가 만들고 10대~20대가 열광하는 이탈리아 럭셔리 브랜드가 있다. 미우치아 프라다Miuccia Prada와 라프 시몬스Raf Simons가 이끄는 프라다Prada이다.

프라다가 의미 있는 건 또 있다. 프랑스 기업에 팔리지 않은, 이탈리아의 독립 럭셔리 브랜드이다. 구찌, 보테가 베네타, 펜디, 불가리, 로로피아나, 브리오니 등은 모두 프랑스 기업이 소유하고 있다. 전 세계의 럭셔리 제품의 78%가 이탈리아에서 생산되는데도 말이다. 참 아이러니하다. 그래서일까? 프라다가 경영 승계 준비를 하며 브랜드를 확장하고 있다.

영화의 제목인 '악마는 프라다는 입는다'처럼 프라다는 입는 브랜드였다. 하지만 이제는 향으로 느끼고 프라다로 메이크업하며 금으로 된 파인 주얼리로 프라다를 경험하게 되었다. 아! 악마도 성별이 있다면? 남자 악마라면 프라다의 남성복도 주목해야 한다.

이렇게 몸집을 키우고 있지만 프라다가 절대로 하지 않는 것이 있다. 바로 예술을 상업적 수단이 아닌 패션의 영감을 주는 수단으로만 보는 것이다. 여기에 대해 미우치아 여사는 이렇게 말했다.

패션은 내 직업이다.
열정적으로 하고 있다.

그러나 내게 가장 중요한 것은 예술이다.
(패션은 직업이기도 하지만) 동경하는 예술에
시간과 에너지를 쏟을 수 있게 하는 재정적 수단이기도 하다.

요즘은 한 시대를 움직이는 사회, 사람, 환경(자연)을
규정하고 사실을 인식하는 관념인 이데올로기가 사라진 것 같다.
그게 늘 옳거나 좋은 건 아니지만,
인간의 생각과 가치관을 형성하는 데에 이정표가 되기도 해서 필요
하다고 생각한다.

아마 지금 시대에는 예술이
그 빈자리(이데올로기)를 대체해 줄지 모른다.

이런 그녀는 도대체 어쩌다가 프라다를 디자인하게 된 걸까?

아마 그녀가 꿈꾸던 직업을 아니었을 거다. 그녀는 원래 정치학
도였다. 그녀의 어머니가 물려받은 할아버지의 사업이 프라다였

다. 할아버지는 아들에게 물려주려 했지만, 관심이 없었다고 한다. 모친이 20년간이나 운영한 프라다는 파산 직전이었다. 남편과 아들에게 프라다의 운영을 맡겨 보려 했지만, 관심을 보이지 않았다. 외할아버지와 어머니의 평행이론이다.

그래서 당시 28살이던 딸 미우치아 프라다를 설득해서 프라다의 디자인과 운영을 맡긴다. 그녀가 프라다를 맡지 않았다면 프라다의 나일론 백은 세상에 나오지 못했을 것이다.

그녀가 본격적으로 현대 미술에 관심을 가지고 두개의 미술관을 운영할 만큼 예술 작품을 모으게 된 건 남편인 파트리치오 베르텔리Patrizio Bertelli를 만나면서부터였다. 유능한 비즈니스맨이었던 그가 프라다의 경영 부분을 맡고, 그녀가 크리에이티브 디렉터로 활동하면서 프라다는 패밀리 비즈니스에서 거대 기업이 된다.

패션업을 하면서도 부부는 예술작품을 모으고 공부했다. 그러다 예술의 힘이 '생각의 정교화the sophistication of thought'란 것을 깨닫는다. 이는 예술이 세상과 현실의 새로운 관점을 제시하고, 사람을 생각하게 만든다는 것이었다. 그래서 부부가 설립한 프라다 재단의 주요 미션은 '배움learning'이 되었다.

생각의 깊이도 사고의 폭도 넓은 그녀가 럭셔리와 패션, 프라다를 어떻게 대하는지에 관해 이런 말을 남겼다.

프라다는 비싼 옷을 팔아 돈을 번다.
늘 이 사실에 깊게 주의를 기울이고, 나 자신뿐 아니라 다른 사람들에게 옳게 행동하려고 노력한다. 그래서 쓸모없는 것들을 만들어 내면서 창의적인 척만 하는 건 아닌가? 자신을 스스로 검열한다.

디자이너는 현실적이고 인간적인 방식으로 창의적이어야 한다.

사람들은 패션을 이야기하는 것을 두려워하는 경향이 있다. 자신의 은밀한 본성(욕망), 자기 자신, 신체적 특징, 자신의 약점까지 드러내야 하기 때문이다. 이 때문에 패션이 하찮게 여겨지고, 수많은 상황에서 천박하게 치부되는 이유가 아닌가 자문자답하기도 했다.

남성복을 디자인하기 위해선 남자가 된 나를 상상하고, 미우미우는 젊은 나라면 입고 싶은 것을 상상하면서 디자인한다.

살아오면서 늘 반대 의견에 부딪혔다. 아들에게 할 기업 승계도 노년기의 디자이너로 은퇴하는 것도 그렇다. 또 하나의 작은 부조화에 불과하다.
둘 중에서 무엇에 몰두해야 할까?

결국 가장 중요한 것은
내가 나의 책임에 대해 고민한다는 점이라고 생각한다.

그녀는 패션계와 인생에서 자신이 쓴 왕관의 무게를 그 누구보다 잘 인지하고 있는 것 같다. 수십 년을 하고 있던 일을 내려놓기란 쉽지 않다. 자식에게 좋은 것만 주고 싶은 부모로서 지금처럼 혼돈의 시대에 이 무거운 자리를 물려주는 것은... 참 마음이 편치 않은 일이다. 부모 눈에는 자식이 성인이 아니 이제 중년이 되었어도 늘 아기 같다.

그녀가 LVMH 그룹이나 케링 그룹과는 결을 달리하며 예술을 대했던 것이 어쩌면 그녀와 프라다에게 혜안을 주었을지도 모른다. 이데올로기가 흐릿한 요즘 예술이 그 자리를 대체하고 또 그걸 몸소 배우고 체험했으니 그 지혜가 오롯이 삶에 녹아들었나 보다.

예술을 재테크나 힐링이 아닌 '배움'으로 대해 본다면 그녀가 70대에도 맑은 시선으로 세상을 직시하는 관점을 배울 수 있을 것이다.

08

실비아, 귀도, 조르지오
다미아니의 삼 남매가 끌어낸 시너지 효과

최근 LVMH 그룹이 미국의 럭셔리 주얼리 브랜드인 티파니앤코 Tiffany & Co를 인수하는 사건이 있었다. 독립 주얼리 브랜드를 운영한다는 게 정말 어려운 게 아닌가 하는 생각이 들었다. 걱정스러운 마음에 다미아니Damiani를 몇 번이나 검색해 보곤 깜짝 놀랐다.

다미아니 그룹에 따르면 2022년 대비 두 자릿수의 높은 성장률을 기록했다는 것이다. 그리고 3억 유로(약 4,294억 원) 이상의 총수익 또한 이뤄 냈다. 이 성장세에는 주요 마켓 채널 및 리테일 유통 부문이 포함된다고 한다. 전체 매출에서 직영 부티크의 비중이 높아지면서 평균 이윤 폭이 상승하면서 전년 대비 수치가 높아진 것이다.

다미아니는 어떻게 한 걸까?

다미아니는 뛰어난 보석 세공사였던 1세대인 엔리코 다미아니

Enrico Damiani에서 아들인 2세대 다미아노 다미아니Damiano Damiani로 이어졌다. 이후 3세대인 실비아, 귀도, 조르지오 다미아니 삼 남매가 브랜드를 현재 이끌고 있다.

실비아 다미아니Silvia Damiani는 제품구매와 커뮤니케이션을 맡고 동생 조르지오Giorgio Damiani는 수출을 담당한다. 귀도 다미아니Guido Damiani는 텔 아비브에서 세계 최대의 다이아몬드 감별 기업에서 쌓은 경력을 바탕으로 영업 대표를 맡았다.

이 삼 남매는 다미아니 브랜드가 현재의 모습을 갖추게 되는 데 큰 공헌을 했다. 이렇게만 보면 패밀리 비즈니스의 좋은 예시 같지만, 그 시작은 슬픔에서부터 시작됐다.

2세대인 다미아노 다미아니가 사고로 갑자기 세상을 떠나면서 삼 남매와 그의 아내가 다미아니 경영에 뛰어든 것이기 때문이다. 다행히 1990년대 다미아니는 글로벌 브랜드로 급격히 성장했고 2007년에는 이탈리아 주식시장에 상장되었다. 이게 가능했던 건 다미아니의 삼 남매가 아주 어릴 때부터 주얼리가 어떻게 만들어지고 보석은 어떻게 구매하는지 보면서 컸기 때문이다.

다미아니의 삼 남매는 아버지의 뜻을 받들어 다이아몬드 광산 거주자 지원 프로젝트 같은 다양한 환경보호와 사회 환원 활동을 하고 있다.

우리에게 많은 것을 선사해 주는 자연을
아름답게 가꿔야 한다.
– 다미아노 다미아니

이들 삼 남매의 브랜드 경영이 어느 정도인지는 현재 다미아니의 CEO를 맡고 있는 제롬 파비에Jerome Favier의 이야기로 알아보자.

다미아니는 창업자의 3대손이 경영진으로서 가업을 이은 그리 흔하지 않은 기업이다. 세 남매가 휴일에도 같이 시간을 보낼 정도로 친하고, 일에서도 각각의 강점을 발휘한다.

2018년 다미아니의 CEO로 합류하기 전까지 '가족 경영' 체제에 대해 살짝 경계심이 들기도 했다. 하지만 가문의 DNA가 제대로 작동될 때는 오히려 '남다른 시너지'와 '응집력'을 창출해 냈다. 실제로 다미아니의 최근 성장세는 가히 21세기의 르네상스라고 할 정도로 가파르다. 이런 상승세는 브랜드 자체의 경쟁력에 힘입은 것이다.

'주얼리계의 오스카'로 통하는 다이아몬드 인터내셔널 어워즈에서 다미아니는 18차례나 수상했다. 이는 경쟁력을 단적으로 말해 주는 지표이다. 감히 다미아니가 '럭셔리 산업'이 아니라 '럭셔리 진정성'이라는 카테고리에 속해 있다고 말하고 싶다.

DNA 유전자처럼 창업자의 브랜드가 대대손손 이어지려면 중요한 요소들이 무척 많을 것이다. 하지만 그중에서 하나만 꼽으라면 다미아니처럼 어릴 적부터 본 것과 가족 간의 소통과 존중이라는 생각이 든다.

09

레모 루피니
일하던 회사를 사버린 청년의
럭셔리 패딩, 몽클레르

여기, 대학을 안 가고 일을 하겠다는 이탈리아의 한 아들이 있다. 다행히 그의 아버지는 1960년대에 패션 직물 사업을 뉴욕으로 옮긴 터라 아들에게 뉴욕으로 와서 일을 해보라고 한다. 하지만 미국으로 간 그는 부모님의 업을 물려받기보다는 스스로 무언가 만들고자 했다.

청년은 미국에 간 김에 뉴욕 북부와 캐나다를 여행하다가 미국의 뉴잉글랜드 지역에서 영감을 받았다. 동부 부호들의 휴양지인 보스턴 근처의 마사의 포도원Martha's Vineyard과 낸터킷 섬Nantucket이다. 마사의 포도원은 오바마 전 대통령이 갔던 휴양지이고, 낸터킷섬은 매년 바이든 대통령이 방문한다고 한다. 이 이탈리아 청년은 거기서 전혀 다른 결이지만 매우 유럽적인 느낌을 받았는데, 그건 딱 그 청년의 스타일이었다. 그래서 자신의 브랜드를 하기로 결심하고 23살 때 이탈리아로 돌아가 비즈니스를 시작한다.

이탈리아 북부의 레이크 꼬모Lake Como와 미국 동부의 코드 곳 Cape Cod을 섞는 매쉬업Mashup 컨셉의 브랜드였다. 유럽의 유려한 프린트와 미국의 클래식한 두 가지 우아함을 섞었다. 레이크 꼬모는 수자원이 풍부한 만큼 아름다운 프린트가 들어간 직물을 취급하는 곳이 많다. 그렇게 브랜드를 만들고 남성복 패션위크인 피티 워모Pitti Uomo까지 참여하며 브랜드를 궤도에 올린다. 그런데 그러고 난 뒤 그는 오히려 브랜드 뿌리가 튼튼하고 일관성이 있으면서 이상적인 작은 브랜드와 일을 하고 싶어졌다고 한다.

그래서 같이 일을 하게 된 곳이 바로, 몽클레르Moncler였다. 그리고 얼마 후 회사 상황이 좋지 않던 몽클레르를 그는 인수하게 된다.

그가 바로, 프랑스 브랜드였던 몽클레르의 대표인 이탈리아인 레모 루피니Remo Ruffini이다.

나는 단지 제품을 팔기 위한 판매를 하고 싶지 않다.
브랜드 정신Brand Ethos*을 존중하고 싶다.
– 레모 루피니

* 브랜드 정신은 브랜드의 특성, 문화, 목표, 사명, 비전, 커뮤니티 등이다.

레모가 몽클레르를 산 것도, 또 몽클레르를 운영하는 것도 모두 그의 영감과 취향에서 왔다. 그가 처음 오토바이를 샀을 때 어머니께서 사주신 재킷이 몽클레르였다. 그때 그는 몽클레르가 얼마나 대단한 브랜드인지 입고 생활하며 느꼈다고 한다.

그는 몽클레르를 인수하고 디자이너의 부재를 고민했다고 한다. 그러다 독립 브랜드를 운영하는 디자이너와 협업하기로 한다. 그렇게 당시 인기 일본 디자이너였던 준야 와타나베Junya watanabe와 첫 번째 협업을 한다. 이후 매 시즌 한 명의 디자이너와 작업을 했는데 사카이Sacai, 발렌시아가Balenciaga 등과 함께 했다. 이런 초기 작업이 있었기에 이후 지암바티스타 발리Giambattista Valli와 톰 브라운Thome Browne과도 함께 할 수 있었던 것 같다.

럭셔리 브랜드 하면 이미지적으로 떠오르는 것 중의 하나가 바로 그 브랜드 컨셉을 보여 주는 화보일 것이다. 레모는 18살 때부터 좋아하던 사진작가 브루스 웨버Bruce Weber에게 연락해서 브랜드 캠페인을 함께 했다.

이러면서 생긴 고민은 컬렉션이 극명하게 나뉜다는 것이다. 하나는 극도로 창의적이지만 사 입기 꺼리는 것이었고, 다른 하나는 대중적으로 판매하기는 좋지만 기억에 남진 않는 클래식한 것이었다. 그래서 레모는 둘의 조율을 위해 아카이브에서 그가 좋아하는 약 10개의 작품을 가져와 브랜드의 상징적인 제품을 처음부터 다시 만들었다.

그렇게, 상징적인 것과 상업적인 것을 분리하고 또 더하며 사람들이 계속해서 몽클레르에 매료되게 했다.

이후 레모는 기업을 키우기 위해 주식 상장을 하려 했다. 하지만 직영으로 소비자에게 직접 제품을 팔았던 몽클레르는 당시에 유럽, 중동, 아프리카를 다 합쳐서 매장이 39개 정도라 투자받기는 어려웠다고 한다. 그리스 구제금융 이슈까지 있어서 시장이 회복되길 기다리다 2013년 주식 상장을 한다. 2013년, 몽클레르는 이탈리아 역사상 가장 성공적인 IPO 중 하나가 된다. (IPO-Initial Public Offering 비상장기업이 상장을 위해서 불특정 다수의 투자자에게 자사 기업 공개를 하는 것.)

2018년 그는, 몽클레르 지니어스Moncler Genius를 만든다. 유명 디자이너들이 몽클레르의 아이덴티티를 해석하고 구현한 독특한 컬렉션을 월 단위로 출시하는 것이었다. 레모는 이에 대해 '나에게 있어 그것은 패션, 엔터테인먼트, 상업이 융합된 지점이었다'라고 했다.

그는 몽클레르 지니어스에 대해 이렇게 설명했다.

'고객과 매일 대화하려면 더 많은 콘텐츠가 필요하다는 것을 깨달았다. 제품과 미디어를 통해 지속적으로 소비자와 디자이너와의 관계에 활력을 불어넣으려는 방법이었다. 몽클레르 지니어스는 새로운 역동성, 새로운 사람, 새로운 세대를 몽클레르로 끌어들인다.'

럭셔리는

소비자 개념에서 → 커뮤니티 개념으로,

제품에서 → 문화와 경험으로,

거래에서 → 관계로

전환되고 있다.

– 레모 루피니

그렇게 몽클레르의 레모 루피니는 다른 나라 브랜드로 이탈리아 패션계에 억만장자가 된 최초의 이탈리아인이 되었다.

10

프랑수아 피노
케링 그룹의 반전 드라마를 계획하는 승부사

'과연 어떻게 헤쳐 나갈까?' 코로나19 이후의 케링Kering 그룹을 보면 드는 생각이었다. 2023년, 케링 그룹을 이끄는 프랑수아 피노Francois-Henri Pinault의 변화와 움직임이 조급하다면 조급하고 재빠르다면 빠르기 때문이다. 프랑수아 피노는 케링 그룹의 창업자인 앙리 피노의 아들이다. 케링 그룹에 2023년의 변화는 이렇다.

◈ 구찌의 매출도 케링 그룹의 매출은 정체된 상황이다.

◈ 마르코 비자리Marco Bizzarri CEO가 케링 그룹을 떠난다고 발표했다. 보테가 베네타와 구찌를 성공시킨 그는 2015년도부터 케링과 함께한 인재이다.

◈ 발렌티노Valentino의 지분 30%를 카타르의 메이홀라 기업에서 매입했다. 현금 17억 유로(2조 4,154억 원)를 주고!

◈ 크리드Creed 향수 브랜드의 지분 100%를 전액 현금으로 인수

한다고 발표했다. 인수액은 알려지지 않았다. 크리드는 세계 최대 자산운용사인 블랙록Blackrock Inc과 현 회장인 하비에르 페란 Javier Ferran이 관리하는 펀드로부터 크리드 지분을 매입했다.

◈ CAA라는 미국 최대 연예 에이전시의 최대지분을 70억 달러(9조 2,239억 원)에 인수했다.

이런 상황이 펼쳐지다 보니 창업자인 앙리 피노보다 2세대인 프 랑수아 피노를 주목할 수밖에 없었다. 정말 외신 기사를 읽으면서 조 단위 거래에 소위 말하는 '현금박치기'라는 단어를 떠올려 보기 는 또 처음이다. 현금으로 이들 브랜드의 지분을 산다는 것은 계약 을 빠르게 성사시키려는 것으로 보인다. 그리고 벌써 3개의 서로 다른 지분인수이다 보니 조급하다는 평이 여기저기서 나오는 것 같다.

하지만 프랑수아 회장은 이미 2005년에 당시 PPR 그룹이었던 케링 그룹을 물려받았다. 20년 가까이 케링 그룹을 운영한 만큼 그만의 노하우가 있을 것이다. 연예 에이전시 인수는 좀 생뚱맞긴 하다. 하지만 그는 멕시코 출신의 성공한 여배우 셀마 헤이엑Salma Hayek의 남편이다. 럭셔리 브랜드에서 엠버서더와 유명인의 파급 효과가 커지는 만큼 연예 에이전시 소속의 배우들을 통해서 더 좋 은 럭셔리 브랜딩을 할 수 있을 것이다.

조금 걱정스러운 점은 이미 성공해서 몸값이 오를 대로 오른 브 랜드들을 인수했다는 점이다. 구찌나 보테가 베네타는 케링 그룹 이 인수하기 전에는 거의 파산 직전이었다. 케링 그룹의 자금과 경 영 능력이 빛을 발하면서 브랜드의 성공을 끌어냈다. 그런데 발렌티노와 크리드는 이미 잘 되고 있다. 또 CAA가 다른 분야인 것 맞다. 솔직히!

과연 프랑수와 회장이 어떻게 새로운 성공 신화로 이끌어 낼지 상황을 조금 살펴보자. 나무가 아닌 숲으로!

그의 오른팔이자 2009년부터 케링 그룹에서 함께 해온 장 프랑수아 팔뤼Jean Francois Palus가 구찌 살리기에 나섰다. 그런데 대중이 사랑했던 톰 포드의 구찌, 프리다 지아니니의 구찌와 알레산드로 미켈레의 구찌는 조금 시대적으로 그 결이 다르다.

구찌가 젊은 세대의 사랑을 받은 것도 맞다. 하지만 톰과 프리다의 구찌와 달리 알레산드로 미켈레의 구찌는 중국에서 엄청난 매출을 올렸다. 구찌의 연간 매출의 약 35%는 중국에서 나왔다. '마르코 & 알레산드로'라는 절묘한 합으로 구찌는 2015~19년까지 이익이 약 4배, 매출이 거의 3배로 증가했다.

그랬던 구찌의 매출이 지속적으로 하락한 것은 럭셔리 트렌드가 #Oldmoney 스타일의 로고가 적고 클래식한 타입으로 바뀐 것도 한몫했다. 그리고 중국 소비자들의 럭셔리 소비가 예전처럼 크지 않다는 것도 문제이다.

그 외에 당황스러운 점도 하나 있다. 발렌티노의 지분을 케링 그룹에 매각한 메이홀라 그룹이 알레산드로 미켈레를 영입했다는 것이다. (이 무슨 주거니 받거니인지…)

메이홀라 그룹은 월터 알비니Walter Albini를 부활시켜 줄 적임자로 알레산드로를 선택한다. 월터 알비니는 한국에는 잘 알려지지 않지만, 지금의 이탈리아 밀라노 패션위크의 교두보를 만든 디자이너이다. 그 당시 그를 이탈리아의 이브 생 로랑이라고도 불렀다. 물론 오래된 브랜드를 다시 살리는 것은 쉽지 않다. 폴 푸아레, 마들렌 비오네 등이 부활했었지만 몇 시즌 컬렉션을 내고는 다시 잠자는 숲속의 공주가 되었기 때문이다.

다행인 것은 프랑수아 회장에게는 구찌와는 다른 결로 입생로랑을 성공시킨 프란체스카 벨레티니Francesca Bellettini가 있다. 그는 2023년 벨레티니를 케링 그룹의 브랜드 개발을 담당하는 부사장으로 임명했다. 케링 그룹 내 모든 럭셔리 브랜드의 CEO가 그녀에게 보고하고 브랜드를 전개하도록 체계를 만들어 줬다. 가지 많은 나무가 바람 잘 날이 없다지만, 케링 그룹 나무에는 가지마다 인재가 주렁주렁 열려 있는 것 같다.

그의 공격적인 인사이동과 브랜드 매입에는 럭셔리 업계가 또 한 번 변하고 있기 때문이라고 생각된다. 그리고 그 안에서 케링 그룹의 브랜드 포트폴리오 또한 변화가 필요하다고 인지한 것 같다. 말 말고 숫자로 보자.

2023년 상반기 미국 매출을 보면 LVMH는 지난해보다 3% 증가하는 데 그쳤다. 독립적으로 브랜드를 운영하는 버버리와 프라다는 각각 8%, 6%가량 매출이 줄었다. 그런데 케링 그룹은 무려 23%나 매출이 감소했다. 미국 시장이 중요한 이유는 글로벌 억만장자 10명 중 4명은 미국에 살고 있으며 그중 1명이 중국인이기 때문이다. 미국 매출이 준다는 것은 케링 그룹이 이제 변화해야 할 때라고 시장이 알려 주는 것인 듯하다.

숫자로 보면 쉽게 이해가 간다.

프랑수아 회장은 지금 생존을 위해 자금을 풀어 브랜드를 사들이고 있다. 브랜드 포트폴리오를 다각화해서 이런 소비자 변화로 올 수 있는 타격을 줄이고자 하는 것이다. 당장에 매출이 심각한 상황에서 성공이 보장되지 않는 브랜드를 사들여서 도전할 수는 없다.

지금 프랑수아 피노 회장의 경영 스타일은 다소 공격적이고 어쩌면 현금 유동성에 부담이 되는 타입일 수도 있다. 하지만 지렛대 효과 혹은 레버리지 효과라는 말처럼 투자한 만큼 좋은 효과를 볼 수 있다. 레버리지 효과는 현금박치기로 투자하진 않지만...

과연 프랑수아 회장의 과감한 선택이 기업 생존에 어떤 변수로 작동할지 향후 몇 년이 무척 기대된다. 추적 연구를 한다고 치면 케링처럼 흥미진진한 기업도 없을 것이다! 그러니 '케링 그룹', '구찌'를 뉴스 기사 한쪽에서 발견한다면 꼭 시간을 내어서 읽어 보길 바란다.

11

에두아르 메일란
논란의 럭셔리 시계 브랜드, H. 모저 앤 씨

'도발', 이것만큼 이슈몰이하기 좋은 키워드는 없다. '모 아니면 도'라고 얻는 것만큼 잃을 것도 많은 게 이런 류의 광고, 제품, 마케팅이다. 사람들은 이미 이런 것들에 질릴 만큼 질렸고 어지간해서는 놀라지 않는다. 손가락만 몇 번 움직이면 인스타그램의 릴스와 유튜브에서 기상천외한 영상을 하루에도 수십 개씩 볼 수 있기 때문이다.

> 우린 달라야 해요.
> 포인트는 사람들이 원하는 바에 귀 기울이는 데에서
> 더 나아가 그들이 놀라게끔 하는 겁니다.
> – 에두아르 메일란

이런 생각을 하며 '도발'로 스위스 럭셔리 시계 시장을 발칵 뒤

집는 시계를 내놓은 이가 있다. 바로 에두아르 메일란Edouard Meylan
이다. 스위스 럭셔리 시계 브랜드인 H. 모저 앤 씨H. Moser & cie 소
유주의 자손이자 CEO이다. 그가 2018년 했던 '도발'은 실로 엄
청났다. 무려 9개의 브랜드의 상징적 시계 요소 10개를 한 시계에
다 넣는 도발을 감행했다.

1) 롤렉스 GMT II의 베젤 색상 (시계 유리 테두리)

2) 오데마 피게의 베젤 모양 (시계 유리 테두리)

3) 파네라이 루미노르의 크라운 가드

   (시계 바깥쪽 테두리의 톱니바퀴 같은 모양)

4) 파네라이가 대중화시킨 샌드위치 다이얼-시계의 얼굴

   (숫자 등을 음각한 다이얼 상판 밑에 야광 다이얼을 붙여서 입체감을 살린 것)

5) 파텍필립 노틸러스의 다이얼

   (올록볼록한 가로패널이 줄무늬처럼 있는 다이얼 상판)

6) IWC 로고가 있는 다이얼

   (IWC 로고가 들어가는 위치에 H. 모저 앤 씨를 HMC로 표기한 로고 배열)

7) 브레게의 시계 바늘

8) 위블로의 케이스 (시계 본체의 전체 모양틀)

9) 까르띠에에서 영감을 받은 크라운의 카보숑

   (용두-시계 밥을 주는 시계 옆면에 작은 톱니바퀴 같은 것)

10) 제라드 페리코의 뚜르비옹 위의 브릿지

    (시계의 엔진 같은 무브먼트가 중력의 영향을 덜 받게 하는 장치. 시계 다이

    얼에서 보이도록 배치. 브릿지는 뚜르비옹을 다이얼에 고정시키는 장치)

이 엄청난 시계를 에두아르는 스위스 제네바의 시계 박람회에 출품한다. 이 시계는 하루 만에 전시에서 내려오게 되고 에두아르는 사과 성명을 발표했다. 그와 H. 모저 앤 씨는 여기서 멈추지 않고 계속해서 혁신적이고 도발적인 럭셔리 시계를 출시했다. 가장 최근의 두 개의 작품만 소개해 본다.

반타블랙 색상의 스트림라이너 시계인 '스텔스 모드'

스텔스기가 레이더에 잡히지 않는 것처럼 검은 구멍이 뚫린 듯 보이는 독특한 반타블랙 색상의 시계를 출시한다. 반타블랙은 나노튜브로 구성되어 있어서 빛을 99.965%나 흡수하는 특허를 받은 특수 물질이다. 그래서 반타블랙을 입힌 제품은 주변과 동떨어진 검은 덩어리 혹은 블랙홀처럼 보이도록 한다. 시계줄까지 새까만 반타블랙으로 되어 있는 H. 모저 앤 씨의 시계는 비현실적인 구멍으로 보인다. 검정 바탕을 배경으로 하고 시계를 놓으면 시계 바늘 외에는 아무것도 보이지 않는다.

인데버 센터 세컨즈 제네시스Endeavour Center Seconds Genesis

2022년 전 세계 최초로 아바타가 개봉하던 날 H. 모저 앤 씨는 '인데버 센터 세컨즈 제네시스' 시계를 소개한다. 시계 다이얼은 반타블랙으로 하고 다이얼을 덮는 시계 크리스탈에는 큐알코드가 각인되어 있다. 시계 테두리인 베젤과 크라운은 3D 프린터를 활용해서 픽셀이나 큐알코드가 확장한 것처럼 만들었다.

시계 소유자는 시계 위의 큐알코드로 블록체인이나 디지털 자산에 접근할 수 있다. 시계 보증서, NFT 예술품에 대한 VIP 열쇠도 받을 수 있다. 이를 구현하기 위해 블록체인 관련사, 소프트웨어 회사, 보험사, 디지털 지갑 운영사 등과 협력했다고 한다.

왜 이런 제품을 출시하는 걸까? H. 모저 앤 씨의 세일즈 디렉터인 니콜라스 호프만Nicholas Hofmann의 인터뷰에서 약간의 힌트를 얻을 수 있다. (원문의 뜻을 유지하면서 재구성했다)

(홈페이지) 브랜드 로고 밑에는 브랜드 네임과 슬로건인 'Very rare'가 들어간다. 보통 설립 연도나 제조국을 적는 것과는 다르다. 'Very rare'는 H. 모저 앤 씨가 어떤 브랜드인지 한마디로 보여 주는 슬로건이다.

H. 모저 앤 씨는 세 가지 측면에서 'Very rare'하다.

첫째, 가족기업이다.

대다수의 시계 브랜드가 큰 그룹에 속해 있는 시계 업계에서 매우 드문 경우다. 이들만의 기업가 정신이 있다.

둘째, 모든 것을 계열사에서 제작한다.

대부분 인하우스 매뉴팩처 브랜드라고 소개하지만 불분명하거나 대다수는 잘못된 의미로 사용한다. H. 모저 앤 씨는 무브먼트 부품부터 시계의 심장인 밸런스 휠과 헤어 스프링까지 모두 자체 제작한다.

셋째, H. 모저 앤 씨의 시계는 기발하다. 복잡한 기능의 시계도 간결하고 조작하기 쉽게 만든다. H. 모저 앤 씨의 퍼페추얼 캘린더는 전 세계에서 조작이 가장 쉬운 퍼페추얼 캘린더라고 니콜라스는 말했다.

광고도 제품도 다른 브랜드와 다르다.

영국의 '파이낸셜 타임스'에 낸 광고를 보면 'H. 모저 앤 씨의 시계는 희귀해서 자사 광고에도 등장하지 않는다'라는 문구만 넣었다. 시계는 없었다. 광고는 그러면 안 된다며 관계사들에 한 소리를 들어야 했다. 하지만 사람들의 호기심을 자극했고, H. 모저 앤 씨를 궁금해한 이들 덕에 웹사이트 유입이 늘었다. 이렇게 차이를 만든다. 획일화에 도전하고, 틀에서 벗어나 사고를 하기 위해 계속해서 시도한다고 한다.

세일즈 디렉터는 제품의 경우, 엔데버 뚜르비옹 시계의 컨셉이 좋다고 했다. 뚜르비옹 시계의 아름다움은 뚜르비옹 그 자체다. 그래서 엔데버 뚜르비옹 시계에는 H. 모저 앤 씨의 로고도 숫자도 없다. 시곗바늘과 뚜르비옹만 있어서 그 존재감이 강렬하다고 말했다.

브랜드의 CEO인 에두아르 메일란은 매우 창의적이라고 한다. 그는 브랜드에 대한 명확한 생각이 있고, 1년에 한두 번씩 브레인스토밍 세션을 한다. 세일즈, 마케팅, 생산 부서, 때론 워치메이커와 유통 협력자 등 대여섯 명의 사람이 회사 외부에서 모인다. 하루 종일 브레인스토밍 세션을 하며 아이디어를 종합해 신제품이나 새로운 플랫폼 등을 채택한다고 한다.

  브랜드의 비하인드 스토리와 대표로서의 에두아르 메일란, 그의
생각을 들여다보자.

  H. 모저 앤 씨는 러시아에서 시작된 브랜드이다. 러시아 귀족들
이 구스타프 파베르제Gustav Faberge가 보석을 맞췄다면, 시계 기술
자 하인리히 모저Heinrich Moser에게는 회중시계를 주문했다고 한다.
블라디미르 레닌도 고객이었다. 도스토예프스키는 이를 인용하기
도 했다. 하지만 러시아 왕조가 사라지면서 브랜드로 사그라들어
20세기에는 겨우 명맥만 이어 갔다. 그래서 192년 동안 주목을
받지 못한 브랜드이자 기업이라고도 했다.
  2012년, 오데마 피게Audemars Piguet에서 21년간 CEO를 지낸 조
르주-헨리 메일란Georges-Henri Meylan의 가문이 경영난에 처한 H.
모저 앤 씨를 인수한다. 조르주는 아들에게 경영을 맡기기 위해 회
사로 부른다. 그가 바로 에두아르 메일란이다.
  와튼 스쿨 출신의 엔지니어였던 그는 당시 35세였다고 한다.
에두아르는 H. 모저 앤 씨에 대한 인터뷰에서 이렇게 말했다. (분량
이 길어 원문의 뜻을 유지하면서 재편집했다)

'위기는 오히려 틈새시장을 노리는 기업들에 기회'라고 했던 장 클
로드 비버Jean-Claude Biver가 옳다고 생각한다.

  H. 모저 앤 씨가 경영난에 빠졌던 치명적인 원인은 효율성이었다.

제품 개발 때 공학적으로만 접근하면 '드림 워치'를 만들 수 있지만 리스크가 크다. 생산비용과 판매가격을 생각하지 않아야 만들 수 있기 때문이다. 효율성을 고려해서 투자했고, 결국 '밑 빠진 독'이 '효자 상품'이 되었다.

다른 원인은 브랜드 아이덴티티였다. 우리 시계는 제작 비용 대비 싸게 팔리고 있었다.

고객들이 'H. 모저 앤 씨의 시계는 정말 값어치를 한다'고 하는 말에 충격을 받았다. 값어치를 한다는 것은 '럭셔리하다'는 뜻이 아니다. 오히려 반대의 의미라고 생각한다.

많은 사람이 우리 브랜드에 관심을 가지게 하고 싶다. 도발적인 혁신(시계 컨셉이나 디자인)도 한몫하고 있다. 물론 이런 도발이 효과가 있을 수도 있고 없을 수도 있다.

프랑스에는 '화가의 작품 한 점만 보고 그 화가를 판단할 수는 없다'라는 표현이 있다. 그 화가를 알려면 그의 모든 작품을 봐야 한다는 뜻이다. H. 모저 앤 씨 시계의 공통점은 제품 컨셉 자체보다 내포한 메시지에 무게를 둔다. 시대를 반영하려고 노력한다.

H. 모저 앤 씨는 진화 중이다. 그렇다고 역사에 갇혀 있지 않는다. 과거에 매몰되지 않으면서, 과거로부터 영감을 받는 것이 중요하다.

***

세상은 넓고 럭셔리계에는 눈이 아릴 정도로 재능이 찬란한 능력자들이 많다. 그들 중에 유독 눈에 각인되는 이들을 골랐지만 담지 못한 이들이 더 많다. 독특한 세계관으로 유명한 영국 드라마 셜록에서 주인공은 "사람들은 3개를 찾으면 그만 찾지"라는 대사를 한 적이 있다. 그리고 숨겨 둔 4번째 도청기로 범인을 잡는다.

셜록의 말을 삶에 인용하자면, "인생의 키^{key}는 고작 몇 개를 찾았다고 끝나지 않는다."가 될 것 같다. 럭셔리 괴짜 몇 명을 얼마나 더 찾아볼지, 혹은 이대로 만족하고 아카이빙을 할지는 각자의 선택이다. 다만 새로움을 받아들이는 것만은 멈추지 말기를 빈다.

똑같은 지문을 가진 이는 없다. 이건 모두가 럭셔리만큼 고유하고 특별한 존재라는 의미이다. 럭셔리는 유일무이^{唯一無二}한 아이덴티티를 추구한다. 저마다 그리는 세계관이 언뜻 비슷할 수는 있으나 그 속을 들여다보면 그 모두가 제각각 유일무이할 것이다.

다시 말하지만,
그래서 럭셔리도 럭셔리 만들어 내는 괴짜들도 '8개의 유'다.

유유자적 여유로워 보여도 그 속은
유난스럽고
유별난데 그 덕분에
유명하다. 그래서

유사품이 있어도

유일무이한 매력으로

유독 높은 가격에도 사랑받으며

유리한 위치에서 고객의 열망을 채워 주는 것이

바로, 럭셔리이다.

– 저자 박소현

PART
6

럭셔리, 또 한 번의
변화가 올 때가 왔다

01

K-럭셔리를
꿈꾸다

첫 장부터 럭셔리를 고전처럼 읽으라 하고, 2장에선 대학교 1학년이 듣는 교양 수업처럼 한다며 야매스럽게 럭셔리를 설파했다. 이어진 3장, 4장, 5장에서는 럭셔리 필드의 괴짜들인 창업자, 크리에이티브 디렉터, 오너의 이야기까지 조금은 구구절절하게 소개한 바가 없지 않아 있다.

이렇게까지 한 것은 '이제 한국이 럭셔리를 할 때가 왔다'라는 이야기를 하고 싶었기 때문이다. 그래서 이번 장의 마지막 육하원칙 단어는 시간을 뜻하는 'When', 바로 '언제'이다.

뜬금없는 소리 같을 수도 있다. 하지만 지금 한국의 대중이 럭셔리 필드, 더 정확하게는 한국인 디자이너가 이끄는 럭셔리 패션 브랜드에 조금만 더 주목해 준다면! 이들은 새끼 가재에서 더 희소성이 높은 럭셔리 필드의 푸른 가재가 되어 줄 것이기 때문이다.

대중의 관심과 칭찬은 큰 힘이 되고 요즘은 투자자도 모아다 준다.

타국에서 이방인으로 살며 사업을 하거나 직장생활을 하는 이들에게 모국의 응원은 바이레도의 창업자인 벤 고헴이 말했던 '스프레자투라sprezzatura', 아무리 어려운 일이라도 쉬운 일처럼 해낼 수 있는 내적 단단함을 기르는 데 도움이 된다. 지금 럭셔리 필드에서 일하는 한국인 패션 디자이너들은 폭발적으로 성장할 가능성이 높다. 그러니 관심을 조금만 보태 주면 그들의 어깨가 좀 더 가벼워질 것이다.

멋진 디자이너가 너무 많지만 그중에서 이 책을 쓰며 K-Luxury라는 단어를 당차게 쓸 수 있는 계기를 만들어 준 Miss SoHee를 소개해 보려 한다.

Miss SoHee는 한국에서 나고 자란 디자이너 박소희 씨가 만든 오트 쿠튀르 브랜드이다.

2023년 4월 봄, 미국의 부통령인 카밀라 해리스는 한미 수교 70주년을 기념하기 위해 미국을 방문한 윤석열 대통령을 국빈 만찬장에서 만났다. 이때, 그녀는 Miss SoHee가 디자인한 아름다운 벌룬 소매의 블루 블라우스와 블랙 팬츠를 입고 나갔다.

인스타일지는 늘 딱 떨어지는 정장 차림의 카밀라 해리스의 만찬장 룩Look을 칭찬하며 만찬에 참석했던 안젤리나 졸리와 함께 언급할 정도였다. 해외 국빈 만찬에 입는 옷은 비언어형 외교이기에 세심하게 선별된다. 그런 자리에 Miss SoHee가 선택되었다니 같은 한국인으로서 참 기뻤다. 안타깝게도 한국에는 이 내용이 보도된 기사를 찾을 수 없었다.

그녀를 소개하는 또 다른 이유는 그녀가 카밀라 헤리스를 위해 만든 블루 블라우스에는 한국의 민화를 본뜬 자수 라벨이 있었기 때문이다. 블루 블라우스 안쪽에 빨간 작약과 까치 호랑이가 들어간 Miss SoHee의 자수 라벨을 보며, 한국다운 K-Luxury가 정말 머지않았다는 징조를 목도한 것 같았다.

Miss SoHee는 이미 오트 쿠튀르 브랜드로 해외에서 유명하다. 그녀의 드레스를 입은 해외 셀러브리티로는 아리아나 그란데, 젠다야, 판빙빙, 블랙핑크의 리사, 카디비, 마일리 사이러스 등으로 그야말로 쟁쟁하다. 프랑스 정부가 나서면서 프랑스가 이탈리아보다 더 굳건한 럭셔리 산업을 이룬 것처럼 한국의 럭셔리 인재들에게 좀 더 많은 관심이 필요한 시점이다.

그 관심이 럭셔리 필드에서 고군분투하는 한국인 인재에게로 간다면 K-Luxury의 방점을 찍는 순간이 빨라질 것이다. 이미 성공한 이들에게 겨우 5천만 한국인의 관심이 뭐가 중요하냐라는 사람도 있을 것이다. 하지만 잘하는 이들도 칭찬이 고프다. 그리고 이들은 향한 칭찬은 다른 이들을 위한 긍정적 자극도 된다.

2021년의 샤넬 넥스트 프라이즈Chanel Nest Prize의 심사위원으로 선정된 데이비드 아디아예 경은 '문화 분야에서 상을 받는 게 중요하다고 생각하는 이유'에 대해 이렇게 말했다.

상은 차세대 예술가들의 동기를 자극합니다.

꿈을 꾸는 것이 중요하고, 세상은 완벽하지 않으며,

계속해서 새로운 세계를 탐구해야 한다는 점을 떠올게 만들죠.

또한,

최고의 자리에 오른 인물들을 시상대 위에 올려

그들의 무한한 가능성, 그들만의 소견과 그것을 밀고 나가는 힘,

거기서 생기는 위험 등을 감수하고

나아가 다른 동료들보다 돋보이는 존재로 거듭나게 합니다.

— 데이비드 아디아예 경

Miss Sohee 외에도 해외에서 활동하는 뛰어난 한국인 디자이너가 여럿 있다. 한국의 소비 행태나 위상도 높아지고 있으니 K-Luxury를 조망하는 건 어쩌면 당연한 수순이기도 하다. 함부로 단언할 수는 없지만, K-Luxury가 생겨날 여건은 갖춰진 상황이라고 말하고 싶다.

이 장에서는 먼저 '우리가 럭셔리를 할 수 있는 이유'를 설명하려고 한다. 뒤이어 앞장의 여러 럭셔리의 인사이트를 종합해서 정리하고, 럭셔리의 판세를 읽기 쉽도록 그간의 변화와 앞으로를 조망하며 조심스레 럭셔리에 대한 이야기를 마무리하려 한다.

지금으로서는 예측일 뿐이지만, 한국이 럭셔리를 생산할 수 있

다면 콘텐츠 강국을 넘어 현재 무너지고 있는 국내 제조기반을 단단히 할 기회로 삼아 제조강국으로서 한 단계 더 진보하게 될 것이다. 그게 가능한지는? 4가지 산업에 속한 4개의 한국 브랜드이자 기업을 예로 들어 설명할 수 있다.

성공한 사람들은 상상력을 활용했다.

그들은 앞서서 생각하고,
정신의 그림을 아주 세부적인 곳까지 창조하면서 여기저기를 채우고,
이것저것을 약간 바꾸지만 그래도 한결같이 쌓아 올렸다.

한결같이!
– **로버트 콜리어**

첫째, 브랜드 출생 국은 해외일지언정 현재 럭셔리 브랜드의 모회사가 한국인 경우가 있다.

세계적인 회계 컨설팅 그룹인 딜로이트는 'Global Powers of Luxury Goods 2021 (Breakthrough luxury)' 리포트를 발행했다. 이 리포트에는 2020년 회계연도 상위 100대의 글로벌 파워 럭셔리 기업의 순위도 함께 발표한다. 여기에 MCM 그룹은 67위로 명명됐다. 1976년 독일 뮌헨에서 생겨난 MCM^{Modern Creation Munchen}은 2005년 한국의 성주 그룹이 인수해 지금에 이르렀다.

명확한 건 하나다. 지속적으로 성장하며 해외에서도 인정받는 럭셔리 브랜드를 경영하는 기업이라는 점이다.

MCM은 가죽제품 카테고리의 매스티지 럭셔리 브랜드라 할 수 있다. 한국이 이런 해외 브랜드를 인수하고 세계적으로 알리는 노하우가 있다는 것은, 직접 발굴하고 만들 수 있는 잠재력을 가지고 있는 것으로도 볼 수 있다. 매스티지 럭셔리 브랜드를 경영해 본 전력이 있는 것과 없는 것의 차이는 크다.

둘째, 럭셔리 브랜드 이름과는 별개로 진짜 제품 자체를 ODM 으로 만들 수 있는 제조 파워가 있다.

'시몬느Simone'라는 한국 회사가 있다. ODMOriginal Design Manufacturing, 제조업자개발생산 방식의 핸드백 제조 기업이다. ODM은 단순 생산이 아니라 고객사가 원하는 기술 및 제품을 자체 개발하여 납품하는 고부가가치 생산 및 제조 방식이다.

시몬느의 고객사로는 럭셔리 브랜드로 익히 알려진 마크제이콥스Marc Jacobs, 마이클 코어스Michael Kors, 코치COACH, 토리버치Tory Burch 등이 있다. 럭셔리 핸드백은 이탈리아나 프랑스에서만 만들어질 것 같지만 한국에서도 가능한 것이다.

이는 한국의 핸드백 제품 및 디자인 기술력이 뛰어나며 럭셔리 브랜드들에게 매력도가 높다는 것을 보여 준다. 시몬느가 납품하는 고객사의 핸드백은 매스티지 럭셔리 정도의 디자인과 퀄리티 비율이 높다. 하지만 그건 납품을 위한 것이라 이것만으로 이 회사의 능력을 단편적으로 한계 지을 수는 없다. 현재 0914라는 자체 브랜드로 자신들의 디자인력과 기술력을 보여 주는 여러 핸드백 작품들을 선보이고 있다. 럭셔리 산업 분야에서 제조 기반이 있다는 것은 큰 장점이 된다.

셋째, 럭셔리 아이웨어 제품을 만들 수 있는 인프라와 노하우가 구성되어 있다.

한국의 안경 산업은 해방 이후 대구를 중심으로 생겨났고 지금도 한국에서 수출되는 안경테의 80% 정도는 대구에서 생산된다. 앞서 소개한 핸드백과는 반대로 한국의 안경 산업은 OEM^{original} equipment manufacturing, 주문자상표부착생산으로 성장했다. 1980년대에는 한국은 세계 2위의 안경테 수출국이었다. 그러나 어느 산업 분야나 비슷하겠지만, 2000년대 전후로 중국이 OEM 분야에서 급부상하면서 현재 한국은 전 세계 안경테 수출국 8위 정도라고 한다.

한국의 럭셔리 아이웨어 중 세계적으로 유명한 브랜드로는 '젠틀 몬스터^{Gentle Monster}'가 있다. 2014년 제13회 대구국제안경전에서 김한국 젠틀몬스터 대표를 인터뷰한 기사는 젠틀몬스터를 이렇게 기록했다.

젠틀몬스터는 첫 해 5명의 직원으로 1억 원 정도의 매출을 올렸다. 2014년 35명의 직원, 100억 원 수준의 매출을 내며 대구에 많은 협력업체와 중국에 자체 공장을 보유하고 있다. 그래서 안경 업계가 젠틀몬스터에 거는 기대도 크다.

손진영 한국안경산업지원센터장은 젠틀 몬스터가 젊은이들이 기피하는 낙후된 안경산업의 이미지를 바꾸고 있는 혁신적인 업체라며 분명 몇 년 내 세계적인 업체가 될 것이라며 칭찬을 했다. 김 대표는 당시 젠틀몬스터의 정신이 '세상과 사람을 놀라게 하자'

였다고 했다. 어딘가 H. 모저 앤 씨 대표와 겹쳐지는 느낌이다.

　자국에 제조 기반이 있다는 것은 세상을 놀라게 할 럭셔리 브랜드를 만드는 이들을 위한 자양분이 된다.

넷째, 한국 기업이 럭셔리 패션 브랜드를 인수해서 재활성화 시키려는 시도를 했다.

2020년 11월 신세계 인터내셔날은 야심 차게 시작했던 '신세계 푸아레Shinsegae Poiret S.A.S' 사업을 종료했다. 푸아레Poiret란 브랜드 네임으로 2018년 F/W, 2019년 S/S 두 차례의 컬렉션 후에 내린 결정이었다.

폴 푸아레Paul Poiret는 '패션의 왕'이라고 불리던 1900년대 디자이너로 모더니즘의 선두 주자라는 평을 받는 디자이너였다. 패션 디자이너 최초로 향수를 출시하는 등 혁신적인 면모가 많은 이였다. 폴 푸아레는 패션 전공자라면 복식사에서 늘 배우는 전설과도 같은 디자이너이다.

푸아레는 이후 2021년 3월 '뽀아레POIRET'란 이름의 화장품 라인으로 출시됐다. 국내 모델로는 전지현이 선정되었다.

여기까지만 보면 혹자들은 부정적으로 볼지도 모르겠다. 그러나 대기업이 뛰어들 만큼 매력적이고 사업성도 타진했다는 점에서 만약, 처음이 아니었다면 다른 결과가 나왔을지도 모른다. 첫 실패에 너무 냉혹하게 굴지 말자. 뵈브 클리코는 2번이나 실패했고 그 기간은 10년도 넘었다. 하지만 결과는 어떠한가? 기다려 줘야 한다.

패션 외에도 LG 시그니처SIGNATURE, 제네시스GENESIS 등등 가전부터 자동차까지 글로벌 시장에서 한국의 고급 브랜드들이 하나둘 인정받고 있다. Made in Korea의 고급화가 진행 중이다.

한국은 럭셔리의 전 분야는 아니지만 특정 제품군에 따라 경영 능력, 디자인 생산 능력, 기술과 인프라까지 일부 갖추고 있다.

그렇다면 MCM, 시몬느, 젠틀몬스터, 한국 패션 대기업이 다져 놓은 기반 위에 진짜 한국에서 나고, 자라날 수 있는 글로벌 럭셔리 브랜드는 어떻게 해야 탄생할 수 있을까? 향수 브랜드 르 라보 Le Labo처럼 딱 맞는 브랜딩 비율을 찾으면 되지 않을까?

① 르 라보는, 뛰어난 두 명의 조향사가
② 프랑스 향수 원료의 산지로 유명한 그라스의 향수 원료를 가지고
③ 합리적이고 트랜디한 뉴욕으로 가서
④ 마치 연구실Labo에서 실험하듯 향을 조합해 내놓으며 유명해진다.

즉, ①노하우 보유자 + ②최고의 원부자재 + ③최적의 장소 + ④차별화될 만한 브랜드 프레젠테이션이 필요하단 말이다. 한국에 아직 부족한 것은 ④번 같다.
다행스러운 것은 ④번은 어렵지만 여러 사례를 학습하거나 인력 수급으로 구축할 수 있다는 점이다. 시간이 걸리겠지만 말이다.

병아리가 홀로 알을 쪼아서 깨고 나오는 것보다 밖에서 어미 닭이 병아리가 쫀 부분을 쪼아 주면 훨씬 쉽게 부화할 수 있다. 이를 줄탁동시啐啄同時라고 한다. 모든 창조적인 것은 내적 역량도 중요하지만, 외적 환경도 중요하다. K-Luxury는 가능성이 있다. 그러니 우리는 럭셔리를 의식적으로 더 가까이할 필요가 있다.

한국이 단순히 럭셔리를 소비하는 것을 넘어 학습하다 보면 머지않아 K-Luxury의 줄탁동시가 일어날 것이다. 럭셔리의 브랜딩만 배우더라도 한국산 브랜드의 매력과 깊이가 깊어지는 효과를 불러올 것이다.

02

악어처럼 진화한
럭셔리의 인사이트 8가지

    박사 논문에서 브랜드의 수명주기를 연구하고, EMBA의 비즈니스 프로포절에서 럭셔리 패션 브랜드의 재활성화를 조사하며 깨달은 것이 있다.

    럭셔리는 결코 낡거나 늙은 브랜드가 되지 않는다는 것이다. 그들은 계속해서 악어처럼 어떻게든 환경에 맞게 자신을 움직이기 때문이다. 앞서 봐온 럭셔리 괴짜들만 봐도 그렇다. 이렇게 하는 비법은 히스토리History를 헤리티지Heritage로 바꿔 버리는 것이다. 베르나르 아르노 회장은 이런 말을 했다.

럭셔리 비즈니스는 반드시 헤리티지에 기반해야 한다.

In the luxury business, you have to build on heritage.

히스토리와 헤리티지는 언뜻 '닭이 먼저냐 달걀이 먼저냐?'처럼 경중을 따지기 모호한 용어이다. 이를 설명하기 위해서는 유네스코UNESCO의 세계유산World Heritage이 제격이다. 유네스코 세계유산은, 후대까지 전할 가치가 있어 선대(전 세계)가 보호해야 할 인류의 유·무형적 문화 자산을 말한다.

브랜딩에서 히스토리는, 브랜드의 주요 행보로 시간의 경과에 따른다. 헤리티지는, 그중에서 유네스코 세계유산처럼 오래도록 빛바래지 않는 가치가 있어 유산으로 남길 만한 것을 뜻한다. 정리하면, 히스토리 중 일부만이 브랜드 헤리티지가 될 수 있고 이는 제품처럼 겉으로 드러나는 것이거나 기억에 남거나 가풍처럼 내부적으로 전승되는 것들이란 말이다.

대부분의 럭셔리 브랜드들은 최소 30년에서 300년 가까이 되는 히스토리History를 가지고 있다. 이들 브랜드는 이 오래된 히스토리를 '자본'으로 전환이 가능한 헤리티지Heritage로, 문화로 악어처럼 진화시킨다. 그래서 '오래됨'을 '깊어지고', '짙어진' 것으로 치환하여 '신뢰'로 여겨지게 한다. 쥐라기 이전부터 생존했던 악어는 원시적인 형태로 지금껏 살아남았다.

럭셔리는 마치 악어처럼 근원적인 것은 두고 환경과 트렌드에 부합하게만 자신을 진화시켰다. 그렇게 '경쟁력을 생존력으로' 바꾸고 있다.

만약 '연혁'스러운 히스토리만 럭셔리 브랜드에 있다면 그 브랜드는 '늙거나', '쇠퇴'하다 우리들의 기억 속에서 사라져 버렸을 것이다. 브랜드 내부의 요인이든 외부의 환경적 요인이든 지금까지 살아남은 럭셔리 브랜드는 그렇게 되도록 혹은 외부에 그런 식으로 인식되게 내버려 두지 않는다.

2002년 LVMH 그룹과 모건 스탠리의 소송도 그 예로 들 수 있다. 이 소송은 모건 스탠리가 LVMH의 루이비통(1854년 런칭)이 이제는 '성숙한 브랜드Mature Brand'라고 하며 발생했다. 왜냐하면 브랜드 수명주기에서 '성숙'은 도입기→성장기→성숙기→쇠퇴기 중세 번째 단계로 브랜드의 쇠퇴가 멀지 않았음을 암시한다. LVMH 그룹으로서는 결단코 좌시할 수 없는 문제였다.

비즈니스에는 늘 위기가 찾아온다. 만약 히스토리만 브랜드에 남은 것 같은 시기가 온다면, 이를 유·무형의 탄탄한 헤리티지로 전환하는 럭셔리의 악어 같은 노하우를 적용해 보자.

인사이트-1 필요 없는 것은 과감히 버려라

물가보다 더 가파르게 오르는 게 있다면 바로 럭셔리 제품의 가격일 것이다. 오르는 이유도 가지각색이다. 이렇게 되면 안 살 법도 한데... 럭셔리 소비자들은 새벽부터 오픈런을 한다.

누군가에겐 럭셔리는 대체 불가한 필수품이기 때문이다.

럭셔리는 어떻게 고객을 이렇게 만드는 걸까? 궁금하다면 그저 장 노엘 캐퍼러 교수가 언급한 마케팅 반대법칙 18가지를 구구단처럼 외우자. 여기에 거의 모든 답이 있다.

외우려 들면 들수록, 과거에 배운 많은 것들이 이 18가지 법칙을 조목조목 반박할지도 모른다. 기존에 배운 마케팅적 방식을 바탕으로 이해를 하려고 하기 때문이다. 럭셔리는 다른 산업과 다르다. 첫 장에서 언급한 것처럼 럭셔리는 일부러 잊고 다시 배우는 수단이다. 그러니 먼저 외우고, 럭셔리를 고전처럼 읽다 보면 럭셔리와 고객 그리고 사회 간의 메커니즘이 보이고, 이 18가지 법칙을 납득할 수 있을 것이다.

또한, 새롭게 배우려면 기존의 생각을 악어에게 물린 다리처럼 잘라 버릴 필요도 있다. 다리 하나가 잘려도 사람은 살 수 있다. 하지만 그 다리를 포기 못 하면 우린 악어에 질질 끌려가 죽고 말 것이다. 이 표현은 투자 심리학에서 나오는 '악어의 법칙' 또는 '악어 효과'라고도 한다. 이 효과는 원금을 챙기려다 더 큰 손해를 보게 되는 사람의 심리를 보여 준다. 버릴 건 버려야 한다.

잔혹하지만 현실은 더 냉혹하다. 배운 것을 부정하기란 어렵다. 18가지 법칙을 그냥 외우려는 자세는, 과감하게 '잘라 버린다'라는 냉정함과 함께 과거의 지식에 연연함을 환기시켜 주는 계기가 되어 줄 것이다. 과거를 답습해서 일이 풀리지 않는다면, 과감하게 버려 보자. 그저 구구단 같은 거라고 생각하면 된다. 자신이 모르는 분야를 과거에 타 분야에서 배운 것을 기반으로 이해하려고 드는 것은 오만에 가깝다. 그러니 그저 외우자.

〈마케팅 반대법칙 18가지〉

1. '포지셔닝'은 잊어라. 럭셔리는 상대적인 것이 아니다.

2. 당신의 제품에는 충분한 결점이 있는가?

3. 고객들의 요구에 아첨하듯이 쫓아가지 말라.

4. 열광팬이 아니면 제외해라.

5. 상승하는 수요에 응하지 말라.

6. 고객을 지배하라.

7. 고객들이 구입하기 힘들게 만들어라.

8. 고객을 비고객으로부터, 큰 고객을 작은 고객으로부터 보호하라.

9. 광고의 역할은 판매에 있지 않다.

10. 목표로 삼지 않은 고객들에게도 알려라.

11. 추정 가격은 항상 실제 가격보다 높아 보여야 한다.

12. 럭셔리가 가격을 정하는 것이지, 가격이 럭셔리를 정하는 것이 아니다.

13. 수요를 증가시키기 위해 시간이 지나면 가격을 올려라.

14. 전 제품의 평균가를 계속 올려라.

15. 판매하지 말라.

16. 광고에 스타를 기용하지 말라.

17. 창의력을 위해 예술과 가까이 지내라.

18. 공장을 이전하지 말라.

인사이트-2 경쟁자를 바꾸거나 품어 버려라

럭셔리가 아무리 포지셔닝을 하지 않는다 해도 경쟁 브랜드는 있기 마련이다. 2010년대, 럭셔리 브랜드들은 럭셔리 브랜드가 아닌 자신들의 유통사를 경쟁 브랜드로 삼았다. 그 내막은 이렇다.

전통적으로 럭셔리 브랜드들은 자사의 온라인 쇼핑 플랫폼을 만들지 않았다. 온라인 유통사인 쇼핑몰들이 자신들의 제품을 파는 것을 허락했을 뿐이다. 그러나 아마존에 익숙해진 소비자들의 구매행태가 럭셔리에도 이어졌고, 코로나19는 온라인화를 더욱 가속시켰다. 덕분에 온라인 럭셔리 쇼핑 플랫폼인 파페치, 네 타 포르테 등이 급속도로 성장했다.

판매 데이터 분석과 고객 정보가 AI 시대를 맞아 중요해지면서 럭셔리 브랜드들은 자사의 온라인 쇼핑몰을 하나둘 오픈하면서 자신들의 경쟁 브랜드를 온라인 유통업체로 선회했다. 장 노엘 캐퍼러 교수가 말한 '모든 브랜드의 경쟁자는 유통이다'라는 말이 실현되었다.

럭셔리 브랜드는 온라인 자사몰의 판매를 증대시켜 데이터 및 고객 정보를 확보하고 유통사에 지불하던 수수료 비중을 낮춰 수익을 확보했다. 파페치, 네 타 포르테 등의 럭셔리 유통사가 급성장하자 럭셔리 모회사들은 온라인 럭셔리 쇼핑 플랫폼을 M&A 해서 자회사로 품었다. 그리고 바이럴에 힘을 쏟았다. 소셜미디어가 바로 그들의 판매를 높여 줄 또 다른 장이었기 때문이다. 인기가 있다면 K팝 스타이든 중국인들만 아는 중국 스타이든 인플루언서 마케팅으로 그들을 적극적으로 브랜드 엠버서더로 모셨다. 지금도 그렇다. 럭셔리 브랜드 입장에서는 이전까지 해본 적이 없던 방법이었을 것이다.

이는 악어와 닮았다.

얼마 전 홀로 동물원에서 18년 동안 살았던 암컷 악어가 수컷 없이 '단성생식' 즉, 스스로 임신했다. 알의 유전자는 그 암컷과 99.9%와 같았다. 정말 수컷은 없었다.

악어는 자웅동체가 아니다. 럭셔리도 그렇다. 그러나 필요하다면 악어처럼 스스로 만들거나 안 되면 아예 품어 버려야 한다. 그만큼 당면한 변화에 따라 생존하는 것이 중요하기 때문이다.

굼뜨게 있다가 아차! 하는 순간에 브랜드가 쓰러질 수도 있다. 미국의 여러 백화점 유통 체인이 온라인 쇼핑 선점권을 파페치 같은 곳에 뺏기고 코로나19로 인한 경영악화로 그 힘을 잃었다.

악어도 몸집이 크지만 요즘 기업들도 그렇다. 어떤 변화는 고착화된 관념을 자양분 삼아 하룻밤 사이 하늘까지 자라난 잭의 콩나무 같은 커다란 여파을 일으켜 기업을 쓰나미처럼 덮친다. 변화를 간과한다는 것은 큰 몸짓을 유지할 때 치명적인 결과를 초래할 수 있다. 전통적인 경쟁구조 밖의 경쟁자가 도사리고 있다. 럭셔리 업계와 미국의 여러 백화점 유통 체인이 파페치처럼 변화의 선봉에게 고객을 빼앗긴 것은 그 약간의 변화를 간과했기 때문이다.

고객의 입장에서 편의를 기준으로, 기술의 발전과 그 작은 변화를 함께 시뮬레이션 해본다면 아마 이런 실수의 폭은 좁아질 것이다. 만약 동물원의 암컷 악어처럼 환경을 개선할 수 없다면? 자웅동체라도 되어야 한다. 악어처럼! 중요한 건 생존이다. 생존을 위해 고착화된 관념이나 경험치를 내려놓고 변화를 객관적으로 파악하고 솔루션과 기회를 포착해야 한다.

인사이트-3 럭셔리 헤리티지를 현명하게 전승해야 한다

구찌는 아들들 간의 분쟁과 딸을 상속에서 제외하는 등, 가족 불화와 유산 전쟁으로 지분을 PPR 그룹(케링 그룹의 옛 이름)에 넘겼다. 여기에는 조건이 하나 붙었다. 절대로 '구찌' 성을 가진 자가 구찌 브랜드의 경영에 참여하지 못하게 한다는 것이었다. 가족 간에 청부살인까지 오고 갔으니 어쩌면 이게 나름의 현명한 선택이었는지도 모른다.

앞서 소개했던 많은 럭셔리 브랜드처럼 헤리티지를 현명하게 전승하거나 상속한 경우도 많다.

외형을 바꿔서 크게 또는 작게 환경에 맞게 변화하는 것은 진화의 모습 중 하나이다. 그러나 악어는 그렇지 않다. 악어는 생존을 위해 진화할 필요가 없다. 이미 악어는 그 자체로 충분히 효율적이고 다방면에 능한 신체 능력이 있어서다. 그런데 이런 악어도 진화할 때가 따로 있다고 한다. 바로 기후가 따뜻해질 때다. 이럴 때 악어는 빠르게 진화하면서 자신의 몸집을 키운다. 열대 우림의 곤충이나 동물이 큰 것처럼 따뜻한 기후는 진화에 큰 역할을 하는 것 같다. 한편으로는 악어가 자신이 처한 환경에서 최상위 포식자의 자리를 지키기 위해서 더 이상 진화할 필요가 없음에도 성장하는 것만 같다.

럭셔리로 보자면, 럭셔리가 빠르게 진화해야 할 때는 바로 시장 및 고객 변화, 경제위기, 매출 하락, 가업승계, M&A 전후, 창업자가 영면에 들거나 크리에이티브 디렉터나 CEO를 교체해야 할 때이다.

그 외에 갑자기 브랜드 재정 상황이 나빠지거나 브랜드를 기업으로 키우고 싶다면 지분 매각이나 브랜드 매입도 고려해야 한다. 자금 없이 유지될 수 있는 헤리티지 따위는 없다. 그렇다면 빠르게 의사결정을 해야 한다.

변화하는 상황 속에서도 헤리티지가 중요한 것은 함부로 만들수도 없고 브랜딩을 넘어서는 파급효과가 있기 때문이다. 샤넬도 샤넬이 만들어 놓은 헤리티지가 없었다면 2번이나 재기에 성공할 수 없었을 것이다. 헤리티지가 있다는 것 자체가 황금알을 낳는 거위의 주인이 된 것이다.

헤리티지만 있다면, 럭셔리나 브랜드는 크리에이티브 디렉터와 CEO의 힘을 빌려 얼마든지 되살릴 수 있다. 그러니 악어처럼 필요가 없어도 상황에 맞게 따뜻한 기후 같은 변화가 찾아오면 몸집을 불리고 성장하는 진화를 해야 한다.

독불장군이 되어 과거에만 머물다 망하면 자신만 손해다. 기사가 공주를 지키듯이 헤리티지를 사수하며 진화해야 한다.

인사이트-4 강점을 발견하자

악어는 물가인 강, 호수, 습지의 최상위 포식자이다. 땅에서 사냥해도 수중으로 끌고 가서 먹어 치운다.

럭셔리 브랜드도 그렇다. 이들은 신세대가 열광할 만한 헤리티지 제품의 마케팅은 철저히 신세대의 눈높이에 맞춘다. 자신이 있는 한 가지 강점에 의지해서 한 제품군으로만 밀어붙이기도 한다. 이들은 악어처럼 자신의 강점을 활용해 생존할 수 있는 최적의 공간을 계속해서 찾는다. 예를 들기 위해 '에루샤'란 명칭으로 한국의 대중이 인정하는 3대 럭셔리 브랜드인 에르메스, 루이비통, 샤넬의 방법을 살펴보자. 요즘 젊은 세대에게 이들은 자신들의 강점을 이렇게 어필한다.

에르메스는 뉴욕의 팝업 스토어에 노래방을 오픈했었다. 에르메스는 윈도우 디스플레이를 공연 무대처럼 아름답게 만드는 것으로 유명하다. 그런 에르메스가 만든 노래방이니 가히 영화 세트장을 방불케 했다. 한국의 십대들이 코인 노래방을 좋아하는 것처럼 노래방은 젊은 층을 모여들게 하기 좋은 수단이다. 하물며 에르메스스럽다니 바로 인증샷각이다!
루이비통은 온라인 게임의 캐릭터 의상을 판매하고 1980년대 배경의 온라인 게임도 출시했다. 이유는 심플하다. 루이비통을 사는 많은 중국 여성이 온라인 게임의 이용자라고 한다. 이용자가 있는 곳에 자신들의 물건을 가져다 놓았을 뿐이다. 그리고 레트로가 주류 트렌드가 되면서 게임 또한 레트로가 인기였다. 루이비통은 그저 변화를 잘 받아들였고, 고객이 있는 곳에 언제나 루이비통이 있게 한 것뿐이다.

샤넬은 칼 라거펠트가 고인이 되기 전인 2018년 패션쇼를 준비하는 그의 모습을 다큐멘터리, 세븐 데이즈 아웃7 DAYS OUT으로 넷플릭스에서 공개했다. 브랜드의 산증인이자 아이콘인 이가 요즘처럼 아이덴티티를 따지는 신세대 고객들이 즐겨 보는 넷플릭스에 등장하는 그것만큼 브랜드를 어필하기 좋은 방법이 또 있을까? 아직은 샤넬의 립스틱 정도밖에 살 수 없는 고객들일지라도 그들 중 누군가는 성장해서 VIP 고객이 될 것이니 말이다.

가장 매력적이고 잘할 수 있는 곳으로 고객을 끌고 가라! 에르메스, 루이비통, 샤넬처럼 토탈 브랜드가 아니어도 괜찮다. 브랜드가 잘하는 게 한 가지뿐이어도 괜찮다.

캐나다 구스와 몽클레르는 패딩 한 가지로 시작했다. 뵈브 클리코와 아르망디 브리냑은 샴페인이 주이다. 크리스찬 루부탱은 신발, 롤렉스는 시계, 리모와는 트렁크에만 집중했다.

가장 강하고 잘하는 것으로 시장과 고객을 확보하는 것이 먼저이다. 부족하다면 콜라보레이션도 하고 예술을 활용해서 전시도 기획해라. 괜히 구색 맞추기로 제대로 된 전략도 없이 상품군만 늘리지 말자. 특히 신규 브랜드라면 소비자에게 강렬하게 인식될 단일화된 메시지 그 하나만 각인시키기도 녹록치 않다. 그러니 브랜드가 각인되기 전까지 브랜드 확장은 매우 조심스럽게 해야 한다.

그 카테고리의 최상위 포식자가 되는 것을 목표로 해라. 그러면 그 강점이 크든 작든 후광효과가 되어 고객을 유인해 줄 것이다. 후광효과는 불꽃 놀이처럼 빛이 크면 큰 대로 반딧불이처럼 작으면 작은 대로 저마다의 아름다움으로 고객에게 영향을 미친다.

　럭셔리처럼 강점을 활용하고 싶다면, 자신이 강해질 수 있는 수중이 어디인지 정확히 파악하고 그곳으로 소비자를 이끌어야 한다.

인사이트-5 유연한 적응력을 기르자

악어는 물에서는 헤엄치고 땅에서는 기어다닌다. 바다에서 사는 종도 있다. 몸길이가 7m~10m가 넘기도 하고 1.5m로 작은 악어도 있다. 자신에게 맞게 자신을 전환하거나 옮겨 가는 것이다.

매일매일 알 수 없는 변화들이 일어나고 있다. 브랜드 내 인재들이 과거의 타성에 젖어 있다면 진화하기 어렵다. 타성을 깨는 아이디어를 위해서는 내부 정치, 매출, 나이를 배제하는 유연함이 필요하다. 언어가 다르거나 경험이 부족해도 관념적으로 많이 채용하는 성별이 아니어도 기용해라. 변화에 대응할 수 있는 이는 럭셔리판에 없던 사람이 가능성이 높다. 이브 생 로랑의 CEO가 그랬고 샤넬의 CEO가 그랬다.

럭셔리처럼 창업자들의 백그라운드가 다양한 곳도 없다. 창업자들 세계 TOP 10 스쿨을 나와야만 럭셔리를 할 수 있다고 하지 않는다. 럭셔리 CEO들처럼 다른 분야에서 문제해결 능력을 키워 입사한 경우도 많다. 유연함을 가져야 전문성이 발아할 수 있다.

한국에는 럭셔리의 시대가 왔다. 그러면 이 상황에 유연하게 적응하는 이가 악어처럼 자신의 서식지를 확보하는 최상위 포식자가 되는 것이다.

악어의 유연한 적응력이란 '원래 이렇다'는 관념이 핑계가 되어 발목을 잡을 때 스스로 그 말을 핑계라 인지하고 상황을 유리하게 이끌어 내는 것이다. 스스로 이 핑계의 벽을 넘어설 수 없다면

LVMH 그룹, 프라다, 캐나다 구스, 다미아니, H. 모저 앤 씨 등처럼 결정권을 가족과 나누거나 CEO에게 위임하는 부분이 필요하다. 또한, 그 인재와 자신의 선택을 믿고 믿어 줘야 한다.

믿어 주는 것은 뵈브 클리코의 시아버지처럼 에르메스의 장인 어른처럼 현 사업을 그들이 밑바닥부터 배우게 하고 실전을 겪게 하고 실패해도 여러 번 기회를 주는 것이다.

CEO를 기용한다면 케링그룹, 입생로랑, 발렌티노, 아르망디 브리냑 등처럼 반짝이는 내부의 관리자급 인력을 성장시켜서 쓰거나 외부에서 스카웃하는 것도 좋다.

간혹 이들의 외형이나 경력이 럭셔리와는 다른 분야이거나 너무 젊어서 걱정이 될 수도 있다. 아직 전문가도 아니고 큰 책임을 맡아 본 적이 없는 이들도 있을 것이다. 하지만 그들에게서 반짝이는 뭔가를 발견했다면 배팅을 해라. 다윗과 골리앗의 사울왕처럼. 이럴 때 써야 할 게 그동안 쌓인 어른들의 암묵지와 연륜이다. 자신이 기용한 인재가 평판만 괜찮다면 다윗이라고 믿어라. 다윗은 탁월한 인재였다.

다윗-이스라엘 vs 골리앗-블레셋, 이 둘은 수많은 이의 목숨을 앗아 갈 게 뻔한 전쟁의 '전면전' 대신 1:1 전투를 하게 된다. 블레셋 대표인 골리앗에 압도당한 이스라엘의 사울왕은 사실 대안이 없었다. 이때 다윗이 나타난 것이다. 사울왕(어른들)의 머릿속에는 골리앗과의 1:1 전투 방법이 칼싸움밖에 없었는지 군복, 갑옷, 청동투구, 칼을 다윗에게 주었다.

그런데 다윗에게는 왕처럼 지체 높은 이들은 모를 법한 싸움법인 물매(돌팔매질) 기술을 쓰는 '근거리전' 기술이 있었다.

SWOT 분석처럼 나눠 보면 다윗에게는 골리앗과 비슷한 덩치의 사자와 곰을 상대한 경험이라는 강점strength이 있었다. 물론 약점weakness도 있었는데 군인이 아닌 양치기의 신분과 어린 나이였다. 하지만 사울왕이 준 골리앗과의 전투 기회, 골리앗의 이길 것이라는 오만함, 이스라엘의 패배감, 다윗은 이 기회opportunity를 놓치지 않았다. 위협threat되는 요소가 있었다면 오히려 돌팔매질에 짐이 되는 사울왕이 준 갑옷, 청동 투구, 칼이었다. 그리고 사울왕(어른들)에게 다윗은 자신의 '근거리 전투'를 정확하게 인지시키지는 못했다는 점이다. 하지만 다윗은 결국 강점을 살려 승리한다.

인재를 직소 퍼즐의 한 조각처럼 보면, 그 누구 하나라도 빠지면 안 될 것처럼 면밀히 그 쓸모와 가치를 찾게 된다. 인재를 수많은 나사들 중에 하나로 보면 보이지 않는다. 진짜 인재들은 다윗처럼 멀끔하게 생기지 않았을 때도 있고 평상시에 말이 잘 안 통할 것 같은 사람일 때도 있다. 그러나 진짜 잠재력은 그 너머에 있다.

아르노 회장처럼 캐시미어를 두른 늑대처럼 잠재력을 읽어 내기 위해서 물고 늘어져라. 그들의 아이디어를 듣고 체득하고 배우고 협상하는 대신 최종 의사 결정에 힘을 실어 주고, 그들만의 반짝임이 다윗이 될 수 있게 끌어내야 한다.

손자병법에는 '장수가 유능하고 군주가 간섭하지 않으면 승리한다는 將能而君不御者勝장능이군부어자승'이라는 말이 있다.

군주는 최전선에서 대적하는 장수(책임자)에게 전장(현장)을 맡겨야만 한다. 군주는 자신의 권한을 나눠 주어 상대방의 허점을 장수(책임자)가 발견하자마자 전장(현장)에 맞게 전술을 발휘해서 승리할 수 있도록 의사결정권을 줘야 한다.

시간을 역행할 수 없는 것처럼 우린 갑자기 20대가 될 수 없다. 20대 자식이 부모에게 자신들의 느낌, 행동, 생각을 잘 설명한다고 한들 우리가 100% 그들처럼 생각하며 살 수는 없다. 그래서 우린 사울왕과 같다. 다윗의 돌팔매질 같은 걸 모르니 싸움에 적용할 수도 없다.

그건 다윗의 환경과 상황, 양치기라는 역할을 직접 경험해 봐야만 할 수 있는 것이다. 자료로 훑어 보고 경험으로만 가늠하는 건 급변하는 실전에서 썩은 동아줄을 쥔 것과 다름없다. 젊음에게는 젊음의 특권이 있고 나이듦에는 그만의 혜안이 있다. 서로 윈윈하면 어떨까?

다시 배우는 마음으로 동행자가 될 인재를 찾고 위임할 수 있는 용기를 내어야만 유연한 적응력을 위한 진화가 가능하다.

악어는 진화할 필요가 없을 만큼 완성형 진화를 한 동물이다. 그럼에도 진화도 하고 습지나 물가의 최상위 포식자이지만 스스로 서식지를 옮겨 가거나 전환하며 진화했다. 진화가 필요한 상황이 닥쳐서 하면 늦다. 악어가 예민하다고 할 수 있지만, 악어는 물에서 강한 동물이다. 물고기에게 물 온도가 1~2도가 상승한다는 것은 서식지를 옮겨야 할 만큼 큰 위기이다. 예측할 수 없는 시장환경의 변화에 대처하기 위해서는 악어나 물고기처럼 예민한 감이 필요하다.

럭셔리처럼 오래가는 브랜드가 되고자 한다면 유연한 적응력에 주목해라.

인사이트-6 무명일 때 무명임을 즐겨라

럭셔리는 악어다. 악어는 평생 3천 개의 이빨이 빠졌다가 새로 난다고 한다. 오래된 것을 두지 않는 것이다. 럭셔리 브랜드는 늘 새로운 것을 악어 이빨처럼 고객과 대중에게 선보인다. 요즘 럭셔리 브랜드가 선보이는 것은 유명한 것도 있지만 오히려 젊고 무명이라서 새로운 것도 많다. 새로운 것은 그것이 무엇이든 알려진 그 순간부터 늙는다. 그래서 유명한 것보다 무명인 것이 더 새롭고 젊게 느껴진다.

중년의 무명배우가 작품을 잘 만나 신인상을 받는 것처럼, 그 무명배우가 신선하게 다가오는 것처럼 무명은 새롭고 젊다.

'무명일 때 무명임을 즐겨라'는 미국의 작가인 오스틴 클레온 Austin Kleon이 한 말이다.

기존 브랜드의 후광은 매우 유혹적인 요소이다. 그러나 어정쩡하게 적당히 구색만 맞춘 새로움으로 포장한 오래된 브랜드는 고리타분할 뿐이다. 요즘 럭셔리 브랜드는 팔로워 수가 몇천 명뿐인 작가라도 재능이 있다며 기꺼이 함께 작업한다. 그렇게 럭셔리 브랜드가 키운 '신진 작가'가 되게 만든다.

CEO도 그렇다. 입생로랑, 샤넬, 발랜티노의 CEO도 처음 그 자리를 맡았지만 잘 해냈다! 하긴 누가 처음부터 CEO였겠는가? 인재라면 채용하면 된다.

에르메스는 나라별 매장의 윈도우 디스플레이를 그 나라의 작가들과 협업한다.

전 세계적으로 유명한 작가가 아니라! 알려지지 않았다는 것, 그곳에만 있다는 것, 그 자체가 고유하고 젊은 것이기 때문이다. 그러니 '무명'의 빛나는 '날것' 같은 새로운 작가들을 잘 살펴 장을 열어 주기만 하면 된다. 애써 젊어지기 위해 제 살 깎아 먹기 같은, 내부 직원들도 부끄러워할 마케팅 따위를 할 필요가 없다. 대신 그럴 자금으로 무명의 작가를 발굴할 눈을 키우는 것이 옳다.

처음에는 모든 럭셔리 브랜드들도 무명이었다. 창업자들은 제대로 양육받지 못했거나 배우지도 못했다. 지금의 우리가 당연시하는 정규 교육을 받을 기회조차 없었던 이들도 있었다. 어떤 이들은 정말 주먹구구식으로 장사처럼 그들의 브랜드를 시작했다. 애초에 시작했던 일로 성공한 경우도 잘 없었다. 계속 바꿔 가며 무명 시절을 묵묵히 계속 겪어 가며 성장했다. 그들이 놓지 않았던 것은 그들의 집요함과 최상의 것 그리고 아름다움을 끊임없이 추구하는 것이다.

럭셔리의 새로움은 늘 완전히 새것은 아닐 수 있다.
하지만 악어의 새 이빨처럼 '새로움=젊음'으로 해석되도록 자신을 바꾼다.

만약 승계를 생각하고 있다면 다미아니처럼 자녀가 어릴 때부터 어깨 너머로 가업을 경험할 수 있도록 해라. 그리고 캐나다 구스나 몽클레어처럼 여행이나 새로운 경험을 통해 비즈니스의 자양분이 될 영감을 얻도록 만들어라. 가업 내에서 타이틀을 달고 나면 할 수 없는 것들이 있기 마련이다. 자녀들이 가업에서 무명인 상태일 때 많은 것을 보고 경험토록 해야 가업을 맡거나 자기 비즈니스를 할 때 생각, 관점, 마음가짐이 달라질 것이다.

럭셔리 기업은 아니지만 유니클로의 타다시 야나이 회장도 부친의 남성 의류 상점을 물려받기 전에 여행을 다녀오며 새로운 관점을 가진 사업가가 된다.

청년 타다시 야나이는 도쿄에서 대학을 졸업하고 바로 취직했지만 채 1년도 안 돼, 그만두고 고향으로 내려와 버린다. 그의 아버지는 가업을 물려주려 하지만 야나이는 이를 거부하고 그저 하릴없이 시간을 보냈다. 당시 그는 백수와 다름없었다. 그런 아들에게 아버지는 세계 여행을 다녀오라며 200만 엔을 준다. 지금 환율로도 근 2천만 원에 가까운 큰돈인데, 1970년대에는 그 가치가 더 컸을 것이다. 타다시 야나이 회장의 인터뷰들을 보면 이 여행이 바로 인생의 전환점이 되었다고 하는 걸 여럿 볼 수 있다.

한동안 유행했던 퇴사 여행과 한달 살이가 그저 망중한에 그치지 않으려면 배고픈 여행도 호캉스도 모두 한데 계획해 인사이트를 위한 여행을 할 필요가 있다.

자녀 중에는 가업을 진저리 치게 싫어하는 경우도 꽤 된다. 그 선입견을 덜어 내고 가업을 객관적으로 보려면 생각을 새로운 것으로 환기할 필요가 있다. 무명일 때는 그 모든 것이 가능하다.

여행이 도움이 되지 않는 사람도 있는데, 여행=힐링인 사람들이다. 그렇다면 그때는 이곳에 실린 럭셔리 괴짜들을 더 깊게 파보길 추천한다. 인생은 실전인데 지금 당장 현업에서 날라다니는 사람들은 인터뷰에 응할 시간을 내기도 어렵다. 그런 이들의 인터뷰를 발견한다면 여행 스케줄을 잡기 위해 블로그를 전전하는 것처럼 다방면으로 잘 읽고 스크랩하자. 지금을 그들이 어떻게 살고 있는지 과거의 인터뷰와 비교해 가며 어떻게 성장해 가고 있는지 무얼 배울 수 있는지 정리하며 함께 호흡을 가다듬자. 내 인생에 그들 같은 타이밍이 왔을 때 낚아채기 위해서!

인사이트-7 브랜드 이미지가 그 무엇보다 중요하다

우크라이나 사태가 터지고 많은 럭셔리 브랜드가 러시아를 떠났다. 지속가능, ESG, 인도적 차원 등등 이유가 많겠지만 중요한 건 그런 행동이 브랜드 이미지에 영향을 미친다는 것이다.

뵈브 클리코, 롤렉스, 캐나다 구스, H. 모저 앤 씨처럼 겉으로 보이는 외적 브랜딩은 달라도 그들이 그리는 브랜드 이미지 하나를 뚝심 있게 밀고 나가는 것은 똑같다.

아르망디 브리냑이나 타셴처럼 브랜드를 각인시키기 위한 제품의 디자인도 브랜드 이미지에 큰 영향을 미친다.

제랄드 젠타의 8각형이나 샤넬의 고집스러운 블랙 앤 화이트는 꼭 그렇게 고수해야 하는 것일까? 싫을 정도였다. 물론 창업자나 크리에이티브 디렉터가 고수했던 스타일이 브랜드 이미지처럼 각인되는 긍정적인 효과를 낳기도 했다.

럭셔리는 왜 이러는 걸까? 그저 창업자의 고집을 꺾을 수 없어 들어줬기 때문일까?

조금 풀어서 생각해 보면, 한번 인식된 브랜드 첫인상을 바꾸긴 어렵다. 그런데 모순적이게도 세상에는 너무 많은 브랜드가 존재해서 뭔가 강렬한 인상을 남기지 못하면 소비자의 기억에서 살아남을 수가 없다. 즉, 첫인상을 남길 기회조차도 얻기 어렵다는 것이다.

그리고 사람들은 쇼핑이라는 상황에 들어서면 자신이 사고 싶고 선호하는 게 눈에 더 잘 들어오기 때문에 어지간해서 눈에 띌수는 있어도 구매로 이어지게 하기는 어렵다. 그래서 브랜드를 딱! 하고 각인시키지 못하면, 고객이나 소비자들은 제멋대로 왜곡해서 이해할지도 모른다.

그래서 럭셔리의 브랜드 이미지는 악어와 악어새의 오해와 같다.

악어는 악어새와 공생관계를 맺을 필요가 없다. 악어는 이빨 자체도 듬성듬성 나 있고 사냥감을 씹기보다는 무는 용도인 데다가 이빨이 계속 나기 때문이다. 악어새로 유명한 이집트 물떼새는 나일 악어와 함께 있는 모습을 종종 볼 수 있다. 이 오해는 악어새가 악어 입 속을 들락날락한다는 것 때문에 생겨났다. 왜 그런지는 밝혀지지 않았다. 대신 악어새가 악어 등에 붙어 있는 기생충을 잡아먹는 것은 확실하다고 한다. 하지만 '악어 등의 기생충을 잡아 먹는다'보다 '치악력이 높은 악어의 이빨을 청소해 준다'가 더 흥미롭기 때문인지 이 오해는 아직도 계속되고 있다.

이 악어새 오해의 역사는 기원전 4세기 아리스토텔레스의 '동물사', 5세기 고대 그리스의 역사가인 '헤로도토스'가 악어새가 악어의 이빨을 청소해 준다고 언급한 뒤로부터 계속 전해져 내려왔다고 한다. 정말 매력적인 가짜 뉴스가 진짜처럼 오인되는 것과 같다.

그 많은 브랜드들 사이에서 눈에 띄기도 어려운데 명료한 브랜드 이미지를 남기지 못하면 악어와 악어새처럼 왜곡된 정보로 각인될 수 있다. 그러니 고집스럽게 고객과 소비자의 기억에 남을 수 있는 브랜드 각인 요소를 주창할 수밖에 없다.

한번 잘못 각인되고 소비자들 사이에 왜곡된 스토리가 퍼지면 악어와 악어새처럼 걷잡을 수 없다. 비싼 가격만큼 고객 신뢰와 잘 관리된 브랜드 이미지는 자산이 된다. 그러니 어떤 방식으로든 고집스럽게 지켜내야 하는 부분이 있다. 각인시킬 방법이 있다면 디자인이든 색이든 브랜드 이름이든 고객에게 확실히 각인시키는 것이 좋다.

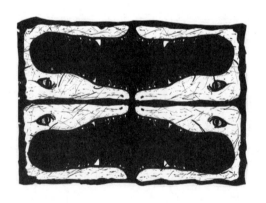

인사이트-8 럭셔리는 완벽하지 않다. 하지만 그래도 괜찮다

럭셔리는 필요한 부분에서만 완벽하다. 결점이 없는 완전무결한 것은 아니다. 타임리스Timeless 럭셔리 핸드백으로 손꼽히는 에르메스 버킨백으로 예를 들어보자.

에르메스 버킨백의 디자인을 추앙하는 수없이 많은 콘텐츠를 온라인에서 만나 볼 수 있다. 그런데 실제로 버킨백을 들어 보면, 속이 텅 빈 버킨백을 들어도 1리터 생수병을 든 듯한 무게에 깜짝 놀라게 된다.

왜 이렇게 무겁게 만들었을까? 고객의 팔근육을 길러 주기 위해서?

여기에는 버킨백이 가진 태생적 이유와 한계가 있다. 버킨백은 영국의 가수 겸 배우였던 故) 제인 버킨의 이름을 따서 만들었다. 에르메스의 오너는 우연찮게 제인 버킨을 비행기에서 마주쳤다. 당시 그녀는 라탄 바구니에 보부상처럼 물건을 담아 다니는 것으로 유명했는데 비행기에서 그 물건들이 모두 쏟아져 버린 것이다. 버킨은 수납이 잘 되는 여행가방이 없다는 말을 했고, 이에 착안해서 출시된 것이 에르메스의 버킨백이다.

보통의 가죽용 핸드백은 가죽을 얇게 포를 뜨듯이 벗겨 내는 피할을 하면, 가죽의 무게도 가벼워지고 봉제하기도 수월해진다. 하지만 그만큼 가죽이 얇아져서 외부 충격에 모양이 흐트러지기 쉽다. 버킨백은 가죽 여행가방이란 컨셉에서 출발했기 때문에 형태

299

가 흐트러지지 않고 박스형의 하단 각을 유지하려 한 것 같다. 가죽 자체를 얇게 피할해서 쓰지 않았다. 그러니 가방이 무거워지게 된다.

그런데 가방이 무조건 가벼워야 하나?

에르메스 버킨백을 들고 지하철을 1시간씩 타고 출퇴근하는 사람이 과연 전 세계 버킨백 소유자 중에 몇 명이나 될까? 그들은 버킨백의 타깃이 아니다. 버킨백의 유저들은 대부분 차량으로 이동할 것이다. 그러니 버킨백은 완벽하게 아름답고 수납이 잘 될 필요는 있지만, 완벽하게 실용적인 가벼운 무게일 필요가 없다.

한동안 유행했던 핸드폰이 겨우 들어갈 만한 혹은 카드 지갑만한 작은 핸드백들은 무얼 넣어 다닐 용도라고 보긴 어려웠다. 그보다는 그저 옷을 입고 코디했을 때 작은 핸드백이 예뻐 보였기 때문에 잘 팔렸다.

럭셔리의 완벽하지 않음은 선택과 집중에서 비롯된다. 디자인에 집중할 것인가? 실용성에 집중할 것인가? 가격이 비싸다고 꼭 만병통치약이 될 필요는 없다.

완벽하지 않은 것은 악어도 마찬가지다. 악어의 혀는 입 바닥에 붙어 있어 거의 움직이지 않는다고 한다. 그래서 사람처럼 입에 문 것을 씹어서 혀를 움직여 삼킬 수 없다.

그래서 악어는 온몸을 써서 사냥감을 먹는다. 사냥감을 문 채로 몸을 물속에서 빠르게 회전시키는 데스 롤^{death roll}을 해서 죽이고 잘라서 사냥감을 문 채로 머리를 위로 높이 든다. 사냥감이 중력에 따라 식도를 밀려 들어가면 꿀꺽 삼켜 버린다. 씹지도 않는다. 악어의 이빨은 사냥감을 그저 무는 용도로만 쓰인다.

악어는 뱃속에 넣는 것에만 집중하지, 어떻게 잘 씹어 먹을지는 고민하지 않는다.

타깃 고객에게 필요 없는 부분까지 완벽하지 않아도 된다. 악어의 혀처럼! 괜히 모든 소비자의 비위를 맞추려고 하지 마라. 타깃과 컨셉에만 집중해라.

만약 완벽하고 싶다면, 기술적으로 집요하게 럭셔리처럼 완벽해지면 된다. 롤렉스의 오이스터나 오데마 피게의 로얄 오크를 차는 사람들 중에 과연 몇 명이나 저 깊은 수심까지 다이빙을 할까? 실제로 그 기능을 쓰는 사람보다 그 기능이 주는 브랜드의 상징성을 사는 사람이 더 많을 것이다. 그러니 완벽하고 싶다면 실용적으로 완벽함을 추구하는 것보다 상징적인 완벽함으로 고객이 납득하도록 하는 게 더 호응이 좋을 것이다.

***

유네스코 세계유산은, 인류의 유·무형적 문화 자산을 말한다. 경영 컨설턴트인 피터 드러커Peter Drucker는 문화와 전략에 대해 이렇게 말했다.

문화는 아침으로 전략을 먹는다.
Culture eats strategy for breakfast.

경영에 있어 전략은 중요하다. 그러나 그 경영자를 따르고 이끄는 수많은 이들이 만들어 내는 문화만큼 강력하지는 않다. 목표를 향해 강력한 권한을 부여하는 브랜드 문화와 유연한 조직이나 인물에 있어야만 럭셔리 같은 성공을 끌어낼 수 있다.

수십 년 또는 수백 년을 이어 온 럭셔리 브랜드의 헤리티지는 문화이자 전략 그 자체이다. 그리고 성공은 실전이다. 그들의 히스토리는 수백 년일지언정 실전에서는 날랜 신출내기처럼 생기가 감돌고 헤리티지를 후광처럼 쓰며 대중을 열광시킨다.

무엇을 하든 변화에 악어처럼 진화하여 역사의 뒤안길로 사라지지 않고 헤리티지로 브랜드가 오래도록 전승되게 하려면, 이들 럭셔리 브랜드 문화와 전략을 경쟁자로 삼아 자신을 되돌아보고, 연마해야 할 것이다.

03

럭셔리 미래의
8가지 판세

사실 럭셔리의 미래 전망은 좋지 못하다. 세계 경기가 위축되면서 한국도 그 여파를 피해 갈 수 없다. 그렇다고 트렌드가 하루아침에 바뀌긴 어렵다.

럭셔리의 변화, 부의 흐름, 럭셔리를 움직이는 사람들까지 보며 인사이트를 정리했다면 이제는 판세를 가늠해야 할 때다. 그래야 럭셔리의 판을 새로 짜는 쩐주가 될지, 올인으로 배팅을 할지, 딜러처럼 카드를 셔플할지, 각자에게 맞게 선택할 수 있다.

럭셔리의 판세는 럭셔리가 흘러온 방향을 파악하는 것이 가장 좋다. 다가올 변화는 늘 징조라는 미끼를 남긴다.

1) 트렌드는 모래시계처럼 다 차면 반대로 뒤집힌다.
세상을 보는 관점을 뒤집어 보자

제임스 제비아의 슈프림, 故) 버질 아블로의 오프 화이트, 뎀나 바질리아의 베트멍과 발렌시아가가 쏘아 올린 스트리트 패션 붐은 젊은 세대가 럭셔리 소비자로 급부상하게 했다. 덕분에 럭셔리 산업은 전반적으로 급격하게 젊어졌다. 디자인이 젊어지고 인력도 젊어지고 그에 따라 생산되는 제품도 달라졌다.

럭셔리 브랜드의 디자인 수장으로 대접받는 크리에이티브 디렉터 중에 갓 대학을 졸업한 20대의 비율이 늘어났다. 그들은 짧게는 6개월 정도 만에 자리를 사임하고 다른 럭셔리 브랜드로 옮겨가 럭셔리 브랜드들은 계속해서 더 새로운 인재를 찾아낸다. '더 빠른' 트렌드에서 '더 젊은' 인력으로 옮겨 가는 분위기다.

그러나 모래시계가 다시 뒤집힐 조짐을 보이면서 스트리트 패션과 로고 플레이의 인기가 조금씩 잦아들고 있다. 그렇게 등장한 것이 #올드머니다. 젊은 감성의 무드는 계속될 것이나 럭셔리의 주류 트렌드 자체는 서서히 달라질 수 있다.

젊음의 힘은 강하다.

젊은 세대들은 와인을 즐기지 않는다. 맥주를 오히려 선호한다. 이들의 취향이 불러온 결과는 가히 충격적이다. 코로나19와 경기 불황까지 닥치면서 많은 와인 생산국이 와인 재고를 공업용 알코올로 전환해서 판매하고 있다.

와인 하면 떠오르는 나라는 프랑스이다. 프랑스의 상황을 한

번 보자. 프랑스의 농업경영자총연맹 사무총장인 제롬 데페Jerome Despey는 재고로 쌓인 와인을 공업용 알콜로 전환하는 것을 알리며 이렇게 말했다. "70년 전에 프랑스인은 한 해 평균 와인을 130리터 정도를 소비했다. 하지만 최근에는 한 해 40리터 정도밖에 와인을 즐기지 않는다."

젊음의 변화는 이토록 판을 뒤집어 버린다. 가볍게 여기지 말라.

아이러니하게도 샴페인은 소비가 계속해서 상승하고 있다. 오히려 생산량이 소비량을 감당하지 못하고 지구온난화로 포도 작황을 예측하기 어려워졌다고 한다. 샴페인 회사들은 샴페인의 맛과 질을 어떻게 유지할지가 고민이라고 한다. 세상 참 알 수가 없다.

젊음Youth은 계속될 트렌드이자 방향이지만 목적지로 가는 길이 다양해지고 있다. 번화가부터 해변가까지 어떤 길을 따라가야 할지 방향을 잘 봐야 한다.

이제 곧 대세가 될 세대를 알파세대라고 한다. 럭셔리의 관점에서 보면 이들은 자기가 좋아하는 아이돌이 엠버서더인 럭셔리 브랜드의 운동화를 사는 주요 고객일 가능성이 높다. 그리고 가상공간에서 럭셔리 패션 아이템을 소비하는 이들이다.

럭셔리 브랜드의 아이덴티티보다 그 럭셔리 브랜드와 찰떡 궁합의 스타일을 가진 엠버서더를 잘 섭외하는 게 브랜딩의 최우선 과제가 될지도 모른다. #올드머니처럼 이들은 더 본질적인 것을 집어낼 수 있는 이들이니 엠버서더를 브랜드의 뮤즈를 선정하는 것처럼 심혈을 기울여야 할 것이다.

가상 공간은 아직도 설왕설래하는 부분이다. 코로나19로 급격하게 일상화 되었다가 요즘은 조금 대중적 관심이 적어졌다. 하지만 알파세대에겐 다르다. 그들은 태어날 때부터 디지털과 함께했고 친구들과 온라인 게임을 함께하며 일상을 보낸다. 2023년 아시안 게임에 e-스포츠가 정식 종목으로 추가되었다. 이건 가상 공간을 현실과 준하게 인정하는 한 사례로 보아야 할 것이다.

이제는 가상공간에서만 존재하는 브랜드 런칭을 현실 공간에 브랜드만 가지고 있는 기업들이 고민해야 될 때다. 가상공간이니 게임이나 애니매이션의 인기 캐릭터를 엠버서더로 삼아야 할지도 모른다.

'애들 코 묻은 돈'으로 치부하지 마라. 베네딕트 타셴도 처음에는 어른들이 만화책에 열광할 것이라고 생각하지 못했다.

2) 다양성을 수용하는 트렌드를 확장성으로 보자

나이 무관, 사이즈 프리, 젠더 프리, 페미니즘, 인권 보호, 전쟁 반대와 같이 사람부터 나라에 이르는 여러 사회 정치적 이슈들을 반영하고 목소리를 내는 럭셔리 브랜드가 늘고 있다.

다양성 트렌드를 포용하는 럭셔리 브랜드가 늘어나고 있다. 다양성을 받아들이면서 전반적인 광고나 제품 자체에도 영향을 미치고 있어서 간과할 수 없는 부분이 되었다.

그런데 의외의 이점도 있다. 실제 운영하는 입장에서 보면 젠더 프리는 재고문제에 도움이 되기도 한다. 겐조가 낭비되는 원단과 부자재를 줄이기 위해 여성복과 남성복을 함께했던 것처럼 젠더를 합치면 원가에도 도움이 된다. 특히 사이즈 면에서 생산이 용이하다.

보통 여성복 S, M, L / 남성복 S, M, L, XL로 총 7 사이즈를 생산할 것이다. 젠더를 합치면 XS, S, M, L, XL 로 5사이즈로 줄일 수 있다.

다양성을 어떻게 풀이할지에 따라서 비용도 줄이고 이익은 늘릴 수 있다.

제조의 관점에서 벗어나면, 다양성은 파편화된 트렌드가 당연해지는 것을 뜻한다. 이미 일부 기사에는 젊은 세대들이 럭셔리에 질려 디자이너 브랜드로 눈을 돌리고 있다고 보고하고 있다. 이건 럭셔리뿐만 아니라 국내 내셔날 패션 브랜드들도 고심하는 부분일 것이다.

LVMH 그룹은 가격대가 높은 브랜드를 많이 소유하고 파는 것으로 익히 알려져 있다. 그런데 요즘 조금 다른 변주를 시작했고 그 결과가 긍정적이다. 2018년 LVMH 그룹은 1914년 시작된 럭셔리 브랜드 장 파투Jean Patou를 인수한다.

장 파투는 기성복 라인의 선구자로 불리는데 여성의 탈코르셋, 모던한 스타일, 스포츠 룩으로 유명했다. 보이시한 스타일이 유행하자 1921년에 그런 스타일의 테니스 선수인 수잔 렝글렌Suzanne Lenglen을 뮤즈로 삼는다. 1936년 창업자가 영면에 들면서 브랜드의 인기는 오르락 내리락하다가 조금씩 사그라들었다. 여기까지만 봐도 장 파투의 헤리티지는 지금과 꼭 맞아떨어진다.

장 파투는 LVMH 그룹 하에서 '파투Patou'란 짧은 이름으로 2019년 9월 파리에서 첫 선을 보이며 조금씩 세를 늘려 가고 있다. 한국에는 2023년에 정식으로 런칭되었다.

주목해야 할 점은 파투의 가격이다. 2023년 현재 파투의 시그니처 백인 르 파투의 가격은 950 유로로 약 140만 원대이다. 이는 프레스티지 럭셔리 브랜드와 매스티지 럭셔리 브랜드의 중간 정도 되는 가격이다. 파투의 전반적인 디자인은 클래식, 스포티, 트렌디 캐주얼 이 세 조합이 적절히 배합되어 있다. 요즘 세대들이 딱 입기 좋아할 디자인에 젠더도 사이즈도 다양성을 포용한 디자인이 여럿이다.

가격과 디자인만 보아도 기존의 LVMH 그룹의 다른 브랜드들과 다르다. 과하지도 부족하지도 않지만 신규 브랜드처럼 새롭지만,

그 헤리티지의 기한은 길다. 파투는 1차 세계대전을 겪은 브랜드다. LVMH 그룹이 자사의 브랜드 포트폴리오의 가격대의 다양성을 시도해 보고 있는 것이다.

다양성은 해석하기 나름이다. 다양성을 확장성으로 볼 때 새로운 니치 마켓이 보일 것이다.

3) 럭셔리 쇼핑 공간을 재정의하자

럭셔리의 오프라인 매장은 이제 온라인과 상호 보완적인 관계가 되었다. '경험과 체험'에 있어서 오프라인은 온라인이 줄 수 없는 것을 제공한다. 상품 판매뿐 아니라 전시장, 체험장, 팝업 스토어, 이벤트 공간의 역할도 해야 하는 상황이다. 혹은 키오스크처럼 빠르게 물건을 선택해서 픽업할 수 있는 장이 되기도 한다. 온라인 럭셔리 쇼핑 공간은 콘텐츠 내용, 유통 및 배송이 더 글로벌화 될 것이며 젊은 세대일수록 온·오프라인 매장의 상호보완적 관계를 즐길 것이다.

극단적인 예를 들면, 어떤 소비자는 오프라인 매장이나 팝업에서 마치 예술 전시처럼 그 럭셔리 브랜드를 체험만 하고 인증샷은 남기더라도 물건은 사진 않는 거다. 이들은 정확히 소비자라기보단 '콘텐츠 only 소비자'라고 봐야 할 것이다. 하지만 브랜드 홍보 효과로서 그들의 역할은 크다.

그래서 미래의 럭셔리는 극단적인 디지털화와 아날로그화를 동시에 가져갈 수밖에 없다.

온라인과 오프라인을 어떻게 연결할지 고심해야 한다. 분명 이 둘은 지속될 테지만 어떤 방향으로 구성하느냐에 따라 팬덤이 생기거나 외면을 받거나 할 것이다.

오프라인과 럭셔리 하면 떠오르는 백화점 중에 영국의 해롯 Harrot 백화점이 있다. 해롯 특유의 상품과 구성은 럭셔리를 느껴보기 참 좋은 것으로 여겨졌다. 실제로 해롯은 럭셔리 판매 매출 1

위이다. 하지만 이제껏 소개한 모든 것들이 그렇듯이 헤롯보다 더 주목해야 할 곳이 있다. 바로 전 세계 럭셔리 매출 2위로 헤롯을 바짝 쫓아온 중국의 SKP 백화점이다.

베이징화렌그룹Beijing Hualian Group 산하의 고급 백화점인 SKP의 비주얼은 헤롯과는 전혀 다른 임팩트가 있다. 그런데 SKP가 더 젊고 더 새롭다. 백화점이 아니라 흡사 박물관 전시와 미술관의 메인 홀을 보는 듯한 VMD가 정말 멋지다. 물론 그곳에 전시된 20억짜리 시계를 보면 중국이란 걸 금방 다시 알아차릴 수 있다.

잘 생각해 보면 중국 정부는 럭셔리에 대해 호의적이지 않다. 그래서 중국인들이 해외에서 더 많이 럭셔리를 구매하게 된 것도 있다. SKP는 어떻게 가능했을까? SKP에 대해 공개된 것은 많지 않지만, 프라다를 경영하는 파트리치오 베르텔리Patrizio Bertelli가 SKP의 회장인 지 샤오안Ji Xiao An과 한 인터뷰를 보면 얼추 짐작할 수 있다.

파트리치오: 상하이에 SKP를 열어야 한다. 우리가 만날 때마다 말하지만 당신은 내 말을 전혀 듣지 않는다. (한탄한다.)
샤오안: 단지 확장을 위한 확장이 아니라 인내심을 갖고 올바른 결정을 내려야 한다.

—

파트리치오: 샤오안은 코끼리와 같다. 그와 맞서면 압도당할 수 있으니 그와의 충돌은 피하는 것이 훨씬 좋다. 샤오안은 의견이 강하고, 완벽한 타이밍, 자신에게 제안된 모든 것이 반드시 이루어지기를 기대하는 경향을 지닌 강력한 사업가다.

샤오안 회장은 조심해야 할 때와 밀어붙여야 할 때를 잘 가리는 승부사와 같다. 럭셔리가 정부에서 환대받는 사업이 아니라서 더 그럴 수도 있을 것이다.

오프라인 공간은 엔터테인먼트화가 불가피하다. 온라인과의 경중을 둘 수 없다. 럭셔리 소비자가 많은 곳에 인사이트가 있는 것만은 확실하다. 유럽만 보지 말고 아시아도 그 외 지역도 눈여겨보자. 호주, 뉴질랜드, 우루과이 출신의 디자이너들이 전 세계적으로 유명해지고 포르투갈 출신의 파페치 CEO처럼 예상치 못한 곳에 답이 있을 수 있다.

4) 브랜테이너의 관점을 가져야 한다

앞서 소개한 크리에이티브 디렉터 중 한 명인, 카렌 워커는 그녀가 '소셜미디어와 인터넷을 정말 좋아하는 이유가 이 두 매체가 힘의 위치를 바꿔 모든 것을 민주화했다는 점'이라고 했다. 팝아트의 거장 앤디 워홀은 '미래에는 누구나 15분 동안 유명해질 것이다'라고 했다. 사실 요즘은 15초짜리 동영상만으로도 유명해질 수 있다. 그런 세상에 우린 이미 살고 있다.

과거에는 헐리우드 배우 같은 셀러브리티와 광고 · 홍보 매체의 콘텐츠가 럭셔리 브랜드의 얼굴이었다. 그러다가 소셜미디어가 전세계적으로 인기를 끌면서 이를 대신하기 시작했고 페이스북과 트위터에서 인스타그램, 틱톡 등으로 세대교체가 되었다. 또 다른 결로 동영상 기반의 유튜브, 라이브 방송 또한 럭셔리 브랜드와 소비자 간의 미디어 소통 공간이 되었다.

소비자들이 플랫폼을 이동하더라도 이렇게 소셜미디어와 인플루언서를 이용한 럭셔리 브랜드의 비즈니스 형태는 앞으로 계속될 것이란 전망이다.

영향력만 있다면, 요즘은 크리에이터 본인이 아닌 일러스트, 캐릭터, 반려동물, 가상 인물, 애니메이션 등도 인플루언서의 역할을 하고 있다. 그래서 양날의 검이 되기도 하는데 발렌시아가처럼 성인지 감수성이 결여된 콘텐츠를 계속해서 올리다간 계정을 폐쇄해야 하는 경우가 발생한다. 소셜미디어, 인플루언서, 크리에이터를 더욱더 브랜드의 공식적인 보도자료처럼 대해야 한다.

케링 그룹이 미국의 엔터테인먼트사를 인수한 것처럼 오히려 위에서부터 치고 내려와 소셜미디어에 파급력이 큰 엔터테인먼트를 장악하는 것도 방법이 될 수 있다. 도움이 된다면 하는 것이 옳다. 그리고 양쪽에서 모든 데이터 정보를 종합하면 새로운 시장을 찾을 수도 있다. 잘 구축하고 경영할 인재만 있다면!

온라인에 있어서 럭셔리를 제조업으로 한계 짓지 말자. 모든 것은 연결되어 있다. 럭셔리 브랜드의 소셜미디어 계정은 엔터테이너처럼 봐야 한다.

럭셔리가 온라인에서 잘하는 것은 자신들의 브랜드 자체를 엔터테이너화한 것이다. 비슷한 말로 브랜디드 콘텐츠Branded Contents가 있다. 브랜디드 콘텐츠는 광고의 성과 측정 지표 중 하나이다. 광고에 브랜드 메시지를 녹여서 가치를 높이고 공감과 흥미 유발을 통해 소비자들이 해당 콘텐츠를 공유하는 등의 성과를 말한다. 그런데 이 말만으로는 지금의 소셜미디어와 럭셔리를 설명하는 데 한계가 있다.

지금 온라인에서 럭셔리 브랜드의 소셜미디어 계정은 팔방미인 연예인처럼 다양한 면을 보여 준다. 과거에는 그저 하나하나의 콘텐츠였으나 지금은 그 콘텐츠가 올려진 계정 자체의 톤앤매너에 따라 그 브랜드의 이미지가 형성된다. 거기다 가상 공간과 현실 공간의 갭이 적은 젊은 소비자들 중에는 그 럭셔리 브랜드의 제품을 사는 것과 그 브랜드 계정을 팔로우하는 것이 별개인 경우도 많다. 그 브랜드의 계정이나 콘텐츠를 보는 것, 그 자체만을 즐기기도 한다.

그 럭셔리 브랜드를 사지 않더라도 브랜드가 하는 팝업 스타일링, 라이브 방송, 콜라보레이션하는 작가, 이미지의 감성, 트랜드를 풀어 가는 방식, 혹은 친구들 사이에서 뒤처지지 않기 위해서 등등 그저 온라인 속의 그 존재 자체를 즐기는 것이다. 가상의 아바타 가수처럼! 그래서 Brand와 Entertainer를 합한 브랜테이너 Brantainer로 소셜미디어를 대해야 한다.

혹시 관리하는 소셜미디어 계정이 신상품 출시, 연예인 협찬, 세일 정보 알림용으로 되어 있지는 않은가? 그렇다면 팔로워가 많아도 그 계정은 브랜테이너가 아니다. 브랜드 '기획전'에 '좋아요'를 받았다고 끝나는 게 아니다. 이런 계정의 특징은 일상샷이나 감성글 같은 걸 올리면 '좋아요'가 느는 듯하다가 팔로우 수가 슬슬 줄어든다. 신변잡기처럼 보이면 이미 그런 인플루언서는 많이 팔로우하고 있으니 팔로우를 취소해 버리는 것이다.

럭셔리처럼 '느낌 있는' 소셜미디어 계정을 만들기란 쉽지 않다. 이럴 때는 소규모 럭셔리 브랜드의 소셜미디어 계정부터 찬찬히 보길 바란다. 꼭 막대한 마케팅 비용을 들이지 않고도 잘 해내는 곳이 많다.

브랜테이너 브랜드로 소개하고 싶은 소규모 럭셔리 브랜드의 온라인 계정은 바로 미로이Mlouye이다. @mlouye, 미로이는 이스

탄불 베이스의 매스티지 럭셔리 핸드백 브랜드이다. 이 계정의 사진들은 기 부르댕Guy Bourdin의 사진 작품을 보는 것 같은 착각을 불러일으킨다. 빨간 네일 칼라를 한 여러 명의 손들이 빨간 립스틱을 한 여인의 얼굴을 여러겹 감싸는 시각적 충격을 주는 것처럼 미로이의 계정은 아름답다. 미로이 계정의 칼라 팔레트는 흡사 현대 미술을 보는 듯한 즐거움을 준다. 파스텔이면 파스텔 원색이면 원색, 인종을 알 수 없는 여인들의 칼라 스타일링을 계속해서 보게 만든다.

미로이처럼 소셜미디어 계정을 특정 포토그래퍼의 톤앤매너를 따라 구성해 보면 어떨까? 패션 스트릿 사진이 뜬 지 오래라 너나 할 것 없이 올리는 인증샷 사이에서 브랜드를 달라 보이게 하는 효과가 날 것이다.

5) 럭셔리의 새로운 별은 교육에 있다

럭셔리를 럭셔리스럽게 하는 것 중에는 '장인정신'이 있다. 장인이란 타이틀은 하루아침에 얻을 수 있는 게 아니다. 그래서 럭셔리는 장인을 길러 내고 확보하는 데 힘을 쓰고 있다. 럭셔리 브랜드는 다른 산업의 경영 방식을 그대로 적용하기 어렵다. 럭셔리 브랜드를 관리하는 메커니즘을 따로 알아야만 한다. 그래서 럭셔리 브랜드와 기업들은 럭셔리 교육에 힘쓰고 있다.

에르메스는 가죽 직업학교 '스쿨 오브 노하우'를 만든 지 1년 만에 다른 지역으로 확장했다. 프랑스 가죽제품연맹으로부터 가죽 관련 커팅 및 스티칭 분야에서 전문적인 자격을 주는 권한을 부여받아서 자사를 위한 장인을 키우는 것에 힘쓰고 있다.

LVMH 그룹은 농구선수 토니 파커가 후원하는 단체에 협약을 체결해 한 해에만 1,200번의 인턴십과 견습 기회를 주기로 했다. 이후부터 600번의 정기 및 영구 계약을 제공할 예정이다.

보테가 베네타는 이탈리아 가죽 장인들의 수가 주는 것을 안타깝게 여겨서 2006년부터 직접 장인학교를 운영하고 있다.

프랑스의 패션 럭셔리 부문 전략위원회는 '사브아르 포어 페어 Savoir pour faire' 캠페인과 전용 웹사이트를 통해 학생들이 패션과 럭셔리 산업에서 진로를 찾을 수 있도록 가상 코칭, 학교 및 교사와의 만남, 워크샵 방문, 유튜브 채널에 업로드된 팟캐스트까지 제공한다.

이탈리아의 알타감마는 '어돕트 어 스쿨 Adopt a School 프로젝트'

로 젊은 세대에게 장인 교육을 알리고 청년실업률이 28%를 개선하려는 취지로 만들어졌다. 보테가 베네타, 브리오니, 불가리, 펜디, 에르노, 로로 피아나, 몽클레르, 살바토레 페라가모 등이 이 프로젝트에 합류했다.

제조뿐만 아니라 자신들에게 필요한 럭셔리 매니지먼트 학사과정이나 럭셔리 MBA 과정을 갖춘 학교를 직접 세우거나 협약을 통해 따로 전공을 만들고 그 학교의 인재들을 채용한다. 이미 소개했던 프랑스의 HEC Paris 외에도 수십 개의 럭셔리 매니지먼트 교육기관이 있다. 몇몇 럭셔리 유럽 학교들은 럭셔리 MBA에 중국어반을 코로나19 기간에 개설하기도 했었다.

앞서 세계 포브스의 세계 부호 순위를 말하며 언급했던 테슬라의 일론 머스크Elon Musk는 우리시대의 혁신의 아이콘 중 하나이다. 그런 그가 직접 2014년 미국 LA에서 아스트라 노바Astra Nova, 라틴어로 '새로운 별'이라는 뜻의 학교를 설립했다.

AI와 우주 정거장 시대에 필요한 것을 가르치기 위해서! 아스트라 노바는 기존의 지식 교육을 탈피하고, 시뮬레이션, 문제 해결 등 각종 협력 과제를 중심으로 복잡한 문제들을 풀어 미지에 도전한다는 미션을 기반으로 하는 학교다. 오프 더 레코드로는 머스크가 나름의 관점으로 자식들을 위해서 만든 학교라고 한다. 머스크의 자녀들과 머스크 회사의 로켓 개발자들의 자녀들이 다니고 있다. 현재는 독특한 시험을 통해 학생을 선발한다고 전해진다.

이건 대학강단에 서는 사람으로 하는 말이 아니다. 그만큼 인재가 중요하기 때문이다. 실업난과 더불어 인재난도 심각하다. 인재난은 젊은세대의 새로운 가치관이 이유일 수도 있지만 교육과 실무의 괴리가 크기 때문이기도 하다. 교육을 학문의 관점으로 대하는 곳이 대학이다. 그런데 회사는 당장 노동이 가능한 인재를 원한다. 그런 노동의 관점에서 이들을 교육하는 시간을 할애해야 한다.

수백 년을 이어 온 럭셔리의 노하우는 인재 육성에도 있다. 그런 그들도 미래를 위해 노력한다. 유학을 갔다 온 인재 혹은 다른 나라에서 다른 회사의 관점만 실컷 배워 온 인재를 데려다가 혹사시킨다고 갑자기 글로벌한 브랜드 아이덴티티가 뚝딱 생기고 유명해질 수는 없다. 그들은 이직을 하거나 기존의 인재들과 똑같아지는 선택을 할 뿐이다. 환경은 그만큼 중요하다.

현대 자동차가 제네시스를 출시하며 글로벌 자동차 브랜드로 우뚝 서는 데는 독일 출신의 자동차 디자이너인 '피터 슈라이어 Peter Schreyer'가 큰 역할을 했다. 이렇게 보면 '인재 한 명만 있으면 되겠네' 싶지만 실제로 제네시스가 이토록 성공할 수 있었던 것은 정의선 회장의 역할 덕분이다.

피터 슈라이어라는 인재를 영입하고 그가 자신의 역량을 펼칠 수 있도록 정의선 회장은 정말 물심양면物心兩面으로 많은 권한과 환경을 만들어 줬다.

앞서 K-Luxury에서 패션 제조는 꺼내지도 못했다. 현재 한국의 고급패션 봉제인력은 무척 노령화되어 있기 때문이다. 동대문 기반의 봉제 환경도 흔들리고 있다. 국내 인건비가 비싸지면서 소매가를 맞추기 힘들어지자 중국에서 물건을 사와서 파는 동대문 상인들이 늘었다. 한국의 패션 굴뚝이 점점 사라지고 있다.

캐나다 구스처럼 고급화 전략이 아니면, 리쇼어링이 아니면, 국내 패션 제조업은 유지되기 어려울지도 모른다. 우린 미국처럼 미국에서 물건을 팔려면 미국에 공장을 지으라고 압박할 수 없는 나라이다. 그러니 럭셔리를 하는 것 말고 어디에 돌파구가 있는가?

세대가 바뀌었다. 요즘 세대들은 돈만 잘 벌 수 있다면 직업의 타이틀 따위는 중요하게 생각하지 않는 경우도 많다. 명문대를 나와 도배사, 목수 등을 하는 젊은이들이 늘고 있다. 럭셔리 봉제 기술자가 되는 것에 대해 요즘 세대들은 기성세대들이 생각하는 '미싱사'의 개념과 달리 볼 수도 있다.

정말 K-Luxury가 생겨 버리면 어쩔까? 일이 닥치고 준비하면 늦다.

꼭 럭셔리가 아니더라도 자국의 제조 기반을 다지고 회사에 맞는 교육을 학교와 이끌어 내는 것은 중요하다. 미래는 결국 인재 싸움이다. 원하는 인재를 얻기 위해 어떤 교육의 청사진을 그릴지 산업과 함께 고민해야 한다. 나는 럭셔리에 한 표다.

6) 이종異種 간 콜라보레이션, 아트와의 접목을 넘어 그다음은 '아메리칸 걸' 같은 차별화를 생각해야 한다

루이비통은 무라카미 다카시, 쿠사마 야요이, 슈프림 등의 아티스트나 브랜드와 가방, 컬렉션, 윈도우 디스플레이를 멋지게 해냈다. 2019년 이탈리아의 펜디는 휠라와 함께 콜라보한 컬렉션을 했다. 휠라는 본래 이탈리아 브랜드이나 한국 기업이 2007년 M&A를 한 국내 기업이다. 이외에도 베르사체 X 펜디, 구찌 X 발렌시아의 브랜드 간 콜라보레이션이 있었다.

아트를 브랜드의 산업의 한 줄기로 보며 루이비통 미술관, 전 구찌 회장의 파리 현대 미술관 오픈, 발렌티노 박물관, 구찌 박물관, 프라다 미술관 등이 세워지면서 그 범위가 넓어졌다.

'신상품 보러 오세요'보다 '전시 보러 오세요'가 더 새롭고 매력적이다. 그러니 브랜드 이미지를 고취시키면서 판매 촉진에 바이럴까지 가능한 브랜드 간의 콜라보레이션이나 아트를 산업의 하나로 취하는 형태는 계속될 것이다.

다만 과하면 질리기 마련이다. 또 과도한 콜라보레이션으로 브랜드 이미지가 흐트러질 수도 있다. 이슈 메이킹을 위한 콜라보레이션이 아니라 진짜 서로가 잘 녹아든 콜라보레이션만 환호받는 시대가 오지 않을까 싶다. 모래시계가 한쪽으로 기울면 뒤집어 버리는 게 트렌드란 걸 잊지 마라.

이 다음은 뭘까? '럭셔리 브랜드는 차별화를 하지 않는다'라고 했지만 그 럭셔리 브랜드를 따라 하는 아바타 같은 브랜드들과는 차별화가 되어야 한다. 브랜드도 계속 카테고리를 확장하며 황금 알을 낳는 사업으로 만들어야 하고 말이다.

아메리칸 걸American Girl의 방식을 길잡이로 삼으면 어떨까 싶다. 국내에는 2015년 출간된 책, 『스토리 스케이핑Story Scaping』에 실린 단계별 차별화 방법의 예시를 재구성하면 이렇게 설명할 수 있다.

- 가격 차별화: '이름 없는 Made in China 곰 인형'.
예를 들어, 1개에 7천 원 하는 저렴한 곰 인형이 있다고 치자. '값이 싸다'라는 가격 차별화가 강점이 될 수는 있으나 그 이상의 매력적인 점을 찾기는 어렵다. 이것보다 싼 곰 인형도 요즘은 많고, 특별한 디자인이 아닌 이상 소비자가 애착을 가질 가능성은 낮다.

- 스토리 차별화: '양배추 인형Cabbage patch kids' 새로운 의미 부여.
1980년대 초에 유행했던 양배추 인형은 스토리가 독특했다. 이 인형을 구매하려면 소비자가 '입양'을 해야 한다는 점이었다. 즉, 소비자가 '인형의 양부모'가 되는 컨셉이었다. 덕분에 당시 양배추 인형은 엄청난 인기를 끌었고 웃돈을 주고도 거래되었다.

- 경험 차별화: '빌드 어 베어Build a bear' 몰입할 수 있는 경험과 맞춤화.
빌드 어 베어를 구매하려면 먼저 예약을 하고 매장을 방문해야 한다. 매장에 도착한 후에 소비자는 자신이 원하는 만큼 곰 인형에 솜을 넣고, 함께 넣을 심장을 고르고, 소리를 내는 부자재도 넣을 수 있다. 그렇게 자신의 마음에 드는 곰 인형을 만든 뒤 입힐 옷까지 고른 후 이름을 지어서 집에 데려갈 수(구매) 있다. 오로지 나의 선택으로 만든 나만의 곰 인형은 애착을 가지게 만든다.

- 스토리스 케이핑 차별화: '아메리칸 걸' 경험, 맞춤화, 확장성.

아메리칸 걸은 1980년대 교재 출판업자가 만든 인형이다. 시대별로 하나씩 만든 3개의 인형이 미국 역사를 가르친다는 아이디어에서 출발했고, 교재와 함께 교육용으로 판매했다. 1995년 마텔Mattel사가 인수했을 때 인형은 50가지에 이르러 사실상 전 세계 민족의 이야기를 담고 있었다. 근래에 아메리칸 걸은 프랜차이즈화 되었다.

이게 가능했던 이유는 아이들이 아메리칸 걸을 사랑했기 때문이다. 아이들은 인형이 오래되어 머리카락이 부스스해지면 관리해 주고 싶어 했고, 자기와 함께 헤어스타일링을 받을 수 있는 미용실을 원했다. 여자아이들은 인형의 머리로 오만가지 스타일링을 해보는 걸 즐기니 이건 보편적인 취향과 욕망이라 할 수 있다.

아메리칸 걸을 위한 미용실만 만들면 될까? 인형과 같이 밥을 먹는 건 어떨까? 그렇게 아메리칸 걸의 헤어 & 네일 살롱이 만들어졌고 카페나 레스토랑도 생기고 그곳에서 생일 파티를 하고 싶어 하는 아이들이 늘면서 생일 파티 공간도 생겼다. 아메리칸 걸만을 위한 인형 병원(?)에서 인형이 아프면 치료도 할 수 있다. 그 외에도 아메리칸 걸에 관한 호텔 패키지, 퍼스널 쇼핑, 홈파티용 패키지도 신청해서 서비스를 받을 수 있다.

지금 럭셔리의 F&B 분야 진출, 패션에서 뷰티로 확장, 이종 분야와 콜라보레이션, 홈스타일링 제품까지 만드는 것은 아메리칸 걸의 차별화와 브랜드 확장과 닮았다. 중요한 건 아메리칸 걸처럼 고객에게 새로움과 편의 혹은 브랜드와 함께 삶을 향유하는 느낌을 줘야 한다는 것이다.

제품이나 브랜드는 만들어지는 데 시간이 오래 걸린다. 그래서 미리 매력도를 높이기 위해 제품이나 브랜드를 각인시키는 스토리텔링StoryTelling이 필요하다.

아메리칸 걸의 스토리텔링은 아마 그 아이의 부모님까지 노이로제가 걸릴 정도로 아이에게 들어서 다 알고 있을 것이다. 대신 그들이 필요했던 건 그 스토리의 산물인 인형과 함께 지금 당장 자신의 삶을 향유하는 '스토리 온 나우Story On Now'였다.

그 후광효과가 어디까지 미칠 수 있는지를 가늠해야 한다. 만약 지금 확장하고 콜라보레이션하며 차별화를 위한 스토리텔링을 하고 있다면, 이 제품이 얼마나 '스토리 온 나우'를 할 수 있는지 예상 시나리오를 설계해야 할 것이다.

7) 환경보호와 럭셔리 리세일의 개인 판매자를 주시하자

여러 럭셔리 브랜드의 모회사들이 모피 사용을 줄이고 ESG나 지속가능 리포트를 작성하고 있다. 파타고니아가 하던 것을 럭셔리 브랜드가 하고 있다. 럭셔리의 젊은 소비자들이 이 같은 부분을 제품 구매시 고려하는 것의 영향도 있지만, 산업 전반에 탄소세와 같은 정부 규제가 크게 작용했다고들 본다.

그 한 예로 천연 다이아몬드의 수요과 가격이 떨어지고 있다고 한다. 다이아몬드를 채취하는 과정에 여러 환경 문제가 엮여 있고 랩그로운Lab Grown 다이아몬드가 훨씬 저렴해서 인기가 올랐기 때문이다.

랩그로운 다이아몬드는 말 그대로 실험실에서 키운 다이아몬드를 말한다. 흑연이나 탄소를 활용해서 만들어진다. 랩그러운 다이아몬드는 자연에서 채취하지 않았다는 점 빼고는 단단한 정도부터 물리적 혹은 화학적으로 진짜 다이아몬드와 똑같다. 하지만 가격은 진짜 다이아몬드에 비해 훨씬 싸고 환경 문제가 적다. 과거에는 공업용으로 쓰였지만 합리적 소비를 지향하는 소비자들이 늘고 환경 보호 움직임이 커지면서 랩그러운 다이아몬드는 대중화되고 있다.

랩그러운 다이아몬드로 눈을 돌리는 소비자가 늘어나면서 천연 다이아몬드 원석 가격이 2020년부터 59%나 하락했다. 랩그러운 다이아몬드의 전체 비중은 2020년에는 2.4%에 불과했다. 하지만

2023년에는 9.3%에 달하고 있다. 베인 엔 컴퍼니Bain & Company에 따르면, 천연 다이아몬드 생산에는 다이아몬드를 절단하고 연마하는 작업이 포함되는데, 이는 가치 사슬에서 '가장 복잡하고' 광범위한 부분이라고 한다. 즉, 쉽사리 바꾸기 어렵고 인건비 때문에라도 비용 절감을 하기 어렵다는 뜻이다.

2022년에는 천연 1캐럿 다이아몬드가 6,700달러에 팔렸는데, 2023년에는 똑같은 다이아몬드가 5,300달러에 팔리고 있다고 한다.

그럼, 금은 어떨까? 안타깝게도 아직 '금'을 만드는 기술은 개발되지 못했다. 금보다 더 비싼 다이아몬드는 만들 수 있는데 금은 만들 수 없다니... 아직 금은 참 판타지적인 광물이다. 그렇다면 금은 그냥 예전 방식대로 쓰면 될까? 다이아몬드만큼 금도 채굴하는 데 많은 환경문제를 일으키는데 말이다. 이 모순은 금을 재활용하는 방식으로 합의점을 찾아가고 있다.

해외의 일부 주얼리 브랜드나 회사는 자신들이 주얼리에 쓰는 금이 100% 재활용된 금이며 이를 인증받았다는 문구를 조금씩 쓰고 있다. 재활용 금이 전혀 새로운 이야기는 아니지만, 실제 귀금속에 쓰며 인증까지 받는다는 점이 새롭다. 재활용 금을 쓴다는 것 자체가 젊은 세대에게 랩그로운 다이아몬드처럼 마케팅 포인트가 되어 가고 있다.

그러면 금은 재활용 기술은 얼마만큼 발전하고 있을까?

세계금협회World Gold Council는 2022년 전 세계 금 공급량의 24%가 재활용된 금이라고 했다. 2023년 9월 영국 BBC는 자국의 왕립 조폐국과 캐나다의 스타트업 '헤이레이 메신저 엑썰Hayley Messenger Excir'이 함께 오래된 노트북이나 핸드폰의 회로기판에서 순도 99%의 금을 4분 만에 추출할 수 있는 녹색용액을 개발했다고 보도했다. 전자폐기물의 공식적인 재활용 비율이 20%에 불과하다니 향후 재활용 금의 재활용 비율과 사용이 높아지는 걸 기대해 볼 수 있다.

이런 양상이 계속된다면 럭셔리 브랜드들이 '랩그로운 다이아몬드와 재활용 금'만을 쓰는 젊은 층을 타켓으로 한 매스티지 럭셔리 주얼리 브랜드를 출시하는 건 시간 문제일지도 모른다.

LVMH 그룹이 파투Patou의 디자인은 젊게, 가격은 자사의 럭셔리들보다 조금 낮게, 재활성화시킨 것처럼 말이다. 때때로 어떤 현상은 도미노 효과를 야기시킨다.

이제 세상에 정말 영원 불멸한 건 없을지도 모른다. 개인 소비자가 자신이 쓰던 제품을 파는 개인 판매자가 되는 것처럼 말이다. 우리는 누구나 당근 마켓, 번개 장터, 중고나라라는 플랫폼에 가입하면 판매자가 될 수 있다. 이런 재판매 혹은 재판매자를 보통 리세일Resale, 리셀러Resaler라고 한다.

럭셔리도 이 물결을 피해 가지 못했다. 과거 럭셔리는 위탁판매를 통해 중고 제품이 거래되었는데 이제는 개인이 플랫폼을 통해 직접 판매를 하는 경우가 늘어나고 있다. 럭셔리 리셀러의 유형은 크게 3가지 정도가 된다.

첫째, 오로지 팔기 위해서 사는 리셀러와 투자를 위해 사는 리셀러가 있다. 럭셔리 초기 제품 혹은 한정판 제품을 사들여서 비싼 리세일 가격으로 파는 경우가 있다. 또는 '샤테크-샤넬로 하는 재테크'처럼 럭셔리의 가격이 계속 오르니 투자처럼 럭셔리 제품을 사고 파는 개념도 생겨났다. 여기에 경기 불황이나 저성장과 함께 매니아층이 한데 어우러져 독특한 양상을 자아낸다.

둘째, 중고 제품의 경제성이나 하나뿐이라는 희소가치도 중요하나 해외 젊은 세대에게는 환경을 보호한다는 마음가짐도 있다. 트렌드적으로 레트로 즉, 복고가 인기를 끌면서 과거를 즐기는 의미까지 더해졌다.

동묘시장에서 파는 구제(빈티지)라는 명칭의 오래된 빈티지 발렌시아가의 아우터나 랄프 로렌의 실크 드레스가 그렇다. 이제는 과거의 모습을 찾기 어려울 만큼 젊어지고 캐쥬얼하고 스포티해진 브랜드일수록 과거의 제품은 더 매력적이다. 그 시절, 그때의 향수를 찾는 이들로 구제 시장은 오프라인에서도 온라인에서도 들썩인다.

조금 다른 결로는 중고제품 거래 플랫폼인 디팝Depop이 있다. 구매 고객의 약 90%가량이 20대인 디팝의 관계자는 그들의 유저가 중고제품을 사면 살수록 북극곰이 사는 빙하의 크기가 줄어드는 것을 막을 수 있다고 했다. 실제로 중고제품은 사면 새제품을 살 때보다 탄소 배출 양이 십분의 일로 준다고 한다.

셋째, 럭셔리를 재활용하고 조합해서 새로운 상품을 만들기 위해 중고제품을 사는 이들이 있다.

오래된 것을 리폼해서 쓰는 것은 예전부터 있어 왔다. 그러나 요즘은 아예 여러 제품을 해체해서 전혀 새로운 것을 만들거나 또 이렇게 만든 것을 판매하는 이들도 있다.

그 수준이 단순한 DIY의 리폼 정도의 퀄리티를 벗어나 거의 브랜드 디자이너가 만든 것 같은 착각을 불러일으키는 수준에 이르렀다. 그리고 이들이 리폼, 재창안, 재조합한 제품을 새로운 장르처럼 인정하고 좋아하는 고객층도 있다고 한다.

친환경인 척하는 그린워싱Green Wishing으로는 지금의 똑똑한 소비자를 잡아 둘 수 없다. 그들은 더는 설득당하지도 속고 싶지도 않은 이들이다. 친환경인데 가격도 싸고 디자인도 예쁘고 좋은 일도 한다면 이런 제품을 마다할 소비자는 없다.

다만, 이걸 구현해야 하는 브랜드들의 머리가 아플 뿐이다. 그럴 때면 환경보호가 되는 럭셔리한 제품을 골라 사는, 또는 빈티지 러버인 소비자를 찾아서 유심히 보라. 그들은 매우 부지런하며 사리에 밝고 소비에 진심인 만큼 '2~3년 후 혹은 10년 후의 소비자'가 할 법한 행동을 지금 하고 있을 것이다. 유명인 중에 찾자면 그런 소비자는 이효리가 아닐까?

8) 일부러 잊고 다시 배우는 기세를 잃지 말자

마지막 8번째 판세는 럭셔리에 대한 것이 아니다. 우리에 대한 것이다.

활자로 제아무리 앞날에 대해 이러쿵저러쿵 해봐야 플레이어의 의지가 없으면 변화는 실현될 수 없다. 일부러 잊고 다시 배우는 것은 그렇게 세상이 흘러가는 방향에 따라 눈높이와 시야를 맞추는 것이다. 이때 분명히 해야 할 것이 있다면, 눈높이와 시야를 맞춘다는 건 한 수 접고 들어가는 게 아니다. 결단코 '변화의 눈동자'를 피하지 않고 노려보는 것이다. 비록 너무 빠른 변화에 스스로 낡고 노쇄했다 여길지라도!

판세를 아우를 수 있는 건, 설사 그렇다 하더라도 바로 플레이어의 노려보는 '기세'다.

기세, 기운찬 에너지로 뻗어 나가는 상태를 듯한다. 럭셔리를 다시 배우는 '기세'는 영국의 스파이 영화, 007 스카이폴^{SkyFall}의 'M'의 기세를 말한다.

M은 MI6라는 영국의 해외 안보기관의 국장이다. 극중 청문회에서 M은 '이제 시대가 변했으니 당신과 당신의 조직이 필요하지 않다'는 말을 듣는다. 여기에 응수하기 위해 M은 대답으로 알프레드 로드 테니슨^{Alfred Tennyson}의 시인, 율리시즈^{Ulysses}의 일부를 읊는다.

비록 많은 것을 잃었지만
또한 많은 것이 남아 있으니,

예전처럼 천지를 뒤흔들지는 못할지라도

우리는 여전히 우리다.

영웅의 용맹함이란 단 하나의 기개,

세월과 운명 앞에 쇠약해졌다 하여도

의지만은 강대하니,

싸우고

찾고

발견하며

굴복하지 않겠노라.

'일부러 잊는다'는 것의 의미는 삭제가 아니다. 어플리케이션의 구버전을 'Keep' 하는 것과 같다. '다시 배운' 럭셔리는 어플리케이션에서 따로 다운로드 받아야 하는 'Filter'처럼 쓰자.

삶과 비즈니스에는 언제나 시야가 흐려질 때가 있다.

이때, 일부러 잊고 다시 배운 럭셔리라는 노란색 필터를 쓰자. 골프나 야구 같은 작은 공을 야외에서 보며 플레이를 해야 하는 운동선수들은 노란색 렌즈로 된 썬글라스를 자주 낀다. 공을 좀 더 선명하고 분명하게 보이게 해줘서 공을 주시하는 데 도움이 되기 때문이다. 노란색 렌즈는 자연광이 적은 실내에서 쓰면 주변을 조금 더 밝게 볼 수 있도록 해주고, 색을 더 잘 인식할 수 있게 해준다고 한다.

럭셔리를 하든 하지 않든,

럭셔리를 고전처럼 읽어 낸 시간이 '변화의 눈동자'를 노려보는 플레이어의 기세에 예리함을 더해 줄 노란색 렌즈를 다듬는 시간이 되었길 빈다.

***

판세를 읽는다는 것은 어느 시점에 도전할지, 최적의 시간을 가늠하고 인사이트를 얻어 사람들이 언제 움직일지를 살피는 것이다. 지금으로부터 향후 몇 년간 경기가 좋아질 기미는 보이지 않는다. 노파심에 럭셔리 산업은 아니지만, 자동차 업계의 판세 장인이자 머스탱의 아버지라 불리는 리 아이아코카Lido Anthony Iacocca를 소개한다. 엉망인 경기와 상황을 타개할 방법을 아이아코라와 럭셔리로 되새김질하며 이 긴 여정을 마무리하려 한다.

리 아이아코카는 사원으로 시작해 포드의 부회장, 크라이슬러의 회장을 지낸 전설적인 인물이다. 그는 요즘은 흔해진 자동차 장기 할부를 포드사에서 처음 시작한 인물이다. 유럽형 스포츠카에 맞서기 위해 머스탱을 기획했다. 이 활약으로 포드 부회장까지 올랐다가 1978년 해임됐다. 오일 쇼크가 오자 아이아코카는 소형차에 집중하려 했고 헨리 포드는 대형차를 고집했기 때문이다.

1978년 아이아코카는 크라이슬러의 회장으로 취임한다. 바로 그날에 창립 이후 최악의 손실액 발표, 1979년 2차 오일 쇼크, 연료 효율이 좋은 일본 소형차의 인기로 진퇴양난에 빠진다. 더욱이 파산 위기라 12억 달러를 정부 지원 받았다고 대중에게 질타를 받았다. 아이아코카는 '크라이슬러가 파산하고 일본차가 시장을 잠식하는 것이 이로운가'라는 광고로 논란에 정면으로 대응했다.
내부 문제도 있었다. 당시 여러 자동차 회사를 인수 합병한 크라이슬러는 지휘체계도 재무 담당자도 없었다. 그래서 어디서 얼마나 손해를 보는지도 알기 어려웠다고 한다.

구조조정을 위해 아이아코카는 자신의 연봉을 1달러로 책정하고 노조와 협상을 한다. 그는 균등 희생의 원칙을 강하며 33명의 최고위급 이사진을 해고, 15,000명이 넘는 노동자를 내보냈고 남은 노동자들의 임금을 삭감했다. 그 와중에도 4,000만 달러의 노동자 보유 주식 조항을 받아들여 생산성 향상을 위해 힘썼다. 헨리 포드 2세에게 내쳐진 인물들, 각 분야의 전문가를 데려와 연료 효율이 좋은 차를 만들어 불황에서 크라이슬러를 구원했다.

아이아코카는 1983년 부채 상환기간 7년 전에 15억 달러를 완전히 상환하고, 당시 해고한 노동자들을 다시 복직시켰으며 노동자 임금을 다시 인상했다. 그는 해고의 아픔도 직원의 상황도 읽어낼 줄 아는 인물이었다.

그는 자서전에서 "앞날에 닥칠 상황을 조금이라도 알고 있었다면, 천만금을 준다고 해도 크라이슬러에 들어가지는 않았을 것이다"라고 했다.

아이아코카의 말처럼 앞날에 닥칠 상황이 예측 불허한 것이 지금의 산업환경이자 현재이고 미래다. 다른 산업도 예측하기 어렵다. 그처럼 엄청난 양의 의사결정이 쓰나미처럼 몰려올지도 모른다. 돌파구가 안 보일 수도 있다. 배웠던 지식에서도 주변에서도 답이 없을 때, 럭셔리라는 이 폐쇄적인 산업의 인사이트와 판세가 미래에 참모이자 친구이자 조력자가 되길 바란다.

럭셔리를 육하원칙으로 긴 여정 동안 함께하며 아마 저마다의 인사이트를 얻었을 것이다. 명절날 내려온 자녀들에게 음식꾸러미를 안기는 마음으로 한마디를 보탠다.

럭셔리도 사업도 꿈도 멈추지만 않으면 뭐든 불로장생처럼 계속될 수 있다.

겁만 내지 않으면 된다.

많은 경영자들이 시기를 잘못 선택해서 실패하는 것을 봐왔다.
어떤 경영자는 좀 더 많은 정보를 수집했어야 하는데도 불구하고
너무 성급히 행동했기 때문에,
또 어떤 이는 많은 정보를 가지고서도 너무 기다렸기 때문에 기회를
놓쳤다.
시간을 맞추는 것은 매우 중요한 것이다.

– 머스탱의 아버지 리 아이아코카

지옥을 걷고 있다면
럭셔리와 함께 걸어라

'럭셔리 읽기'를 다 하고 나서 든 느낌은 아마 그저 읽은 것이 아니라 '럭셔리를 읽어냈다'일 것이다.

'읽다'와 '읽어내다'에는 차이가 있다. 국립국어원에서 검색하면, "검색어 '읽어내다'에 대한 검색결과는 총 0건입이다"라는 당황스런 문구와 마주하게 된다.

동사 '읽다'와 보조동사 '내다'로 나눠서 보면 '내다'는 표준국어대사전에서 이렇게 정의하고 있다.

내다
–앞말이 뜻하는 행동이 스스로의 힘으로 끝내 이루어짐을 나타내는 말.
–주로 그 행동이 힘든 과정임을 보일 때 쓴다.

그렇다. 럭셔리는 읽기 아니라 '읽어내기'다.

다분히 좋고 긍정적인 것만 담으려 했으나 사람이 주가 되다 보니 인생사의 생사고락生死苦樂, 살고 죽고 즐겁고 괴로운 것이 다 담기게 되었다. 그래서 그저 읽고 마는 이야기가 되지 못해 읽어내야 했을 것이다.

이 책을 쓰기 위해 수많은 럭셔리의 인물들을 살펴보고 읽어내고 내 머릿 속을 스친 말은 단 하나였다.

If you going through hell, keep going.
지옥을 걷고 있다면 계속 가라.
– 윈스턴 처칠

백 년이 넘게 진시황이 바라던 불로장생으로 살고 있는
럭셔리처럼
계속 가려면, 어떻게 해야 할까?
지옥 같은 침체를 어떻게 걸어가야 할까?

내게 럭셔리는 영화 '리스본행 야간열차'의 주인공 손에 우연찮게 들어온 책 한권과 리스본행 야간 열차 티켓과도 같았다. 내게 럭셔리는 다시 책을 쓰게 만든 원동력이었고, 주인공 그레고리우스에게는 인생의 전환점이 되었다.

럭셔리를 읽어낸 이들에게는 럭셔리가 천외유천天外有天이길 바랐다. 럭셔리를 사지도 만들지도 수입하지도 않을 이들에게 럭셔리가, 천외유천! 지금 보는 하늘 밖에 또 다른 하늘이 있을 수 있다는 제3의 눈이 되길 바랐다. 그렇게 자신과 주변을 바라보며 저마다의 '한계의 파괴'와 '굳어진 관념'에 직접 쩡하고 금을 스스로 내고 가재처럼 성장하는 것도!

쇼펜하우어가 말한 것처럼, 사람들은 자기 비전의 한계를 세계의 한계로 생각할 수 있기 때문이다. 다이아몬드의 가치가 떨어지고, 금은 재활용되고 와인은 정제해서 공업용 알콜로 팔리고 있는 지경이다. 불변이라 생각했던 것에 영원성이 없어지고 있다.

2019년 OECD의 5년 차 신생 기업의 평균 생존율은 41%, 한국은 29%였다. 국내의 〈기업생멸행정통계 결과〉를 보니 2020년 한국의 전체 산업군에서 7년 차 신생기업의 생존율은 25.1%이더라. 예체능과 식음료는 퍼센트가 더 낮았다. 한국 시장은 치열하다. 그래서 그 어느 나라보다 한국은 럭셔리처럼 강렬한 브랜딩이 필요하고 글로벌을 지향해야만 한다.

만약 한국이라는 시장이 뭐든지 너무 빨리 질려 버려서 규모의 경제를 이루지 못하면 브랜드나 사업의 생명력을 잃는 메커니즘이 있다면? 럭셔리처럼 M&A를 해서 7년 전에 매각해야 한다. 5년 차 신생기업의 생존율은 33.8%이더라. 5년 차에서 7년 차로 가다가 소멸해 버린 8.7% 중 몇몇은 살릴 수 있었을지도 모른다! 럭셔리처럼 강렬한 브랜드 아이덴티티와 지식재산권이 있었다면 말이다! 아니 이미 망한 브랜드도 다시 살릴 수 있었을 것이다.

럭셔리 브랜드 아이텐티티가 있어 보는 것일지 모르나 다 먹고 사는 것에 대한 것이다. 상황이 급박하다고 아무것나 퍼먹어서는 안 된다. 썩었을지 독이 들었을지 모르지 않은가?

그럴 때 그간 읽어낸 럭셔리를 은수저처럼 써라. 쓰윽 담궈 보고 색이 변하는지 보는 것이다. 배고픈 간절함에는 더러운 벌레만 꼬이는 아름다운 악취가 나는 것 같다. 그러니 럭셔리로 그 간절함을 잠재워라. 크라이슬러의 리 아이아코카도, 몽클레르의 레모 루피니도, LVMH의 베르나르 아르노도 똑같이 말한 것은 타이밍을 기다리는 것이었다.

그러려면 럭셔리라는 은수저는 만화 '은수저'처럼도 써야 한다. 일본의 농업학교를 배경으로 한 만화 '은수저' 속에서 교장 선생님은 이런 훈화를 한다.

> 나는 여러분에게 은수저를 선물하는 사람의 마음으로
> 교육에 몸담아 왔습니다.
> 앞으로 여러분이 종사할 일에는 도구나 노하우가 필요하며,
> 그것은 자기 아닌 다른 누군가가 쌓아 온 역사입니다.
> 여러분의 행복을 위해 그것을 마음껏 사용하세요.

이 책 속 럭셔리는 은수저처럼 밥을 퍼먹는 그렇게 본능적인 걸 충족시키는 도구로 쓰이길 바라며 글을 썼다.

어르신들이 하는 말씀 중에 '사람은 등이 따시고 배가 부른 게

최고'라는 말을 책을 쓰는 내내 되새기곤 했다. 그래서 그저 좀 더 따듯하게 등 댈 곳을 먼저 마련한 이들 위주로 소개할 수밖에 없었다. 그리고 배불리 먹으려면 어떤 남다른 생각과 노력을 해야 하는지 몸소 실천한 사람에 대해 썼다.

럭셔리의 괴짜들을 소개한다고 했지만, 사실은 사리에 밝고 실리와 꿈을 저울질할 줄 아는 야무진 사람들이다.

쉽게 배우기 어려운 그들의 혜안, 경험, 문제 해결 방법을 삶을 살아가며 꼭 써먹었으면 한다.

> 교활한 사람은 학문을 경멸하고,
> 단순한 사람은 학문을 찬양하며,
> 현명한 사람은 학문을 이용한다.
> – 프랜시스 베이컨

아무리 좋게 말해도 산다는 것, 일을 한다는 것은 괴로움의 연속, 생(生-살아 있음)은 고(苦-괴로움)다.

하지만 생(生-살아 있음)은 Go(시도)이기도 하다.

그리고, 생(生-살아 있음)은 못 먹어도 Go(전진)해야 한다.

럭셔리에서 이 '쓰리 고', 고(苦-괴로움), Go(시도), Go(전진)를 가장 많이 한 이들을 읽어냈으니 지옥이고 나발이고, 그들을 선배 삼아 지옥? 이까짓 것 끝까지 걸어가 보자. 함께!

럭셔리 브랜드 인사이트

지혜를 위해서는 고전을 읽고,
성공을 위해서는 럭셔리를 읽어라

글 박소현
발행일 2023년 10월 30일 초판 1쇄

발행처 다반
발행인 노승현
책임편집 민이언
출판등록 제2011-08호(2011년 1월 20일)
주소 서울특별시 마포구 양화로81 H스퀘어 320호
전화 02-868-4979 팩스 : 02-868-4978

이메일 davanbook@naver.com
홈페이지 davanbook.modoo.at
블로그 blog.naver.com/davanbook
포스트 post.naver.com/davanbook
인스타그램 @davanbook

ISBN 979-11-85264-77-6 03320